EDITORIAL

»Brann-denn-boooorg«

Es ist ein Fluch. Wenn Berlinerinnen und Berliner in das Alter kommen, in dem sie sich nicht mehr die Namen der neusten Clubs, Bars und Restaurants zuraunen, sondern die GPS-Daten von Badestellen, verwunschene Wanderwege oder die Adresse des letzten verlassenen Vierkanthofs am See, ertönt von irgendwoher: Brann-denn-boooorg.

Natürlich konnte Rainald Grebe vor 16 Jahren nicht ahnen, dass seine kleine, gemeine Hymne ein derartig ermüdender Dauerbrenner werden würde. Jeder Ausflug, jedes Bild, jede Instagram-Story und jeder schöne Tag im Grünen, immer und immer: Brann-denn-boooorg.

Dabei ist das Lied heute maximal noch ein Anhaltspunkt dafür, wie rasant sich das Land verändert hat. Die Dörfer sind Puppenstuben, den schönsten Brandenburger Seen werden ganze Bände gewidmet, die Uckermark ist quasi ausverkauft. Längst ist Brandenburg kein Land der Ödnis mehr, sondern ein Land der Sehnsucht.

Statt Achim Menzel im Autohaus in Schwedt kann man in Lübbenau im Spreewald erleben, wie Jörg Thiele modern und regional kocht (Seite 52). Im Park des Schloss Schwante zeigen die Kunsthändler Loretta Würtenberger und Daniel Tümpel Skulpturen und Plastiken internationaler Künstler (Seite 130). Selbst der kleine Campingplatz in Rädigke im Fläming bringt Reisende aus aller Welt zum Staunen (Seite 82). Und Rainald Grebe? Wohnt längst selbst in der Uckermark.

Vielleicht bräuchte Brandenburg eine neue Hymne. Oder Grebes Lied einen neuen Text? Etwa: »In der Uckermark, der Uckermark, sind die Alleen schon wieder zugeparkt. Was soll man auch machen, bei 30 Grad im Gleisdreieckpark?«

Falls Sie auch dringend raus müssen: Dieses Heft zeigt, wo richtig was los ist. Nämlich in, ganz genau: Brann-denn-boooorg.

DIE REDAKTION

Märkischer Amazonas, Brandenburger Busch: Die Wildnis beginnt direkt an der Berliner Stadtgrenze. Das mit einer Drohne von unserem Fotografen Malte Jäger aufgenommene Magazincover zeigt die Ecke Dahme/Große Krampe, nicht weit vom Müggelsee.

In halt

50 Zu Gast

92 In Aktion

120 Für den Geist

144 In Potsdam

158 Empfehlungen

PANORAMA

Nachtentfaltung
Je leerer eine Gegend, desto voller der Himmel. Im Sternenpark Westhavelland kann man atemberaubende Himmelspanoramen erleben – auch wenn solche Bilder nur durch Langzeitbelichtung entstehen. Das Gebiet ist offen zugänglich, campen aber streng verboten. Bei gelockerten Kontaktregeln bietet ein Förderverein Führungen, Seminare und Fotokurse an.

Prachtentfaltung
In malerischer Landschaft am Rand des Schlaubetals liegt das Kloster Neuzelle. Die hiesige barocke Stiftskirche ist eine ästhetische (für manche vielleicht auch: spirituelle) Überwältigung. Wieder runter kommt man im wunderschönen Klostergarten. Und für kulinarische Genüsse ist das Restaurant Wilde Klosterküche im fünf Minuten entfernten Klosterhotel zuständig.

LANDKARTE

ILLUSTRATION **MARINA SCHILLING**

Mecklenburg-Vorpommern
Wildnisschule Uckermark
Am Anfang ist das Feuer. Auf einem Familienseminar lernt man das Leben in der Natur
S. 108
Uckermark
Nordosten
Hausboot-Törn
Fast wie in Kanada: vier Tage lang Schippern und schlafen auf der Havel
S. 40
ergessene Orte
ine Uckermark-
adtour für Ent-
eckungsfreudige
. 94
Polen
Wildpark Schorfheide
Wanderungen zwischen Waschbären und Wölfen
S. 18
Oberhavel
Barnim
Wukensee
Kopfsprung und Pommes im Strandbad
S. 27
Märkisch-Oderland
Schiffshebewerk Niederfinow
Besichtigung eines Industriedenkmals
S. 17
Berlin
Oder-Spree
Südosten
Eisenhüttenstadt
Ein Architekturspaziergang anlässlich des 70. Jubiläums der DDR-Planstadt
S. 136
Teltow-Fläming
Dahme-Spreewald
Stand-up-Paddling
Auf dem Brett durch die Fließe des Spreewalds gleiten – die reine Entspannung!
S. 36
Kunstmuseum Cottbus
Ein Erlebnis: 30.000 Werke zeitgenössischer Kunst im ehemaligen Dieselkraftwerk
S. 16
Spree-Neiße
Elbe-Elster
Oberspreewald-Lausitz

MITREISENDE

Madlen Krippendorf hat in Weimar Fotografie studiert und lebt heute in Berlin. In Brandenburg genießt sie neben Natur, Weite und Ruhe auch die Aufbruchstimmung. »Da geht was«, sagt Krippendorf. Auch wenn ihr als Thüringerin in der Mark die Berge fehlen, sind ihr viele Orte in liebevoller Erinnerung geblieben: vor allem das Storchendorf Wahrenberg mit dem Café Anne Elbe und das Gut Boltenhof, das sie auf einer Uckermark-Radtour kennen lernte (Seite 94). Auch die Fotos zur Hausboottour über die Havel (Seite 40) und die Bilder der buddhistischen Bäckerinnen (Seite 66) sind von ihr.

Nikita Teryoshin (hier mit Guitarlele auf einem Tretboot im Liepnitzsee) fotografiert überlicherweise eher Karnevalsvereine, Straßenkatzen und Rüstungsmessen (und gewinnt dafür auch mal den World Press Photo Prize). Für diese Ausgabe des Brandenburg-Magazins aber näherte er sich in der Manier Martin Parrs den schönsten Strandbädern Brandenburgs (Seite 24). Auch sonst hat der in Berlin lebende Fotograf durchaus Freude an Brandenburg gefunden: Der Spreewald, erzählt er, habe ihn ziemlich beeindruckt, besonders die dort ansässigen Nutrias.

Oliver Gerhard lebt als Reisejournalist und freier Redakteur im Norden Berlins. Fast jedes Wochenende verbringt er mit Wandern, Radfahren, Paddeln (Seite 48) und Fotografieren in Brandenburg. Und findet dabei immer wieder das (positive!) Klischee bestätigt, dass man hier wesentlich mehr wilde, einsame Ecken entdeckt als im Rest Deutschlands. Zum Beispiel in der Wildnisschule, über die er in diesem Magazin berichtet (Seite 108). Zuletzt begeisterte ihn die Insel Töplitz in der Havel. Sein neustes Projekt ist ein Buch über Potsdam und das Havelland.

Susanne Leimstoll arbeitet als Redakteurin für die Berlin-Redaktion und das Ressort »Mehr Genuss« des Tagesspiegels und war sechs Jahre lange redaktionelle Leiterin des Brandenburg-Magazins. Ihre Liebe zu Brandenburg begann mit den ersten Ausflügen: Für Potsdam und das Oderbruch konnte sie sich gleich begeistern – für die Brandenburger Gastronomie weniger. Das hat sich geändert! Im Biergarten Freilich am See (Seite 91) fühlt sie sich wie in der bayrischen Heimat. Vom Kuchengarten Zietenhorst (Seite 74) und der Bäckerei Backwahn in Päwesin (Seite 66) erzählt sie in diesem Heft.

5 Kurztrips nach Branden-burg

ILLUSTRATION SINA MÜLLER

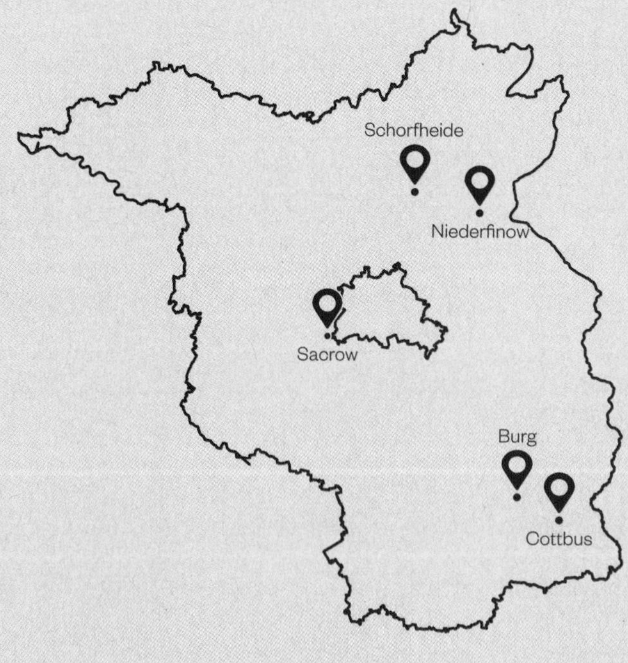

Schiff aus Stein

Wer zur Heilandskirche von **Sacrow** im Potsdamer Norden fährt, wähnt sich in Florenz oder Venedig VON **DENNIS POHL**

Wie aus einer anderen Welt gefallen steht sie da, die Heilandskirche am Port von Sacrow, ein kleines Stück Süden mitten in der Potsdamer Seenplatte. Neun Meter hoch, acht Meter breit und 18 Meter lang, ein halb auf den See gesetzter Kubus, umringt von einem überdachten Arkadengang, der den Klotz wie eine Basilika der Renaissance aussehen lässt. Daneben ein freistehender Glockenturm, verkleidet mit derselben Mixtur aus Backsteinen und Fliesen wie das Haupthaus.

Nein, das passt alles nicht so recht hierher. Eher nach Verona oder Florenz, jedenfalls nach Italien. Nicht in den Brandenburgischen Mischwald. Vielleicht ist das ja genau das, was jetzt hilft.

Aber erst einmal ganz deutsch raus aus der Stadt. Fahrräder holen, an Helm und Maske denken, Regenmantel und Proviant nicht vergessen und ab in die S-Bahn. Oder eben ins Auto. So oder so muss man nach Westen, nach Potsdam oder Spandau. Von letzterem aus immer weiter nach Südwesten, Gatow, Kladow, Fuchsberge, Königswald, Sacrow. Schnell am eigentlichen Schloss vorbei und rein in den Park. Kurzer Halt an der tausendjährigen Eiche, die aussieht, als würde sie sich mit letzter Kraft gegen das Gewicht der eigenen Vergangenheit stemmen. Dann runter ans Wasser.

Heilandskirche Sacrow,
Potsdam
OT Sacrow,
Fährstraße,
Di – So 10 bis 15.30 Uhr,
heilandskirche-sacrow.de

»Das Schiff« wollte Architekt Ludwig Persius seinen Sakralbau eigentlich nennen. Beim Blick durchs Schilf versteht man, warum. Tatsächlich sieht die Kirche aus, als wolle sie jeden Moment in See stechen und Kurs auf die Glienicker Brücke nehmen. Also einfach Platz nehmen und das Auge wandern lassen.

Hier ganz in der Nähe stand schon im Mittelalter eine Kirche, später dann an deren Stelle eine zweite. »Eine kümmerliche Pfarre«, wie Theodor Fontane in seinen »Wanderungen durch die Mark Brandenburg« den von 1774 bis 1794 amtierenden Pastor Johann Andreas Moritz zitiert.

Kümmerlich ist hier heute nichts. Zumindest nicht mehr. Zu DDR-Zeiten verlief direkt neben der Kirche die Mauer, ein Teil war sogar an den Glockenturm angelehnt. Damals war die Heilandskirche in schlechtem Zustand, innen wie außen. Erst nach Wende und Mauerfall konnte sie wieder genutzt werden.

Heute erinnert wenig an diese Zeit. Schon gar nicht, wenn auf der gegenüberliegenden Seeseite langsam die Sonne untergeht und an schönen Tagen die ganze Halbinsel in goldenes Licht taucht. Fast wie im Italien-Urlaub, oder? Genau. Deshalb jetzt schnell nach Hause. Denn nur dort gibt es dieser Tage Aperitivo und Pasta am Tisch. Hilft auch irgendwie.

Kathedrale der Lausitz

Das Kunstmuseum **Cottbus** weckt Vergleiche mit Londons Tate Modern. Internationales wird mit ostdeutscher Kunstgeschichte verbunden VON **CHRISTIANE MEIXNER**

Das Museum sieht aus wie eine Kathedrale, der Teich davor erinnert an die Zeiten pompöser Wasserburgen. Cottbus hat schon rein architektonisch ein besonderes Haus, in dem die Kunstsammlungen des Landes Brandenburg untergebracht sind. Seine Fassade spiegelt die Moden der Zeit: Ein Teil ist so funktional, wie es die neue Sachlichkeit der zwanziger Jahre verlangte. Ein anderer spielt noch mit den expressiven Elementen jener Baukunst, die zuvor angesagt war. Nur als Kraftwerk hatte sich der Bau schnell überlebt. Wenige Jahrzehnte nach der Einweihung 1927 erzeugte man Strom nicht mehr mit Diesel, 1960 wurde die Anlage stillgestellt.

Für Cottbus ist dieses Industriedenkmal ein Glück. Auch wenn sich ein Vergleich mit der in jeder Hinsicht größeren Tate Modern eigentlich verbietet – ein bisschen fühlt man sich an das Londoner Monument erinnert, das ebenfalls mal ein Kraftwerk war. Statt Beton herrscht in Brandenburg Lausitzer Klinker. Bei der Sanierung, die 2004 mit Blick auf die künftige Nutzung als Museum begann, lag deshalb auch ein Akzent auf dem rauen Charme des Backsteins, der im Innern sichtbar geblieben ist. Vier Jahre haben die Berliner Architekten Anderhalten bis zur Eröffnungsausstellung »Angelandet« an der Balance zwischen der historischen Hülle und den Ansprüchen ihrer neuen Funktion gefeilt: ideale Bedingungen für knapp 30.000 Gemälde, Skulpturen, Fotografien und Plakate zu schaffen.

2017 vergrößerte sich die Sammlung noch einmal mit der Fusion von Dieselkraftwerk und Museum Junge Kunst Frankfurt (Oder). Der Schwerpunkt liegt auf Kunst aus der DDR, weil sie in Cottbus seit den siebziger Jahren systematisch erworben wurde. Wie experimentell man damals sammelte, machen Namen wie Hermann Glöckner, Willi Wolff oder Thomas Florschütz klar, die fotografische Abteilung besitzt Abzüge etwa vom russischen Avantgardisten Alexander Rodtschenko. Wichtig war auch die Herleitung der figurativen Malerei aus dem Expressionismus, weshalb Werke aus jener Zeit bis in die Gegenwart vorhanden sind.

Das Programm orientiert sich an der Geschichte des Hauses, vergangene Ausstellungen wie »Urbane Kommentare« oder »Real Pop 1960-1985« setzen internationale Strömungen in Verbindung zur ostdeutschen Kunstgeschichte. Allein dieser Ansatz macht Cottbus zu einer singulären Adresse. Die Architektur ist sowieso einen Besuch wert und die Ausstellung »Stich für Stich. Faden um Faden« mit Künstlerinnen wie Elrid Metzkes oder Peggy Buth (bis 1. August) nach telefonischer Anmeldung nun auch zu sehen.

Brandenburgisches Landesmuseum für moderne Kunst,
Cottbus,
Am Amtsteich 15,
Di – So 12 bis 18 Uhr,
Tel. (0355)
49 49 40 40,
blmk.de

Kahn im Aufzug

Nicht nur für Technikfreaks ist das Schiffshebewerk **Niederfinow** ein Muss. Es bietet auch Ausblicke auf eine einzigartige Landschaft VON **STEFAN JACOBS**

Ein Blick von weit oben ins Land ist eigentlich immer reizvoll. Nur braucht es dafür eine Erhebung, die in Brandenburg nicht überall zur Hand ist. Insofern ist die klare Kante, mit der die Barnim-Hochfläche zum völlig platten Oderbruch hin abfällt, eine echte Rarität. Aber auch eine Hürde für die Schifffahrt, die es zu nehmen galt, als die preußische Regierung 1905 den Bau des »Großschifffahrtsweges Berlin-Stettin« beschloss. Zunächst wurde eine Schleusentreppe errichtet, um den knapp 40 Meter hohen Geländesprung am Oder-Havel-Kanal zu überwinden. Doch parallel wurden Pläne für ein Hebewerk entwickelt, das die Schiffe ohne stundenlanges Schleusen und den damit verbundenen Wasserverlust des Oberlaufs hinauf und hinab hieven sollte. Es kam ein Weltkrieg dazwischen, aber 1927 war es soweit: Der Bau des Hebewerks konnte beginnen.

Bald 100 Jahre später steht es als dienstältestes seiner Art unwirklich groß in der sonst kaum verbauten Landschaft nordöstlich von Berlin. Lange vorbei ist die betriebsame Nachwendezeit, in der die Frachtschiffe sich hier über viele Stunden stauten. Jetzt kommt nur immer mal ein Freizeitkahn, ein Ausflugsdampfer oder ein Schubleichter mit einer Fuhre Schrott. Da die Planungen aber tapfer das Gegenteil behaupten, wurde nebenan das neue Schiffshebewerk Niederfinow-Nord errichtet. Baubeginn war 2009, zurzeit läuft mit mehrjähriger Verspätung der Probebetrieb, vielleicht geht der etwa 300 Millionen Euro teure Neubau noch 2021 in Betrieb. Dessen Trog ist mit 115 Metern lang genug auch für moderne Schiffe, während der stählerne Unruheständler nebenan bei 84 Metern passen muss. Das geniale physikalische Prinzip, dass wegen der Wasserverdrängung der Trog mit oder ohne Schiff immer gleich schwer ist und sich so über Gegengewichte austarieren lässt, ist beiden gemein – und dank der offenen Bauweise bei beiden fürs interessierte Publikum gleich gut zu erkennen.

So kann das Kind im Manne oder der Frau über die Technik staunen und die knuffige schilfgrüne Treidellok fotografieren, die bis zu ihrer Verrentung 1973 vom Ufer aus die Schuten rangieren half. Erwachsene Genießer:innen wiederum können einfach am Geländer lehnen und den Blick über die Wiesen des Oderbruchs streifen lassen. Im Norden zieht sich die Hangkante ums Bruch herum wie der Rand um eine Badewanne. Der Rand ist mit Buchen bestanden und mit den roten Dächern des Dörfchens Liepe verziert. Die Landschaft, die einem hier zu Füßen liegt, eignet sich, die Seele baumeln zu lassen. Und weil die Aussichtsplattform so hoch über dem Boden ist, kann die Seele dabei auch nirgends anecken.

Schiffshebewerk Niederfinow,
Niederfinow,
Hebewerkstraße 70a,
Barnim,
Mo – So 9.30 bis 17.30 Uhr,
schiffshebewerk-niederfinow.info

Von Wölfen und Waschbären

Im Wildpark **Schorfheide** ist man auf 105 Hektar ganz nah dran an der Natur. Bei einigen Bewohnern braucht man allerdings Geduld VON **JAN OBERLÄNDER**

Kleiner Tipp am Anfang: Schon vor dem Kassenhäuschen aufmerksam in die Baumkronen gucken! Wer sich einige Besuche lang gewundert hat, warum die Waschbären in ihrem Außengehege nie zu sehen sind, kriegt plötzlich große Augen: So weit hoch klettern die! Und dann pennen die da oben, Bauch auf dem Ast, Baumelbeine links und rechts. Den Nachwuchs freut's, die Eltern auch.

Mit dem Auto zum Wildpark dauert es über die B109 oder über die A11 etwa eine Stunde von Berlin, man kommt auch mit der Regionalbahn hin (RB27 von Berlin-Karow nach Groß Schönebeck, anschließend eine etwa halbstündige Wanderung zum Wildpark). Nicht nur für Familien ein perfekter Wochenendausflug – in erster Linie der Tiere wegen: 18 einheimische Arten auf einer wunderschönen, 105 Hektar großen Anlage, durchzogen von insgesamt sieben Kilometer Wanderwegen (Bollerwagenverleih!).

Jeder und jede hat eigene Favoriten: Da sind die Wölfe, das Rudel im Freihegehege ist eines der Highlights. Mal dösen sie, mitunter direkt am Gehegezaun, mal schnüren sie durchs Gesträuch – und wehe, ein Besucher hat einen zu vorwitzigen Schäferhund dabei, dann wird's laut.

Da sind die Wildschweine, grunzende Brocken, die gern nur eine Armlänge entfernt vom Zaun den Boden ihres Bereichs umpflügen. Die riesigen weißen Heckrinder, die ausdauernd muhend über ihre Weiden ziehen. Die Elche. Die Otter (wenn man sie mal zu sehen kriegt), die Luchse (dito – bitte Geduld mitbringen!). Das neugierige und elegante Damwild, das zur Fütterungszeit mit klapperndem Geweih und rollenden Augen zum Trog drängt.

Es ist sogar bei Nieselwetter wohltuend, durch die Wald- und Wiesenlandschaft zu spazieren, die Weite zu genießen, während die stämmigen Przewalskipferde auf ihrer Riesenweide nebenan grasen. Oder in einer Holzhütte die Tupperdose auszupacken, oder von der Beobachtungsplattform am Wolfsgehege aus auf graues Fell und abgenagte Ziegenknochen zu blicken, tja, liebe Kinder, es sind Raubtiere.

Am Ende des Rundwegs erreicht man den Streichelbereich. Dahinter der Spielplatz mit rasanten Rutschen. Nach dem Gelaufe ist es Zeit für das große Picknick, wer nicht genug eingepackt hat, wird im Haupthaus mit Eis, Kaffee und Kuchen oder Wildteller schnörkellos und befriedigend versorgt.

Danach noch eine Runde ins kleine Wolfs-Infozentrum, noch einmal den prächtigen Pfau bewundern, der kreischend seine Runden dreht. Den großen und ziemlich ausgefuchst gestalteten Kletterpark, der direkt am Weg zum Parkplatz liegt, testen wir beim nächsten Mal.

Wildpark Schorfheide,
Schorfheide
OT Groß Schönebeck,
Prenzlauer Straße 16,
Barnim,
Tel. (033393) 658 55,
wildpark-schorfheide.de

1x Wald – Wasser – Stadt in 30 Minuten

Gut 30 Minuten mit der Bahn nach Nordosten vom Berliner Hauptbahnhof liegt Eberswalde. Es ist die von Wäldern und Seen umgebene „Kulturhauptstadt" des nordöstlichen Brandenburgs. Man kann jedoch auch übers Wasser dahin kommen – über die Havel und den Finowkanal. Er zieht sich seit über 400 Jahren durch Eberswalde und ist die älteste künstliche befahrbare Wasserstraße Deutschlands. Heute ist sie ein idyllisches naturnahes Revier für Stand-Up-Paddler, Kanuten und für andere Wassersportler – mitten in der Stadt, gut zu beobachten von der Stadtpromenade. Am Ufer des Kanals liegt der Familiengarten mit seinen Angeboten für die ganze Familie. Bei einem Spaziergang entlang des Kanals werden Zeitzeugen der Industrialisierung sichtbar. Zu den beeindruckenden Backstein-Kathedralen gehört der sanierte und barrierefrei zugängliche Finower Wasserturm – bei klarem Wetter kann man von oben bis nach Berlin schauen. An Sommertagen bieten die umliegenden Wälder und Seen mit ihrer hohen Luft- und Wasserqualität Erholung und Naturerlebnisse.

Die Waldstadt ist umgeben von Wäldern. Sie grenzt an das Biosphärenreservat Schorfheide- Chorin und den Naturpark Barnim. Wen es nicht soweit hinauszieht, der besucht den Forstbotanischen Garten der Hochschule für nachhaltige Entwicklung. Er ist einer der ältesten in Europa und bietet stadtnah einen Blick auf die natürliche Vielfalt der Pflanzenwelt. Nicht weit davon entfernt liegt der Eberswalder Zoo. Er gilt als einer der schönsten kleinen Zoos Deutschlands und ist ein beliebtes Ausflugsziel. Übrigens versteht sich die Waldstadt Eberswalde als „Kulturhauptstadt", weil hier zum Beispiel jeden Samstag seit 2007 der Vormittag um „halbelf" mit „Guten-Morgen-Eberswalde" startet – ohne Ausnahme. Das einstündige kostenfreie Angebot bietet Kultur für alle – vom Konzert über Performance bis hin zur Kleinkunst.

Im Frühjahr und im Herbst stehen zwei mittlerweile überregional bekannte Festivals im Zentrum des kulturellen Lebens. „Jazz in E" – immer um Himmelfahrt – bietet vier Tage aktuelle Musik mit Künstlern aus der ganzen Welt und das internationale Filmfest „Provinziale" bringt im Oktober Filme und viele internationale Gäste in die Stadt. Straßenfeste wie das Stadtfest FiNe im Juni, Konzerte, Theater – und ein besonderer Weihnachtsmarkt Anfang Dezember runden das Kulturangebot ab.

Die Kirche Maria-Magdalena aus dem 13. Jahrhundert, das älteste Fachwerkhaus der Stadt - die Adlerapotheke aus dem 17. Jahrhundert - mit der Tourist Information und dem Museum mit einer Nachbildung des Eberswalder Goldschatzes sind natürlich immer einen Besuch wert.

Tourist-Info
Steinstraße 3
16225 Eberswalde
Tel. 03334/64-520
Fax 03334/64-428
E-Mail: tourist-info@eberswalde.de
www.eberswalde.de

KURZTRIPS
5

Präzision und Gurkeneis

Um am Minigolf im Landhotel **Burg** Spaß zu haben, muss man kein Profi sein. Gleich schlecht reicht schon. Und zur Belohnung gibt's was Süßes VON **KAI RÖGER**

Neben dem verschachtelten Landhotel, gleich vor dem pavillonartigen Restaurant »Il Fienile«, aus dem es herrlich nach frisch gebackener Pizza duftet, steht ein kleines Häuschen. Hier bekommt man Schläger, Bälle, Zettel und Stifte, sowie ein »na dann, viel Spaß!« mit auf den Weg. Nach wenigen Schritten öffnet sich die Landschaft: Der Blick streift über sattes Grün, eingerahmt von Bach und alten Bäumen, durchfurcht von gepflegten Schotterwegen und gespickt mit Holzelementen: mal ein Baumstamm als Bank, mal ein Fass als Tisch, dazwischen ein kleiner Teich, Frösche quaken – das hat was.

»Können wir jetzt endlich anfangen?«, fragt der Jüngste. Na klar. Deshalb sind wir ja hergekommen: Um Minigolf zu spielen. Genauer gesagt »Adventure Minigolf«, wie auf dem Schild am Schlägerhäuschen zu lesen war. Es erwarten uns 18 filzbezogene Bahnen, die sich hier wohltuend aus dem Weg gehen, und ganz ohne Gedränge über stilvoll angelegte Wege miteinander verbunden sind. Minigolf gehört zu den Präzisionssportarten. Darauf käme niemand, der uns in den nächsten zwei Stunden sieht, wie wir mit falscher Haltung, ohne Konzentration, gelegentlich mit Pech, aber immer ohne Talent kleine Bälle durch Winkel und Hindernisse auf winzige Löcher zutreiben. Sieben Versuche hat man, oft notieren wir auf unseren Zetteln eine Acht, ein kleiner Bonus für Totalversagen. Aber die Laune ist gut, wir spielen alle ähnlich schlecht, und wenn doch jemand verzweifelt, gibt es eine Limo vom Büdchen.

Natürlich wird das Adventure Minigolf nicht der einzige Tagesordnungspunkt sein. Dafür bietet der Spreewald selbst für Kurztripper zu viel: Kahnfahrten, Wanderungen durch die Lagunenlandschaft, gute Restaurants, Therme und Saunen, Fahrradwege, Kletter- und Tierparks ... kurz: Es gibt Ausflugsziele satt! Wenn wir aber sagen: »Heute fahren wir in den Spreewald und gehen dort spazieren«, ist die Begeisterung so groß wie bei zwei Wochen Quarantäne. Deshalb Adventure Minigolf. Davor Wald und Bäche, mal kreuzen Eichhörnchen unseren Weg, mal eskortieren Nutrias das Paddelboot. Mal sind die Räder dabei, mal gehen wir schwimmen und besuchen den Streichelzoo gegenüber des Landhotels. So oder so, nach dem Minigolf geht es zu »Urban's Eismanufaktur« in Burg: Hausgemachtes Eis zwischen fancy und Tradition, alles in Bio-Qualität. Der Kleine liebt Mango und Butterkeks, die Mutter griechischer Joghurt mit Honig und Nüssen. Ich bestelle – mit leichtem Grusel – das Gurkeneis. Und bin immer wieder überrascht, wie süß und stimmig das hier im Herzen des Spreewalds schmeckt.

Adventure Minigolf,
Burg
(Spreewald),
Ringchaussee 125,
Spree-Neiße,
Tel. (035603) 646,
Mo – So 10
bis 20 Uhr,
landhotel-burg.de

Innenstadt. Außen grün.
BRANDENBURG.
ES KANN SO EINFACH SEIN.

Am Wasser

Pack die Badehose ein, wir fahren ins Strandbad!

Brandenburg hat nicht nur unzählige wilde Badestellen, sondern auch tolle Strandbäder. Die bieten Verpflegung, Toiletten, Spielplätze – und viel Herz. Fünf Lieblingsorte fürs Sommerferiengefühl

TEXTE **HELLA KAISER** & **JAN OBERLÄNDER**
FOTOS **NIKITA TERYOSHIN**

Wie gemalt wirkt das Strandbad mit seinem allerfeinsten Sand und dem langen Steg im glasklaren Wasser.

Schöner als am Wukensee kann der Sonnenuntergang auf Kuba auch nicht sein.

Strandbad Wukensee

Die trauen sich was! »Willkommen im vielleicht schönsten Strandbad der Welt« plakatieren sie am Eingang. Mal gaaanz vorsichtig, Leute! Aber dann schauen wir uns um in der Anlage aus den 30er Jahren – und sind begeistert. Eine große, gepflegte Liegewiese, Sand vom Allerfeinsten, klares Wasser, rechteckige Stegkon-struktion, ein Badefloß, ein Drei-Meter-Sprungturm, eine Rutsche und ein riesiges Holzschiff an Land zum Klettern. Mehr Top-Hardware geht nicht.

Aber Gerd Sievers hat dem Ganzen noch jede Menge Seele eingehaucht. Der Schleswig-Holsteiner, seit 16 Jahren am Brandenburger Wasser, ist Vollprofi. Früher hat er Events auf Schalke organisiert, später lockte er Gunter Gabriel und die Toten Hosen zum Videodreh ins Strandbad Wukensee. Die normalen Gäste kommen, um sich zu sonnen und um unterzutauchen. Und zum Futtern. Marys Diner wartet mit prima Grillgut und Salaten auf, der Renner aber ist der »Biesenthaler«. »Wir wollten nicht einfach Burger anbieten, und so haben wir den ›Biesenthaler‹ erfunden«, erzählt Sievers. Ist im Grunde auch ein Burger, aber diese würzige Soße, mjam. Manche Leute, schmunzelt der Chef, kommen nur wegen des »Biesenthalers«. Es gibt einen Stand für Softeis. Und wer Karibik- Feeling möchte, bestellt sich einen Cocktail unterm Rohrdach einer Holzhütte. Schöner als hier kann die Sonne auf Kuba auch nicht untergehen.

Trinkgelage gibt es nicht. Jugendliche mit Bierkästen oder Schnapspullen kommen gar nicht erst rein. »Wir sind hier keine Kaserne und kein Kloster, aber irgendwo ist eine Grenze«, sagt Sievers. Familien und Paare, die kein Gegröle, sondern friedliches Ambiente schätzen, freut's. Für manche besteht das Abenteuer schon darin, sich Wasserlaufschuhe auszuleihen. Versuchen Sie es nicht, es wird peinlich. »Kinder sind da geschickter«, kommentierte ein Vater, als wir gurgelnd untergingen. Über der Anlage weht übrigens die Biesenthaler Flagge. Hat der Chef beim Bürgermeister durchgesetzt.

Gastro-Spezialität Der »Biesenthaler«, bester Burger in Brandenburg

Schattenplätze
Auf der Wiese unter hohen Bäumen

Kinder / Spielplatz
Piratenschiff zum Klettern

Wasserqualität
Hervorragend, Sichttiefe 2,5 Meter

Highlight Badefloß, Drei-Meter-Sprungturm

Anreise Mit der RB 24 ab Berlin Ostkreuz in Richtung Eberswalde bis Biesenthal. Von dort fünf Kilometer mit dem Fahrrad. Wer mit dem Auto kommt, zahlt zwei Euro Parkgebühr

Strandbad Wukensee, Biesenthal, Ruhlsdorfer Straße 41, Barnim, strandbad-wukensee.de, Mai/Juni, September von 9 bis 19 Uhr, Juli/August von 8 bis 20 Uhr

Alles, was ein Strandbad braucht: gutes Essen und der Platscher von der Wasserrutsche.

Der See ist im Uferbereich besonders flach, super für kleine Kinder. Und für Größere gibt es Wasserrutschen.

Strandbad Rahmersee

Der Ton wird gleich beim Betreten des Geländes gesetzt. Die Badeordnung, die in einem Schaukasten aushängt, ist knapp, aber herzlich: »Baden auf eigene Gefahr. Eltern haften für ihre Kinder. Turnen auf den Booten ist nicht gestattet. Hunde müssen draußen bleiben. Unartige Kinder werden an den Zirkus verkauft.«

Eine knappe Autostunde von Kreuzberg oder ein nette Radeltour vom S-Bahnhof Oranienburg entfernt liegt eines der charmantesten Strandbäder der Hauptstadtregion. Anstatt Gebäude und Gelände totzusanieren, haben die Betreiber den angenehm ostigen Sommerferien-Charme bewahrt. Grauer Putz am Haupthaus, schartige Tischtennisplatten, Stahlrohr-Sprungturm im 70er-Jahre-Look? Herrlich!

Die saftig grüne Liegewiese bietet Sonne für Brutzelbegeisterte, aber auch viel Schatten unter großen Bäumen. Studierendengrüppchen sitzen im Kreis herum, Kinder hangeln auf dem Klettergerüst, junge Pärchen schmusen auf der Picknickdecke. Und ein paar Profis haben sich für drei Euro Liegestühle gemietet, auf denen sie sich ihrem frisch am Kiosk erworbenen Aperol Spritz widmen (6 Euro, Hugo und Kir Royal gibt's auch).

Sowieso ist das kulinarische Angebot stilsicher auf urbanen Geschmack hin kuratiert: Allgäuer Bier, Berliner Indiebrause, Radler, Weinschorle. Prost, es lässt sich wirklich sehr gut aushalten hier. Und die Pommes sind auch einwandfrei.

Oh, aber man ist ja in erster Linie zum Baden hier, und natürlich erledigt man das vor dem Genuss von Frittenschale oder Currywurst. Das Bad bietet prima Erfrischung vor saftig grüner Kulisse. Einen Sandstrand gibt es nicht, hier in diesem kleinen, fast verwunschen wirkenden Idyll. Aber auf einem schmalen sandigen Einstiegsstreifen kann zumindest der Nachwuchs erste Planschversuche machen. Größere Kinder sausen die fantastisch retro wirkenden Wasserrutschen hinunter. Das Wasser ist nicht kristallklar, aber nachweislich tipptopp sauber, und überhaupt, das ist hier schließlich ein Naturbad und kein Swimmingpool.

Der Rahmersee wird vom Ufer aus nur sanft tiefer, darum ist das besagte Sprungtürmchen auch am Ende eines Stegs angebracht. An diesem sind auch einige Tret- und Ruderboote vertäut – wenn nicht gerade alle verliehen sind (für humane vier Euro), weil Besucherinnen und Besucher eine kleine Seefahrt unternehmen. Aber Achtung, nicht rumturnen!

Gastro-Spezialität Aperol Spritz!

Schattenplätze Schöne hohe Bäume rund um die Liegewiese

Kinder / Spielplatz Klettergerüst, Sandkasten, flaches Ufer

Wasserqualität Natürlich tipptopp

Highlight Die alten weißen Wasserrutschen

Anreise Mit der RB 27 ab Berlin-Karow bis Zühlsdorf, dann sind es noch zwei Kilometer mit dem Rad. Oder 15 Kilometer vom S-Bahnhof Oranienburg. Für Autofahrer gibt es einen großen Gratis-Parkplatz

Strandbad Rahmersee, Gemeinde Mühlenbecker Land, Zum Strandbad, Oberhavel, strandbadrahmersee.de, ab 1. Mai von 10 bis 20 Uhr, Samstag und Sonntag ab 9 Uhr

Verlockend. Wer hier reinhüpft, badet ganz klar in Türkis. Ist das noch Brandenburg?

Die MS »Scherri« ist ein alter Alsterdampfer. Stündlich kann man im Sommer damit gemütlich über den Schermützelsee schippern.

Strandbad Buckow

Liegen, sonnen, schwimmen – und wieder von vorn. Wem das zu langweilig ist, der fährt nach Buckow. Denn in dem netten Kurstädtchen stimmt nicht nur das Strandbad am grandiosen Schermützelsee, sondern auch das Drumherum. Damit die Gäste das genießen können, ist Badbetreiber Mark Skerka besonders großzügig. »Die Eintrittskarte ist den ganzen Tag gültig, man kann also nach Belieben raus und wieder rein«, sagt er.

Dabei eignen sich Badewiese und Sandstrand – die feinen Körner werden jedes Frühjahr frisch herangekarrt – bestens zum Faulenzen auf der Decke. Türkisfarben schimmert das Wasser. Ist das wirklich noch Brandenburg? In der Ferne, am gegenüberliegenden Ufer, erheben sich viele Bäume zu dichtem Wald. Wahrzeichen des Bades ist der weithin sichtbare, viereckige Sprungturm aus Holz. Eine abenteuerliche Konstruktion im Stil der 20er Jahre. »Zehn Meter hoch«, sagt Skerka stolz. Leider ist der Turm renovierungsbedürftig, und derzeit kann sich niemand von ganz oben hinunterstürzen. Aber ein Kopfsprung vom Steg ist ja auch schön. Wer weiter draußen kraulen will, kann im Bad ein Tret- oder Ruderboot mieten. Hungrig? In einem Büdchen gibt es Hot Dogs, Hamburger und Co. Wer mehr Auswahl will, geht in den Biergarten zum Alten Bootshaus, gleich nebenan. Skerka empfiehlt Fischbrötchen bei der Konkurrenz.

Und danach? Eine Panorama-Wanderrunde um den See. 7,5 Kilometer bergauf und bergab. Nix für Schlaffis. Nicht umsonst heißt die Gegend Märkische Schweiz. Der Weg führt vorbei am Brecht-Weigel-Haus, längst zum Museum geworden. Ein toller Ort mit wunderbarem, großen Garten, direkt am See. Zu Beginn der 50er Jahre pachtete Brecht die Villa als Sommerdomizil und befand sie »ordentlich genug, wieder etwas Horaz zu lesen«. An diesem See findet jeder sein Glück.

Binnen einer halben Stunde ist man zurück am Strandbad. Wieder reingehen – oder eine Seerunde mit der MS »Scherri« drehen. Der einstige Alsterdampfer ist 144 (!) Jahre alt und legt in der Saison stündlich ab. Nostalgischer geht's nicht. Das ist dann nicht mehr wie bei einem Ausflug, das ist schon wie im Urlaub. Zum Längerbleiben braucht man nur über die Straße gehen: Dort befindet sich ein Strandhotel.

Gastro-Spezialität Cheeseburger

Schattenplätze Wenige unter Bäumen

Kinder / Spielplatz Sandbuddeln am Strand

Wasserqualität Hervorragend, Sichttiefe bis 6 Meter

Highlight Nostalgischer Sprungturm

Anreise Bahnhof Müncheberg (Mark), dann mit dem Bus bis Buckow-Strand oder mit dem Rad auf dem Europaradweg R1

Strandbad Buckow am Schermützelsee, Buckow, Wriezener Straße 38, Märkisch-Oderland, Mai bis September von 10 bis 18 Uhr

Urlaubsstimmung schon am Auto. Vom Parkplatz sind es nur noch 72 Stufen zu Strand und Pommes.

Neben dem Badestrand gibt es die beste Aussicht auf den See. Hier geht es familiär zu.

Strandbad Werder

In der Schlange vorm Imbiss weint eine Fünfjährige bitterlich. »Eine Wespe hat sie eben auf der Wiese in den Fuß gestochen«, erklärt die Mutter den Umstehenden. Der junge Kioskverkäufer eilt herbei mit einer halben Zwiebel in der Hand. »Einfach auf die betroffene Stelle legen, hilft«, sagt er. Weil das Kind immer noch jammert, fragt ein Mann: »Möchtest Du ein Eis?« »Ja«, greint es und weist mit dem Finger auf ein orangefarbenes »Capri« auf der bunten Langnese-Karte. Zack, hält sie es in der Hand, die Tränchen versiegen.

So ist das im Strandbad Werder (Havel) am Plessower See. Junge und ältere Besucher, Frauen in knappen Bikinis oder XL-Badeanzügen, Männer mit Bauch oder Sixpacks. Sie alle werden zu einer großen Familie. Die Atmosphäre stimmt, Chef Mario Müller hat ganze Arbeit geleistet. Natürlich trägt die tolle Lage des Strandbads dazu bei. Vom bewachten kostenlosen Parkplatz aus, dort befinden sich auch die picobello gewarteten Toiletten, spazieren die Gäste rund 100 Meter unter hohen Bäumen hindurch und dann 72 Stufen hinab. Unten befindet sich eine gepflegte Liegewiese, in der Badebucht watet man durch feinen Sand. Der Schwimmbereich ist mit typischen Plastikbadeketten großzügig begrenzt.

Kein Schattenplatz unter einem Baum mehr frei? Ein Wink, und schon schleppt einer von Marios Kumpels einen Sonnenschirm herbei. Wer erhaben auf den See schauen möchte, nimmt Platz auf der kleinen Naturterrasse. Dutzende Wildgänse dümpeln auf dem Wasser, und manchmal erheben sie sich schnatternd zu einer Flugrunde.

Was geht am besten an der Imbissbude? Pommes, natürlich. »Nicht die weltbesten, aber auch nicht schlecht«, sagt ein Mann. Sonst sind die üblichen Gerichte im Angebot, Wiener, Bockwurst mit Salat und Eis. Neben dem Imbiss stehen Biertische, umhüllt mit grün-weiß gestreiften Wachstuchdecken. Darauf befinden sich Becher mit echten Blumen darin.

Der Eintritt beträgt drei Euro. Könnte man nicht mehr verlangen für so ein schönes Strandbad? Mario schüttelt den Kopf und brummelt: »Wir sind sozial hier«. Eine Einstellung, die offenbar auf alle Anwesenden abfärbt.

Gastro-Spezialität
Günstig und reichlich: Nudelsalat

Schattenplätze
Unter den Bäumen schnell weg, alternativ: ein Sonnenschirm für drei Euro

Kinder / Spielplatz
Schippchen und Förmchen sind gratis auszuleihen, seichte Bucht zum Planschen

Wasserqualität 1A, Wasserschutzgebiet, Sichttiefe zwei Meter

Highlight Wassertrampolin, zwei Beachvolleyballplätze

Anreise Mit dem RE 1 zum Bahnhof Werder (Havel) und per Bus 631 zur Haltestelle Margarethenstraße, wenige Parkplätze

Strandbad Werder, Werder (Havel), Am Plessower See 56, Potsdam-Mittelmark, strandbad-werder.de, ab Mai von 9 bis 20 Uhr

Seit zehn Jahren hübschen die Pächter das Bad schrittweise auf.

Strandbad Stienitzsee

Maja und Erik aus Berlin sitzen vor ihren Apfelschorlen und sind hin und weg. »Das ist ja ein Traum hier«, sagt die 23-Jährige. Am S-Bahnhof Strausberg hatten die Berliner ihre Radtour begonnen und zufällig das Strandbad entdeckt. Von der gemütlichen, auf einem Hügelchen gebauten Terrasse blicken sie auf den glitzernden See. Fast tausend Meter breit, mehr als drei Kilometer lang und schön sauber. Aale, Hechte und Schleie schwimmen darin herum, und jede Menge kleine Fischchen wuseln um die Füße, sobald man ins seichte Wasser watet. Liegeplätze gibt es auf der Wiese, am Badestrand und hinter dem Beachvolleyballfeld. »Vorn sind die Familien, und hinten Paare, die lieber für sich sein wollen«, sagt David John, seit zehn Jahren Pächter. Mit seiner Frau Maria hat er das Strandbad Jahr für Jahr verschönert. Weinrote Sonnenschirme für die Terrasse wurden angeschafft, lustig bemalte Figuren wurden ebenso aufgestellt wie große Töpfe, in denen Fächerpalmen prunken. Ruder- und Tretboote werden verliehen, auch Boards für Stand-up-Paddler.

Solche Sportgeräte braucht Erwin nicht. Der 70-Jährige aus Hoppegarten liegt auf seiner karierten Decke und sagt: »Was ich hier will? Lesen, dösen, mal schwimmen gehen.« Und: »Was essen«. Das Angebot ist reichlich. Pommes, Bratwurst und Bulette natürlich, aber auch frisch gegrillte Forelle mit Kräuterbutter. Wer mag, holt sich zum Cappuccino hausgebackenen Blechkuchen. Deshalb lohnt sich der Abstecher für Ausflügler sogar, wenn sie nicht untertauchen wollen.

Rund um das Bad verströmen verfallende Industriebauten morbiden Charme. Nur die grandiose Turbinenhalle, zu DDR-Zeiten als Kulturhalle für Ziegelwerker genutzt, wurde nach langem Leerstand restauriert. Möglich also, dass man nach dem Baden dort Konzerte genießen kann. Ein Tummelplatz wie in den 20er Jahren, als es am Seeufer Gaststätten und ein Hotel gab, wird der Stienitzsee wohl nicht mehr. Die Stienitz Real Estate GmbH plant Wohnbebauung in großem Stil, die am Ufer verteilten, charmant hingezimmerten Lauben werden weichen müssen. Das Strandbad wird, zum Glück, bleiben.

Gastro-Spezialität Forelle mit Kräuterbutter

Schattenplätze Auf der Wiese bis mittags, unter Sonnenschirmen auf der Terrasse

Kinder / Spielplatz »Kuchenbacken« am Strand

Wasserqualität Super, Fischlein knabbern an den Füßen

Highlight Beachvolleyballfeld

Anreise S-Bahn nach Strausberg, von dort mit dem Rad binnen einer Viertelstunde ins Strandbad, kostenloser Parkplatz

Strandbad Stienitzsee, Rüdersdorf OT Hennickendorf, Berliner Straße 12, Märkisch-Oderland, strandbad-stienitzsee.de, 1. Mai bis 15. September von 9 bis 20 Uhr

Beim Paddling behält man den Überblick. Man wechselt zwischen dem Blick in die Weite und dem auf die Fische.

DURCH DEN WALD BRETTERN

Stand-up-Paddling ist eine Mischung aus Kajakfahren und Surfen, erfunden haben es wohl polynesische Fischer. Seit einer Weile lässt sich damit auch der Spreewald neu erfahren

TEXT **TILMAN SCHRÖTER**

Am Anfang steht die Unsicherheit. Martin Fix versucht, sie seinen Schülern zu nehmen. »Entspann dich, atme ganz ruhig, guck nur nach vorne. Jetzt versuch mal, langsam aufzustehen.« Einer von Fix' Schützlingen kniet auf einer Art Surfbrett in einem Fließ im Spreewald – und hat Angst vor dem Gefühl, das sich gleich einstellen wird: dem Stehen auf dem Wasser. Während seine Frau locker neben ihm hin und her paddelt, fängt er an zu zittern, will eigentlich absteigen, abbrechen. Bloß runter vom Brett. Fix – Surflehrerbräune, drahtige Statur – überzeugt ihn, erklärt die Bewegungsabläufe. Schließlich steht der Mann doch auf wackeligen Beinen und fährt das Spree-Fließ hinunter.

»Manchmal muss man die Leute ein bisschen zu ihrem Glück zwingen«, sagt Fix, der in Burg luftgefüllte Stand-up-Paddle-Boards verleiht. Und wie viel Glück man dabei empfindet, aufrecht durch die Wasserstraßen seiner Heimat zu fahren, weiß er sehr genau.

Stand-up-Paddling, kurz SUP, ist eine Sportart, für die sich seit Jahren weltweit immer mehr Menschen begeistern. Man surft nicht, man fährt nicht mit dem Kajak, es ist eine Mischung aus beidem. Mit einem langen Paddel gleitet man stehend auf einem Board über das Wasser. Klingt wackelig, ist es aber nur zu Beginn.

Gefährlich ist es sowieso kaum. Vor allem im Spreewald kann einem nicht viel passieren. Die Fließe sind oft nicht einmal einen Meter tief. »Wer hier ertrinkt, ist nur zu faul zum Aufstehen«, sagt Fix. Wenn man das Brett beherrscht, bringe einem das »Gänsehautmomente«. Die Natur, das gemächliche Dahingleiten, die Ruhe und Weite der Umgebung. Klingt nach einer ganz neuen Erfahrung. Aber ist das im Stehen wirklich so viel anders als Kajakfahren?

Der Kurort Burg liegt in der Nähe von Lübbenau im östlichen Oberspreewald, 120 Kilometer südlich von Berlin. Es ist ein traditionsreicher Ort. Über 35 Quadratkilometer erstreckt sich die Gemeinde, es ist eine sogenannte Streusiedlung mit in der Gegend verteilten Häusern und Ortsteilen, die im Gebiet der sorbischen Volksgruppe liegt. Deren Sprache findet man auf den Wegweisern im Ort, die auch an den Wasserstraßen stehen. Bórkowy heißt der Ort im Niedersorbischen. Seinen Namen hat er wohl von den Eimern aus Buchenborke, in denen die Fischer ihren Fang zum Verkauf nach Cottbus brachten. Heute fahren sie nicht mehr zum Markt in die Stadt, die Städter kommen in Busladungen zu ihnen, um Spreewaldgurken auf Kahnfahrten zu probieren.

»Entspann dich, atme ganz ruhig, guck nur nach vorne. Jetzt versuch mal, langsam aufzustehen«

Etwa 200 bis 300 Kilometer Wasserwege bietet das Gebiet von Burg, mehr als 1000 sind es im gesamten Spreewald. Hier fahren Kähne, Kajaks, Kanus – und seit einigen Jahren SUP-Boards. Wandern auf dem Wasser. Die bunten Tupfer, also die teils neonfarben angemalten Stehbretter, haben anfangs nicht alle erfreut. »Wenn man hier was Neues probieren will, ist das manchmal schwierig«, sagt Martin Fix. SUP sei eben »nicht spreewaldtypisch«.

Wie das mit dem Stand-up-Paddling angefangen hat, darüber gibt es verschiedene Theorien. Angeblich nutzten polynesische Fischer Baumstämme mit Stangen, um sich aufrecht zu ihren Fischgründen zu bewegen. Adaptiert wurde das später von Surfern, um mit Brett und Paddel schneller zu den guten Wellen zu fahren – oder um ihre Surfschüler besser im Blick zu haben.

Inzwischen ist um das Stehpaddeln eine Begeisterung entstanden, die dazu geführt hat, dass gut besuchte Wettkämpfe ausgetragen werden. Zuletzt fand Ende 2018 im chinesischen Wanning die SUP-Weltmeisterschaft der International Surf Association statt. Hunderte Sportler fahren dabei um die Wette, es gibt Preisgelder und Sponsoren. Im Freizeitbereich ist der Sport längst angekommen, viele Kanu- und Surfvereine haben eine SUP-Abteilung. Bretter kriegt man in allen Farben und Qualitäten, sie kosten ab etwa 200 bis um die 1000 Euro.

Martin Fix hat der Hype spätestens ergriffen, als er 2013 zum ersten Mal Stand-up-Paddling im Spreewald ausprobierte. Er kaufte ein Brett, dann noch eins, vermietete sie. Hunderte andere Begeisterte kamen auf dieselbe Idee. In Deutschland kann man den

Martin Fix stand 2013 das erste Mal auf einem SUP-Brett.

Auf allen Vieren aufs Brett, langsam erheben, das lange Paddel nehmen – schon steht man.

Sport heute eigentlich überall betreiben, von Rostock bis zum Bodensee. Wo Wasser ist, gibt es Stand-up-Paddling.

Momentan hat Kfz-Meister Fix um die 50 Boards, er ist der Einzige, der die Sportart kommerziell im Spreewald anbietet. Was diese Gegend von anderen unterscheidet? Die Abwechslung, findet Fix. »Beim Paddeln auf einem See hat man immer die gleiche Aussicht. Hier kannst du tagelang

»Hier kannst du tagelang durch die Gegend fahren, du siehst immer was Neues«

durch die Gegend fahren, du siehst immer was Neues.« Zehn Euro kostet das Ausleihen in der Stunde pro Person, 50 Euro am Tag. Fix schwärmt von »der traumhaften Ruhe«. Na gut, dann rauf aufs Board. Zur Orientierung gibt's noch eine Karte der Umgebung – inklusive aller Wasserwege.

Möglichst auf allen Vieren aufs Brett, sich dann langsam erheben und das lange Paddel in die Hand nehmen. Mit ein bisschen Körperbeherrschung steht man schnell sicher. Vom Fließ an der Ausleihstation geht es etwa 15 Minuten hinunter Richtung Schleuse, und schon merkt man, wovon Fix geredet hat. Anders als auf einem See verändert sich die Landschaft häufig, man ist näher dran und durch das Stehen hat man im Unterschied zum Kajakfahren einen sehr guten Überblick. Man sieht alles: die Fische unter Wasser, schwimmende Biber, die Landschaft jenseits der Ufer. Die Gärten der Wassergrund-

Mittlerweile gibt es auch beleuchtete Boards für nächtliche Touren.

stücke, die wirken, als kämen sie aus einer »Landlust«-Ausgabe. Felder mit Heuballen, Wald, Kühe. Und noch etwas sticht heraus: Stille. In den kleinen Fließen, den Gräben abseits der großen Wasserstraßen, ist wenig Verkehr. Man fährt allein durch die Natur.

»Einigen ist das lange Stehen zu anstrengend. Aber das sind vielleicht zwei oder drei im Jahr«

Angekommen an der Schleuse, muss man das Board aus dem Wasser tragen und auf der anderen Seite wieder rein. Weiter geht es zur Hauptspree, etwa eine halbe Stunde durch schmale Fließe, vorbei an Höfen und Wassergrundstücken, an Stegen, an denen die Kajaks der Besitzer geparkt sind. Kurz aufs Board setzen und orientieren. Ein Blick auf die Karte zeigt: Gleich kommt die Hauptspree. Hier wird der Fluss breiter, der Verkehr dichter. Kajaks ziehen vorbei, besetzt mit Schülern, die gerade ihr Abi hinter sich haben und auf dem Wasser mit Musik feiern.

Man kommt zur Liebesbrücke, einer Sehenswürdigkeit von Burg. Ein einfaches Bauwerk aus Beton mit Holzbohlen und Metallgeländer. Wenig spektakulär und trotzdem legendär. »Es wurden da schon einige Heiratsanträge auf dem Wasser gemacht«, hat Fix erklärt. Hier sind die berühmten Spreewaldkähne unterwegs, flache Gleitboote, bis zu zehn Meter lang. Rentner lassen sich durch den Spreewald staken und grüßen freundlich.

Angenehmer Nebeneffekt des Stehpaddelns: Es trainiert. Das Einstechen des Paddels ins Wasser erfordert Kraft, es muss ja vorwärts gehen. Weil der Boden unter den Füßen wackelt, bleibt man automatisch in aufrechter Position, muss den Körper ausbalancieren und koordinieren. Je länger man auf dem Brett steht, desto flüssiger werden die Bewegungen. Aber: »Ein paar Leuten ist das schon zu anstrengend, das lange Stehen, die wackeligen Knie«, sagt Fix. »Aber das sind vielleicht zwei oder drei im Jahr.« 60 bis 80 Besucher kommen jeden Tag, sagt Fix, abhängig vom Wetter.

Es geht weiter vorbei an Hotels, an einem Imbiss für hungrige Wasserreisende. Der verkauft – natürlich – Spreewälder Gurken, gleich sechs verschiedene Sorten. Nach einer weiteren halben Stunde geht es runter von der Hauptspree, zurück in die Seitengräben und Fließe, es wird wieder still. Kurze Pause auf dem Brett und ein bisschen treiben lassen. Dann die letzten Meter zurück zur Ausleihstation paddeln, etwa zwei Stunden sind vergangen.

Naturverbundenheit, Überblick: Wenn man eine Weile im Stehen in den Kanälen und Fließen unterwegs ist, fühlt man sich ziemlich frei. Mit mehr Weitblick als eingezwängt in ein Kajak und unabhängiger als auf geführten Kahntouren, bewegt man sich durch die Gegend, fährt hin, wo es einem passt. Wie eine Waldwanderung. Nur eben übers Wasser.

Das Pärchen vom Anfang kommt wieder zurückgepaddelt. »Reicht dann auch«, sagt er, der eigentlich gar nicht erst aufs Brett wollte. »Bis zur Schleuse habe ich es immerhin geschafft.« Er steigt ab, seine Sachen sind trocken. Aber wo ist seine Frau? Sie kommt angefahren, steigt vom Brett, ihre Klamotten sind klatschnass. Warum? »Ich habe mich zu ihm umgedreht.« Aus Sorge, dass er vom Brett fällt.

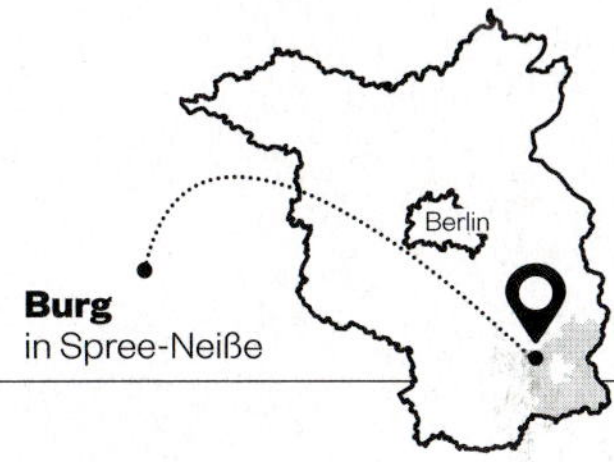

HINKOMMEN

Von Berlin aus stündlich mit der Ostdeutschen Eisenbahn nach Lübben, umsteigen in den 500er Bus Richtung Hotel Bleske (Burg). Die Fahrt dauert knapp zwei Stunden, ab 14,10 Euro.

UNTERKOMMEN

Pension Willischza (pension-willischza.de), ab 79 Euro pro Nacht im Doppelzimmer.

Ferienwohnungen gibt es zum Beispiel bei »Zum Baumhaus« (ferienwohnungen-zum-baumhaus.de), drei Nächte ab etwa 280 Euro.

RUMKOMMEN

Ein SUP-Board kann man ab zehn Euro pro Stunde leihen, die Tagesleihe kostet etwa 50 Euro. Unser Autor hat das Paddling auf Einladung des Tourismusverbands Spreewald getestet.

Sonne im Gesicht, kaltes, klares Wasser, der Wald wie ein Vorhang

Ein Törn mit dem Hausboot über die Havel, von Zehdenick bis zu den Uckermärkischen Seen, zeigt Brandenburg von seiner exotischen, wilden und romantischen Seite. Fast als wäre man in Kanada

TEXT **MARC OLIVER RÜHLE** FOTOS **MADLEN KRIPPENDORF**

Tag 1: Donnerstag

8:00 bis 9:00 Uhr

Nur eine gute Stunde dauert (beispielsweise) die Fahrt von Berlin in die Havelstadt Zehdenick. Ganz egal ob mit Auto oder Regionalzug. Nach etwa 60 Kilometern Strecke gen Norden sind die Havelniederung und das Tor zum Biosphärenreservat Schorfheide erreicht. Angekommen im »Yacht Zentrum« von Zehdenick empfängt uns sympathische Hafen-Atmosphäre aus einigen Stegen mit Kähnen, Hausbooten und kleinen Motoryachten, einem Imbiss und einer schicken Hafenmeisterei. Bollerwagen warten auf der großzügigen Parkfläche auf Gepäck und Reiseproviant. In unserem Fall ist das die Verpflegung für vier volle Tage. Unterwegs wollen wir alltägliche Prozeduren wie Einkaufen in Supermärkten und überhaupt die Zivilisation meiden und unseren Aufenthalt auf die Fahrt auf dem Wasser und die Natur konzentrieren. Zumal: Auf der Strecke hätten wir kaum Gelegenheiten, uns mit Lebensmitteln einzudecken – auch wenn wir dann doch regionale Produkte wie geräucherten Fisch und Ziegenkäse mit an Bord nehmen konnten.

Doch wie läuft das mit dem »Boarding« im Hafen? Wir haben uns vorab für ein Schiff entschieden, das zur Flotte des Vermieters »Kuhnle-Tours« gehört. Das Hausboot des Typs »Kormoran 1280« ist fast 13 Meter lang und vier Meter breit. Uns gefiel auf Anhieb, dass es sich um einen richtigen Kahn zu handeln scheint, der einen gewissen Charme versprüht und ein authentisches Reisegefühl vermittelt. Auf der Webseite stand: leicht zu manövrieren. Nach vier Tagen auf dem Wasser, zig Schleusengängen und engen Wasserstraßen, können wir das unterschreiben.

9:20 Uhr

Am Steg angekommen, heißt uns ein Einweiser des Bootvermieters willkommen und zeigt uns den Kahn, der bis zu neun Personen Platz bietet (wir sind zu fünft): drei Kabinen, drei Bäder, ein gemütlicher Salon und ein großes Achterdeck (aufgrund des Wetterglücks unser Sonnendeck) – samt Badeplattform und Außendusche. Der wichtige Teil der Anleitung: Wie steuert man dieses Boot? Wir entscheiden uns für einen Kapitän und geben die Verantwortung an denjenigen ab, der sich das Manövrieren am ehesten zutraut. Man muss wissen, dass das Ausleihen und Steuern dieses Schiffes auf ausgewiesenen Wasserstraßen führerscheinlos möglich ist, wirklich eine tolle Sache. Sonst wären wir nicht hier! Einzige Ausnahme: Wir dürfen auf keinen Handelswegen schippern oder kreuzen, etwa dem Oder-Havel-Kanal.

Wichtig: Wir haben uns vorab im Hafen beraten lassen, bevor wir uns auf eine Reiseroute festgelegt haben. Welche Distanzen sind in vier Tagen zu absolvieren? Wo können wir ungestört über Nacht ankern? Und an welchen Schleusen müssen wir wahrscheinlich lange warten? Wir wählen eine

Leinenwurf für Leichtmatrosen – einmal an Land, bitte! So schön es auf dem Wasser ist, man braucht schließlich Proviant.

Kajüte mit Ausblick: könnte auch Neuseeland oder Kanada sein, wenn man es nicht besser wüsste.

Ein neugieriger und hungriger frühmorgendlicher Gast. Dieser Schwan scheint daran gewöhnt, dass man ihn füttert.

Mit einem Omelett aus der bordeigenen Kombüse beginnt ein neuer Tag auf dem Wasser.

Strecke, bei der das Naturerleben im Vordergrund steht, also dünn besiedeltes Gebiet. Wir entscheiden uns für einen Törn nach Norden.

10:00 Uhr

Endlich geht der Dieselmotor an, wir legen ab. Zwei von uns am Bug, zwei am Heck, einer am Steuerrad. Das sieht schon ganz gut aus. Der Kahn liegt schwer und doch beweglich im Hafengewässer. Der Einweiser ist noch bei uns, zeigt unserem Steuermann auf »offener See«, wie das Schiff auf die Schubkraft vorwärts und rückwärts reagiert. Und wie viel Platz für ein Wendemanöver einzuplanen ist. Dazu gibt es schnell noch eine kleine Knotenkunde, dann legen wir ab.

11:00 Uhr

Ahoi, die Sonne scheint, wenige Wolken! Eine Stunde schippern wir auf der Havel gen Norden, vorbei an Wassergrundstücken mit herausgeputzten Vorgärten und Wochenendhäusern, vorbei an Trauerweiden, Schilf und Schwänen mit und ohne Nachwuchs. Schön, dass wir losgefahren sind und für uns sind. Hinter jeder Wasserstraßenbiegung lassen wir etwas mehr los. Das Siedlungsgebiet dünnt aus, Wald hält Einzug. Als würde jemand einen sattgrünen Vorhang vor die Kulisse ziehen. Die Farbe beruhigt. Die Wellen unseres Kahns sorgen für ein Rauschen an den Ufern. Vom Wasser aus scheint die Welt in Ordnung ...

13:00 Uhr

Wir peilen den Großen Kuhwall See an, hier wollen wir das erste Mal ankern. Eine schmale Wasserstraße namens Templiner Wasser führt uns von der Havel weg und dorthin. Zwei, drei Yachten kommen uns entgegen, der Kahn liegt unaufgeregt in der Spur, man fühlt sich damit sehr sicher. Wir haben die Geschwindigkeit etwas gedrosselt, um nicht zu viele Wellen zu machen. Die Seevögel werden es uns danken. Hier und dort huscht ein Eisvogel vor uns weg. »Hunger« ruft es vom Vorderdeck. Und da öffnet sich auch schon der See vor uns wie eine große Lichtung. Wir halten uns rechtsseitig und lassen den Anker ins Wasser rasseln. Erste Station! Unser Smutje reicht erste Häppchen aus der Kombüse.

15:30 Uhr

Nach einer kurzen Siesta (jeder liegt irgendwo auf dem sehr geräumigen Deck auf Handtüchern oder Yogamatten in der Sonne), geht es ins Wasser. Platsch lässt sich ein jeder in den See fallen, der an dieser Stelle laut Echolot über vier Meter tief ist. Das Wasser erfrischt und belebt die Gemüter. Hier sind wir fast allein. Etwa fünf Boote liegen hier vor Anker, doch so weit voneinander entfernt »geparkt«, dass jeder seine Privatsphäre hat. Das Runde des Gewässers ist von dichtem Baumbewuchs gesäumt, Reiher stehen starr auf Totholz und behalten die Szenerie im Auge.

Im Grunde genommen ist das Havelland ein einziger, riesengroßer Badesee.

Der Smutje bereitet das Dinner unter Deck – gegessen wird dann natürlich unterm klaren Himmel.

16:20 Uhr

Wir bleiben! Die Tatsache, dass manche Schleusen auf unserer Strecke nur bis 18 Uhr in Betrieb sind (und dann erst früh wieder ab 7 Uhr), schränkt unsere Beweglichkeit ein. Denn gezwungenermaßen vor Schleusen anlegen zu müssen, um dort die Nacht zu verbringen, ist weniger romantisch als hier, auf diesem idyllisch-stillen See. Zudem wollen wir uns nicht hetzen lassen. Wir setzen den Anker noch einmal neu, richten den Liegeplatz nach Windrichtung und genügend Entfernung zum Ufer aus. Sicher ist sicher. Im Anschluss Getränke, Gespräche und grünes Kino: Wald, Wasser und Himmel.

19:00 Uhr

Dinner an Deck, ein großer Tisch und dazugehörige Stühle einer Gartenmöbelgarnitur sorgen für die perfekte Atmosphäre. Abendessen wie auf dem Balkon. Die Positionslaterne leuchtet, ein milder Wind weht, das leichte Schaukeln wiegt uns, die erste Nacht kann kommen. Doch vor dem Einschlafen: ein wahnsinnig klarer und mächtiger Sternhimmel.

Tag 2: Freitag

9:30 Uhr

Moin. Erstmal ins Wasser. Herrlich! Schwimmen mit Graugänsen. Danach ein Kaffee auf der Badeplattform. Schön hier! Erste Boote in unserer Nachbarschaft machen sich bereits auf den Weg, auch bei uns entsteht Aufbruchsstimmung. Wir wollen heute Strecke machen und den Stolpsee erreichen, der bereits zum Naturraum des Neustrelitzer Kleinseenlandes gehört. Immerhin 371 Hektar groß und bis zu 13 Meter tief. Angeblich wurden hier 18 Kisten von Hermann Görings Nazigold versenkt, aber bei einer Suchaktion des Ministeriums für Staatssicherheit der DDR im Jahr 1981 nicht gefunden.

11:00 Uhr

Wir sind tatsächlich wieder mit voller Kraft voraus, das schmale Templiner Wasser entlang zurück zur Havel, ab dort geht es jetzt wieder in unbekanntes Gewässer. Stundenlang gen Norden. Und jetzt erwartet uns direkt die erste Schleuse namens »Schorfheide«, da sind wir schon etwas aufgeregt, wie wir uns beim ersten Schleusengang anstellen werden. Wir probieren es wie folgt: eine Matrosin mit Tau am Bug, ein Matrose mit Tau am Heck. Noch müssen wir uns wegen des roten Signals vor der Schleuse gedulden, ein Boot liegt vor uns, wir treiben kaum in Knoten messbar auf die Schleuseneinfahrt zu, bis das Signal auf Grün springt. Wir nehmen in Zeitlupe Anlauf. Und haben Glück: die Schleusentore öffnen sich, wir müssen nirgendwo an den Anlegepfeilern der rechten Uferseite festmachen. So gleiten wir problemlos in das Schleuseninnere und alle Aufregung war fast umsonst. Das lief wie geschmiert. (Ehrlicherweise ist unserer Kahn rundum mit einem Gummistreifen umzogen, der vor dem Anstoßen an Pfeilern oder Uferbauwerk schützt.) Drei weitere Schleusen liegen bis zum Stolpsee noch vor uns. Am vierten Tag werden wir uns wie Schleusenprofis fühlen!

13:20 Uhr

Wir machen vor der Schleuse »Regow« fest, denn in unserem Törnplaner steht: »Capriolenhof«, Ziegenkäserei auf dem Schleusenhof mit Hofladen. Den wollen wir natürlich besuchen. Bereits vom Kahn aus sehen und hören wir die gut hundert Ziegen grasen. Es duftet nach Landwirtschaft. Wir gehen an Heuballen und Ställen zum Hof, dessen Betreiber Tische und Sonnenstühle unter Bäumen aufgestellt hat. Es gibt Kaffee, Ziegenkäsekuchen, reichlich Ziegenkäse to go und ebenso wichtig, es werden hinter einer kleinen Theke Weinflaschen zum Verkauf angeboten (wir hatten unseren Vorrat schlecht bemessen). Eine schöne, sehr entspannte Zeit, umgeben von Getier und mit einem Blick auf die Wasserstraße, den Bootsverkehr an der Schleuse, direkt vor uns.

15:10 Uhr

Wir passieren Bredereiche, bekannt für seine Fachwerkkirche und eine Schleuse mit Hub- und Stemmtor. So überwinden wir einen Höhenunterschied von 3,20 Metern. In einem Ortsteil von Fürstenberg/Havel liegen einige Boote vor einer Schänke am Wasser, es wird geangelt, geguckt und gewunken. Aber wir wollen weiter!

16:30 Uhr

Tages- und Törnziel erreicht: Der Stolpsee öffnet sich vor uns, mit seinen fast völlig von breitem Schilfröhricht umgebenen Ufern und den dahinter anschließenden Flachmoorflächen, Feuchtwiesen und der Himmelpforter Heide. Das alles ist Teil des Naturparks Uckermärkische Seen, in dem auch Kraniche brüten! Wir halten uns fürs Erste am Südwestufer auf, auch weil uns dort die Sonne über die Baumkronen hinweg noch bis in den späten Abend bestrahlen wird. Nach einer Weile langsamen Schipperns werfen wir in einer kleinen Bucht unseren Anker und genießen die Ruhe. Nach zwei Stunden Beschallung bemerkt man erst, wie laut so ein Schiffsmotor ist.

19:00 Uhr

Auf dem See heute ist deutlich mehr los. Hier und dort düsen kleine Motorbote entlang, zudem Hausfloße und größere Hausboote. Während in unserer Kombüse wieder ein Abendessen entsteht, wird an Deck geplaudert oder gelesen. Das Schöne an diesem Kahn ist: Jeder hat hier genug Fläche, für Yoga oder Kartenspiele. Man kann sich aus dem Weg gehen und für sich sein. Dann klingt der zweite Tag mit einem geselligen und romantischen Abend aus. Für großes Staunen sorgen erneut der bombastische Sternenhimmel und das Plätschern der springenden Fische, was etwas exotisch anmutet. Von der Gesamterfahrung

Mäh? Mmmh! An der Schleuse Regow lohnt es, Station zu machen und der Ziegenkäserei des Capriolenhof einen Besuch abzustatten.

Fahrt aus der Schleuse. Unser Autor steuert das Boot durch die Enge – und sieht dabei aus wie ein DJ im Boiler Room.

Morgens nach Sonnenaufgang steht Nebel über dem See, wenn die Kühle der Nacht der Wärme der Sonne begegnet.

Beim Blick in den Morgen auf dem Wasser kommt eine tiefe, geduldige Ruhe auf.

her – wenn wir es nicht besser wüssten – assoziierten wir den Aufenthalt in dieser ursprünglichen Natur mit Kanada oder Neuseeland.

Tag 3: Samstag

Ab 9:00 Uhr

Wir hatten von vornherein geplant, den dritten Tag auf dem Boot in Ruhe ankernd auf dem Wasser zu genießen, mit Sonnen und Baden, quasi: ein Strandtag. Das Wetter durchkreuzt unsere Pläne nicht, aber eine kleine Fahrt unternehmen wir doch und zwar noch vor dem Zähneputzen: einmal quer über den See. Dorthin, wo uns die aufgegangene Sonne schon in die Gesichter scheint. Wieder rasselt die Ankerkette in die Tiefe und der Kahn richtet sich nach dem Wind aus, fertig. Bis zum späten Nachmittag: Siesta.

15:30 Uhr

Nachdem wir die Muße hatten, den Törnplaner ausgiebig zu studieren, folgen wir dann doch noch einem Hinweis: »Wohnstube des Weihnachtsmanns – auch im Sommer geöffnetes Weihnachtscafé«. Himmelpfort! Der staatlich anerkannte Erholungsort liegt an der Nordostseite des Stolpsees und ist keine fünf Minuten Fahrt von uns entfernt. Dort legen wir im Hafen an und bereiten uns auf einen ausgedehnten Landgang vor. Wir kommen an einem herrlichen Kräutergarten vorbei, einer Fischräucherei, einer Zisterzienserklosterruine und essen beim Weihnachtsmann Streuselkuchen. Mit geräucherten Forellen im Gepäck geht es am frühen Abend zurück zum Hafen und raus auf den See, in die Bucht der vergangenen Nacht zurück, die hatte uns so gefallen. Nachts ist an den Ufern ein Lagerfeuer zu sehen. So geht es in die letzte Nacht.

Tag 4: Sonntag

8:00 Uhr

Verhältnismäßig früh beginnt der letzte Tag, unser Rückreisetag. Wir wollen genug Zeit haben, um nach Zehdenick zurückzukommen. Gut sechs Stunden reine Fahrzeit müssen wir einkalkulieren, dazu ist nie sicher, ob und wie lange man an Schleusen warten muss. Es bleibt jedenfalls noch genug Zeit, sich während der Tour zum Ausgangshafen von der Landschaft zu verabschieden. Etwa um 17 Uhr erreichen wir wieder das »Yacht Zentrum«, eine halbe Stunde später sind wir ausgecheckt. (Im Tank war fast noch die Hälfte des Diesels, nur das Trinkwasser mussten wir einmal auffüllen, im Hafen von Himmelpfort.) Mit ein wenig Wehmut geht es zurück auf die Asphaltstraßen. Das nächste Mal bleiben wir länger. Es gibt so viel mehr zu entdecken.

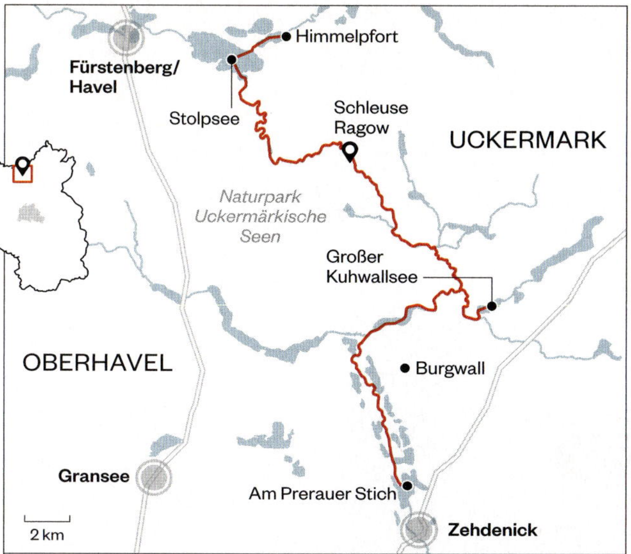

INFO

Wer sollte früh reservieren?
Menschen mit schulpflichtigen Kindern in bevölkerungsreichen Bundesländern, Menschen mit Mobilitätseinschränkungen, Menschen die fix auf einen Termin, ein Revier, einen Bootstyp festgelegt sind. Wer im Herbst des Vorjahres bucht, bekommt mit Glück Frühbucherrabatt. Wer aber flexibel ist in Sachen Boot, Reisezeit und Abfahrtsbasis kann sich bis Ostern Zeit lassen. »Für 2021 rechnen wir mit recht ordentlicher Nachfrage, weil Hausbooturlaub ja in Corona-Zeiten eine sehr sichere Urlaubsart ist«, sagt Dagmar Rockel-Kuhnle von Kuhnle-Tours.

Was kostet das pro Nacht?
Abhängig von Bootsgröße, Komfortklasse und Reisezeitpunkt reicht das Spektrum bei Kuhnle-Tours von 73 bis 658 Euro pro Nacht. Für 73 Euro gibt es eine süße kleine »Bellus« für zwei bis drei Personen in der Frühsaison, für 658 eine »Kormoran 1500« für zehn bis zwölf Personen in der Hochsaison.

Gibt es weitere Kosten?
Ja. Dazu kommen: Liegegeld in fremden Häfen, Kurtaxe und Betriebsstunden (Verbrauch für Treibstoff und Gas). Manche Firmen berechnen die Charterschein-Einweisung extra. Weitere Kosten, die eventuell anfallen: Endreinigung, Grill-Ausleihe, Bettwäsche/Handtücher, Beiboot. Preise kann man nur vergleichen, wenn man weiß, was inklusive ist – und was man braucht.

Was sollte man bei der Streckenplanung beachten?
Lieber nicht zu viel vornehmen. 30 km Fahrstrecke am Tag, dann ist genug Zeit für einen Stadtbummel, einen Museumsbesuch oder ein Mittagsschläfchen in der Ankerbucht.

Woran sollte man bei der Verpflegung denken?
Alle Getränke für den Törn ab Abfahrtstag an Bord schaffen. Man kann unterwegs immer mal zu einem Laden radeln, aber eine Bierkiste auf dem Gepäckträger ist eher unhandlich.

Ein Tipp für Anfänger?
Den ersten Törn lieber bei einem großen etablierten Unternehmen buchen, da sind die Abläufe und Prozesse festgelegt und eingeübt, es gibt üblicherweise Service-Telefonnummern und man hat es mit einem einzigen Vertragspartner zu tun (statt einem für die Buchung, einem fürs Boot, einem für den Hafen, einem für den Parkplatz fürs Auto etc.).

Woher kommt der Strom?
An Bord gibt es in aller Regel nur 12 Volt aus dem Zigarettenanzünder-Anschluss oder USB-Steckdosen. 230 Volt hat man üblicherweise nur im Hafen, wenn das Boot am Landstrom liegt.

Wie bereitet man sich vor?
Indem man eine Charterfibel studiert (7,80 € Quick Maritim Medien).

Was gehört noch auf die Packliste?
* Aufbackbrötchen
* Fahrräder
* Bootsgrill
* French-Press-Kaffeekanne
* Fernglas
* Mückenspray
* Lieblingsmesser und Gemüseschäler
* Luftmatratze
* Taucherbrille und Schnorchel
* Wäscheklammern!

DIE BESTEN 5

Mit dem Kajak über die Havel, im Kanu durch die Auenwälder der Oder oder auf dem Brett durch die Stadt: die schönsten **Paddelreviere**

Nationalpark Unteres Odertal

Verwunschene Altarme der Oder, Auenwälder und ein Meer aus Schilf bilden in der Polderlandschaft des Nationalparks Unteres Odertal zwischen Stolpe und Gartz ein faszinierendes Labyrinth. Nordöstlich geht das Schutzgebiet in das ebenso wilde polnische Zwischenoderland über. Die Kernzone ist ausschließlich mit geführten Kanutouren zu erleben, ab Mitte Juli sind drei Routen zwischen sieben und elf Kilometern buchbar. In Gartz und Mescherin kann man mit »Flusslandschaft Reisen« schon ab Mai loslegen. Egal, wo man startet: Die Chance ist groß, unterwegs Bibern oder Seeadlern zu begegnen.

Uckermark. Geführte Touren und Kanuverleiher unter unteres-odertal.de und flusslandschaft-reisen.de

Stadtpaddeln in Potsdam

Das Stand-up-Paddling ist zur Trendsportart geworden. In Potsdam kann man mit dem Leihbrett sogar zur Stadtrundfahrt aufbrechen. »SUP to go« lautet das Motto des Anbieters Kolula, bei dem man sich ein Brett spontan und unkompliziert aus dem Schließfach einer Box zieht. So kann man am Sportpark Luftschiffhafen auf dem Templiner See aufbrechen und die Halbinsel Hermannswerder erkunden. Die Box an der Schiffbauergasse ist ein guter Startpunkt in Richtung Glienicker Brücke und Jungfernsee. Weitere Stationen stehen in Sacrow und Petzow.

Potsdam. Reservierung per App unter kolula.com, am Griebnitzsee auch bei potsdam-per-pedales.de

Untere Havelniederung

Schwalben sausen über das Wasser, in der Ferne wogt ein Schwarm Stare in der Luft, am Ufer stakt ein Weißstorch: Der Vogelreichtum in der Unteren Havelniederung ist einzigartig. Naturschützer schließen Altarme wieder an den Fluss an, bauen Uferbefestigungen ab und schaffen neue Auenwälder. Besonders ursprünglich ist die 16 Kilometer lange Runde über die motorbootfreie Gülper Havel (wegen der Brutzeit erst ab Mitte Juni). Unterwegs warten idyllische Flussbadestellen, beim Biwak erlebt man den klaren Blick auf die Milchstraße im Sternenpark Westhavelland.

Havelland. Kanus bei unterm-sternenhimmel.de, weitere Infos unter westhavelland.de oder westhavelland-naturpark.de

Rheinsberger und Fürstenberger Seenkette

Im Dreieck zwischen Rheinsberg, Fürstenberg und Neuruppin liegen rund 170 Seen, die meisten davon sind durch kleine Kanäle oder die Obere Havel miteinander verbunden. Hat man den Trubel in Rheinsberg einmal hinter sich gelassen, kann man gemächlich von See zu See gleiten und an einer Naturbadestelle oder einem Gasthaus anlegen. Für Anfänger und Familien geeignet ist die abwechslungsreiche 17 Kilometer lange Route von Rheinsberg zum Flecken Zechlin – sieben Seen sind dabei zu durchqueren. Ein Geheimtipp ist die Fahrt in den schmalen Kagarbach. Längere Touren kann man bis in die Mecklenburgischen und Uckermärkischen Seen ausdehnen.

Ruppiner Land.
Infos und Verleiher unter ruppiner-reiseland.de

Abwechslungsreiche Spree

Der Spreewald mit seinen 300 Kilometern befahrbaren Wasserwegen ist legendär – Kanuverleiher in Burg, Leipe, Lübbenau, Lübben und Schlepzig bieten Auswahl. Besonders zwischen Lübbenau und Lehde kann es in der Hochsaison voll werden. Weniger befahren sind die Fließe im Unterspreewald – etwa von Lübbenau nach Groß Wasserburg oder zwischen Schlepzig, Leibsch und Groß Wasserburg. Noch einsamer wird es auf der Krummen Spree Richtung Schwielochsee oder der Müggelspree zwischen Fürstenwalde und Erkner.

Spreewald/Oder-Spree. Touren unter spreekapitaen.de, weitere Infos unter spreewald.de und seenland-oderspree.de

Zu Gast

Verwunschen,

Der Spreewald gilt als landschaftlich märchenhaft, aber touristisch etwas oll. Ein Investor und ein Gastronom wollen das ändern: mit exklusiven Apartments, anspruchsvoller lokaler Küche und einem Hofladen in einem alten Konsum

TEXT **KAI RÖGER** FOTOS **MALTE JÄGER**

aber zeitgemäß

Der Hafen von Lübbenau ist das Tor zur Lagunenlandschaft des Spreewalds: Im Minutentakt starten voll beladene Kähne ihre Tour durch die adergleich verzweigten Kanäle des Biosphärenreservats. Hier schlägt das Herz des Spreewald-Tourismus in immer nervöserem Takt, nicht erst seit der Inlandstourismus boomt. Kahnfahrten und Paddeltouren durch die schummrig-wilde Naturlandschaft sind ein einmaliges Erlebnis, wenn man die einzigartige Vielfalt von Tier- und Pflanzenarten in Ruhe genießen kann. Wenn man sich aber Boot an Boot durch die engen Kanäle zwängen muss, bleibt nur die Ahnung vom Mythos dieser vergessenen Märchenlandschaft.

Natur, Tradition und Folklore, das sind seit jeher die Pfründe des Spreewalds. Aber es gibt auch neue Initiativen, den Spreewald in einem modernen, zeitgemäßen Licht zu präsentieren und eine Vision zu entwickeln, wie sanfter, nachhaltiger Tourismus aussehen könnte.

Nur wenige Kilometer vom Hafen in Lübbenau entfernt, weg von der dichten Lagunenlandschaft, hinein in die dünn besiedelte Weite, liegt Groß Beuchow, ein Nest mit 250 Einwohnern. Hier hat der Investor Steven Raabe 2011 das verfallene Schloss Beuchow übernommen. Der Unternehmer verdient sein Geld mit Luftfracht in Krisengebiete. Gutes Geld, das ihm ermöglichte, im alten Jagdschloss fünf exklusive Apartments herzurichten, jedes mit eigener Kochinsel, modernen Bädern und einem stilvollen Mix aus historischem Fachwerk, schweren

Ein Mix aus historischem Fachwerk, schweren Holzmöbeln und Eleganz

Holzmöbeln und Eleganz. In der angeschlossenen über 900 Jahre alten Feldsteinkirche ist jetzt der Gastraum des Restaurants »Alte Kirche«, ein turmhoher Raum mit tragenden Holzsäulen, ein Prunkstück.

Raabe hat mit viel Leidenschaft und Idealismus investiert, er lebte früher in Groß Beuchow, kannte die lange Geschichte des denkmalgeschützten Ensembles, ging hier

Das stilvoll renovierte Schlossensemble. Vorige Seiten: Spreewaldromantik – und Jörg Thieles »Feldgemüse / Heuschrecken / Leinölaioli«.

Jörg Thiele ist Wahlspreewälder: Er modernisierte die Spreewaldküche, gibt Kochkurse und besitzt sogar einen Kahnführerschein.

So schmeckt die Region: eingeweckte Vogelbeeren und »Hirtensalat / Spreewald-Feta / Schafgarbe« mit Gemüse direkt vom eigenen Feld.

Die über 900 Jahre alte Kirche ist heute ein stimmungsvoller Gastraum mit hohen Decken und tragenden Holzbalken.

selbst in den Kindergarten. Als er den verfallenen Bau sah, der seit 2003 wegen Mängel am Bau sich selbst überlassen blieb, entstand die Idee, nicht nur das alte Jagdschloss wieder herzurichten, sondern es mit einer innovativen Art von Gastlichkeit wieder zu beleben: nachhaltig, ressourcenschonend, das Wohl von Tier und Landschaft im Blick, aber auch das der Mitarbeiter. Raabe selbst lebt vegan, das Projekt, das er berufsbedingt nur aus der Ferne betreuen kann, muss keinen Gewinn erwirtschaften, eine Null wäre schön, wenn dabei »alles richtig gemacht werden würde«. So zitiert Jörg Thiele seinen Arbeitgeber, der ihm 2018 die Leitung des Projekts anvertraute.

Jörg Thiele, groß, mit gewinnendem Lächeln und modischem Bart, ist vor gut zehn Jahren mit seiner Familie in den Spreewald gezogen. Damals arbeitete er als Küchenchef im besten Restaurant der Region, dem »17fuffzig« im »Bleiche Resort & Spa«. Er kannte den Spreewald als Tourist, lebte davor in Berlin, kam oft zum Paddeln hierher, heiratete sogar in Burg. »Aber es war nie geplant, hier einmal ganz zu leben«, sagt Thiele. Dass seine Wurzeln in Chemnitz liegen, ist ihm anzuhören, obwohl seine Stationen als Koch ihn nach Stuttgart, Sylt, Berlin und Mallorca führten. 2016 erlangte er als Finalist der TV-Kochshow »The Taste« überregionale Bekanntheit, zeigte ab 2017 als Direktor des »Bio-Hotels Kolonieschänke« in Burg seine Version einer modernen Spreewaldküche und wurde als »Lieblingskoch« mit Kochkursen, Catering und Dinnerabenden so etwas wie der Genussbotschafter einer zeitgemäßen Spreewaldküche.

Im Restaurant »Alte Kirche« geht er diesen Weg konsequent weiter: Es gibt neben kleinen Gerichten wie Nutria-Currywurst, Soljanka und Wildgulasch mit Semmelknödeln ein vegetarisches (ca. 35 Euro) und eine »Schloss-Menü«

Die Speisen kommen immer mit einem besonderen Dreh daher, aber Thiele lässt die Techniken der Gourmetküche vollkommen unprätentiös einfließen

(ca. 54 Euro): Gerichte wie »fermentierte Sonnenblumenwurzel mit grünem Apfel und Meerrettich«, »Fasanenhenne mit Wacholdersauce und Feldgemüse« oder Alte Spreewälder Wagyu-Kuh mit »flüssigen Nudeln« zeigen Produkte aus der unmittelbaren Umgebung in einer geradlinigen, verständlichen Zubereitung. Die Speisen kommen immer mit einem besonderen Dreh daher, aber Thiele lässt die Techniken der Gourmetküche vollkommen unprätentiös einfließen.

»Reh / Essigkirschen / Hagebutte / Vogelbeeren« – alles aus der unmittelbaren Nachbarschaft.

Dass das Restaurant nur Freitag und Samstag öffnet, das folgt allerdings einem anderen Plan: Die Köche und das Servicepersonal sollen ein normales Leben führen können, unter der Woche gibt es daher nur Frühstücksservice. Wer mehr arbeiten möchte, übernimmt Schichten im 500 Meter weit entfernten »Landwarenhaus«, dem zweiten Standbein des Projekts.

Das »Landwarenhaus« ist ein moderner Hofladen mit Imbissangebot gleich an der Ortseinfahrt von Groß Beuchow gegenüber einer McDonalds-Filiale. Der Laden ist leicht zu übersehen, er sieht aus wie ein kleines Wohnhaus mit Holzzaun und Vorgarten. Nur die Glasfront mit den bis zum Boden reichenden Fenstern, durch die man einen schicken Tresen aus schwerem, unbehandeltem Holz sehen kann, lassen ihn erahnen. Seit Juli 2020 kann man hier frisches Gemüse und Spezialitäten kaufen, die aus dem Spreewald stammen: Leinöl aus Straupitz, Wildbockwurst vom Jäger, Wurst in Gläsern von Wagyu-Rindern aus Byhleguhre. Es gibt Regale voll Honig, Gurken-Limonade, Backmischungen wie die für Plinsen aus dem »Café zur Spreewälderin« in Leipe. Dazu Müslimischungen, Marmeladen, unzählige Senfsorten, eingelegte Gurken – eben was man von einem Laden für Spreewaldprodukte erwarten kann, vielleicht noch ein bisschen mehr: frisches Gemüse, darunter viele alte Tomaten-, Äpfel- und Kartoffelsorten, alles appetitlich in Holzkisten ausgestellt. Rund 800 Produkte aus der Region führt das Landwarenhaus, ein köstliches Schaufenster der Region.

Neben den Landwaren lohnt ein Besuch vor allem wegen des Imbissangebots: selbstgemachter Kuchen – Bestseller ist der »kalte Hund« –, Wurst und Brot, kleine Speisen wie Kartoffel-Zucchini-Suppe mit Wildbockwurst und an besonders guten Tagen: Grillangebot und Spreewald-Hot-Dogs. Dazu stehen in offenen Kühlvitrinen Weckgläser mit »Ossi-Soljanka«, Wildsülze oder veganer Grünkerneintopf, »Single-Suppe« genannt. Jörg Thiele lässt die Speisen in der Schlossküche zubereiten, oft findet sich ein Hinweis auf den Weckglas-Etiketten: »mit Gemüse vom eigenen Feld«.

> »Die Nachbarn haben uns für verrückt erklärt, als wir anfingen, den Boden für das Feld auszuheben«

Um das Feld dazu zu begutachten, muss man nur ein paar Schritte weiter ins Dorf spazieren, die breiten Straßen verlassen und den schmalen Wegen folgen, dort wo Höfe und Stallungen Häuser und Gärten ablösen. Hier liegt das Feld auf dem Kartoffeln, Mangold, Zwiebeln, verschiedene Kohlsorten, Tomaten, Salat, Fenchel und sogar Artischocken wachsen. Es ist das dritte Projekt, das Raabe und Thiele in Angriff nahmen, sicherlich das anspruchsvollste.

Im Landwarenhaus finden sich die besten Lebensmittel des Spreewaldes, Leinöl aus Straupitz und Wurst von Wagyu-Rindern aus Byhleguhre.

Durch nachhaltige Anbaumethoden wollen die Macher dem nährstoffarmen Boden Gemüse für das Restaurant abtrotzen.

»Unser Acker war vorher eine Wiese«, sagt Thiele. »Die Nachbarn haben uns für verrückt erklärt, als wir anfingen, Boden auszuheben, Pappe auszulegen, Muttererde und Holzspäne aufzuschütten, alles mit Heu zu bedecken und eine Regenwurm-Farm anzulegen.« Instant Farming nennt sich diese Anbaumethode, bei der Mikroorganismen und unterschiedlich wasserdurchlässige Schichten ohne Dünger und Pestizide nährstoffarmen Boden in ein fruchtbares Feld verwandeln. »Ich sagte, dass sich der Aufwand nie lohnen wird«, sagt Thiele. »Aber Steven erinnerte mich immer wieder daran, dass wir hier etwas richtig machen und Menschen eine gute Arbeit geben wollen, und dass es uns nicht um eine goldene Nase geht.«

Die Arbeit auf dem Feld und am Hofladen bestreitet Thiele zusammen mit seinen Angestellten. »Wir wollen, dass unsere Mitarbeiter erleben können, wie unser Gemüse wächst. Man entdeckt mehr, wenn man dabei ist. Vieles passiert ja aus Zufall. Topinambur zum Beispiel: Man fängt an auszuprobieren, was man aus Stängel, Blüten oder Blättern machen kann. Als Koch kommt man nicht mehr drum herum, mit den Händen im Dreck zu wühlen.«

Kreativität beim Kochen ist das eine, was die Feldarbeit beflügelt. Wertschätzung das andere. Thiele und Raabe nutzen das Dreieck aus Feld, Restaurant und Hofladen für eine nachhaltige Kreislaufwirtschaft: Das angebaute Gemüse wird in der Schlossküche verarbeitet und im Hofladen angeboten. Reste werden in der Wurmfarm kompostiert und düngen so den Acker. Nichts wird weggeworfen, alles findet Verwendung.

Die beiden stehen noch am Anfang einer steilen Lernkurve, aber ihr Ziel ist klar: »Wir wünschen uns, dass diese einzigartige Kulturlandschaft erhalten bleibt, dass Ressourcen nicht vergeudet werden – Wasser gehört in die Fließe, nicht auf den Rasen«, sagt Thiele. Schlangen in den Kanälen, Autokolonnen in den Dörfern, das gehöre nicht zum Spreewald. »Die Leere und Urwüchsigkeit sind einmalig in Deutschland. Die Stille und das besondere Licht verändern einen, machen ruhiger«, sagt Thiele. »Mich hat der Spreewald verzaubert.«

Schloss Beuchow
Beuchower Hauptstraße 18,
03222 Lübbenau/Spreewald,
schloss-beuchow.de
Oberspreewald-Lausitz

Landwarenhaus
Beuchower Hauptstraße 10,
03222 Lübbenau/Spreewald,
landware.de
Oberspreewald-Lausitz

Mit drei Jahren hatte Horst Brodhofer seinen ersten Hecht an der Angel. Wenig später erblühte auch die Liebe zu Borussia Dortmund.

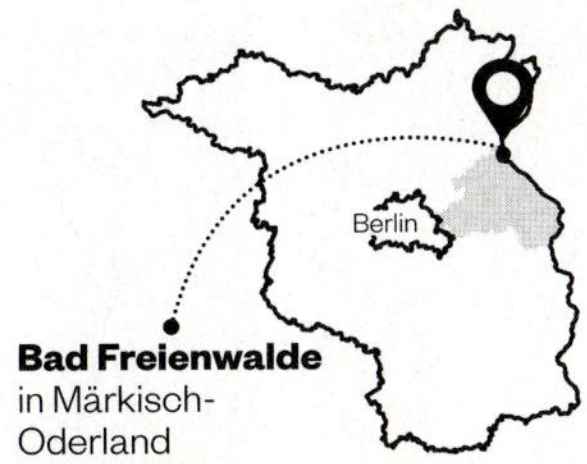

»Den ersten Fisch vergisst man nicht«

Das Oderland ist Angel-Land. Wahrscheinlich kennt keiner seine Fischgründe so gut wie Horst Brodhofer. In seiner Gaststätte in Altglietzen serviert er am liebsten Selbstgefangenes – nach einem Familienrezept von 1747

INTERVIEW **JAN OBERLÄNDER** FOTOS **ALENA SCHMICK**

Herr Brodhofer, damit wir nicht die ganze Zeit auf Ihr Outfit schauen: Was hat es mit der Borussia-Dortmund-Kochhaube auf sich?
Die hat mir meine Tochter mal zu Weihnachten geschenkt. Inzwischen habe ich mehrere. Die Schalke-Fans unter den Gästen müssen das erdulden.

Sie sind in Hohenwutzen geboren und die meiste Zeit in der Gegend geblieben. Wie kamen Sie zum BVB?
Als ich noch ein Kind war, mussten der Bruder meiner Mutter und der Bruder meines Vaters politisch bedingt türmen. Der eine ging nach Essen, der andere nach Hamm. So hatte ich eine Verbindung ins Ruhrgebiet, auch wenn ich nicht hin durfte. 1964/65 war Dortmund dann DFB-Pokalsieger. Die Spiele habe ich in Liepe bei meinem Cousin geguckt, im verbotenen Westfernsehen. Wir haben den Boden vorm Fenster geharkt, damit man sehen konnte, ob einer kommt und lauscht.

Jetzt sitzen wir auf der sonnigen Terrasse Ihrer Gaststätte. Haben Sie alle Fische, die Sie heute servieren, selbst gefangen?
Ja, im Parsteiner See. Ich habe sehr gute Connections zu den Fischern in Ueckermünde, von denen bekomme ich normalerweise Barsche und im Winter Quappen. Aber wenn es im Sommer heiß ist, kriegen die die Fische nur schwer bis zum Betrieb. Bei 30 Grad explodieren die förmlich. Barsche sind ja Raubfische, die haben meist andere Fische im Verdauungstrakt, das gast – und dann knallen die auseinander.

Wie machen Sie das, wenn Sie selbst unterwegs sind?
Ich nehme sie gleich auf dem Boot aus und putze sie. Dann kommen sie in einen Drahtkescher mit Klappe und einem Gewicht drin, den lasse ich unter die Sprungschicht ab, dahin, wo das Wasser nicht von der Sonne erwärmt ist und acht bis zwölf Grad hat. Das ist mein Kühlschrank.

Sie sind auf Barsche spezialisiert?
Ich kenne keinen schmackhafteren Fisch. Ist ja auch klar, wenn ich sehe, wo der lebt: Zander sind oft aus der Zucht, mit Antibiotika behandelt. Ein Barsch wird frisch gefangen. Er lebt immer in den sauerstoffreichsten Zonen der Gewässer, nicht am Grund. Ein Zander kann auch mal modderig schmecken, das passiert beim Barsch nicht.

Wie bereiten Sie ihn am liebsten zu?
Barsch zerfällt nicht, hat relativ festes Fleisch, ist nicht trocken. Den muss man einfach nur in Butter braten. Ein bisschen mit Gefühl, Butter

Petersilienkartoffeln zum gekochten Fisch, Bratkartoffeln zum gebratenen, so hält es Angler und Koch Brodhofer. Sein Lieblingsfisch? Natürlich Barsch.

Auf der sonnigen Terrasse des Restaurants »Zur Oderbrücke« sitzt man so rustikal wie bequem. Zum Dessert gibt's selbst gebackenen Kuchen.

darf ja nicht zu heiß werden, dann wird sie bitter, also nicht übertreiben! Und Petersilie gehört zum Fisch.

Bratkartoffeln oder gekochte?
Petersilienkartoffeln zum gekochten Fisch, Bratkartoffeln zum gebratenen. Geht nicht anders. Meine Kartoffeln kommen von einem Bauern in Stolzenhagen. Leyla heißt die Sorte, leuchtend gelb, das lacht richtig auf dem Teller.

Wie oft gehen Sie angeln?
Eigentlich jeden Tag. Naja, Weihnachten muss ich auch mal Zivilcourage zeigen. Und wenn Eis auf dem See ist, kann man auch bloß noch an die Küste fahren: Wolgast, Peene … ich bin da schon bekloppt.

Sie haben früh angefangen.
Ich bin jetzt 67, davon 64 Jahre im Angelverein. Mein Vater hat mich schon mit drei Jahren mitgenommen, das hat sich festgewachsen. Mit Oderwasser getauft! Unser Sportwart hat mir die Schleichwege und die guten Stellen gezeigt. Wo die Schnösel aus Berlin, die zum Angeln angereist sind, nicht mit ihren Watstiefeln hinkamen, bin ich mit flachen Schuhen hin.

Erinnern Sie sich an Ihren ersten Fisch?
Unbedingt, das vergisst man doch nicht! Ich war mit meinem Vater auf der Buhne, er ist auf Hecht gegangen, und habe Köderfische für ihn geangelt, Ukeleis, kleine Plötzen. Ich hab einen rausgezogen – und da hing ein kleiner Hecht dran. Ich habe ihn auch rausgekriegt. Für mich war das damals ein Riese, der hatte vielleicht 40 Zentimeter.

Haben Sie ihn gegessen?
Nee, mein Vater war da sehr streng. Das war ja nur ein kleiner Hecht, und es gibt Mindestmaße bei den Fischen. Ich glaube, das lag auch damals schon bei 45 Zentimetern, die hatte der nicht. Ich musste ihn leider wieder reinsetzen.

Angeln Sie noch an denselben Stellen wie damals?
Geht nicht mehr. Die Oder hat sich so dramatisch verändert. In meiner Kindheit in Hohenwutzen war das ein weißer Strand wie an der Ostsee. Aber wegen der Hochwasser wurde das Ufer dann befestigt. Die Stellen, wo die Fische sich mal aufgehalten hatten, waren weg. Man musste alles neu auskundschaften. Heute kenne ich mich wieder aus. Wenn die Verwandtschaft mal einen Wels will oder einen Rapfen, einen kleinen Raubfisch, muss ich nicht lange suchen.

»Die Oder hat sich dramatisch verändert, früher war in Hohenwutzen ein weißer Strand wie an der Ostsee«

Was hat sich noch verändert?
Ach, früher sind wir in den Wald gegangen, haben eine Kiefer abgehauen, abgeschält, trocknen lassen und dann als Angel genommen. Die Stangen heute sind federleicht, da hält man den Daumen drauf und merkt: Der Barsch tockt. So nennt man das, wenn er an den Köder stößt. Das wäre früher mit unseren Besenstielen nicht gegangen.

Wie angeln Sie heute?
Ich habe am Parsteiner See einen Wohnwagen mit Vorzelt, Eistruhe, Kühlschrank – und natürlich das Boot. Ich trage einen großen, grünen Hut, der den Kopf schützt. Dazu eine wasserfeste Hose und eine Angelweste mit tausend Taschen. Im Herbst fahre ich morgens um fünf los, im Sommer gern auch um halb drei. Wenn ich dann da bin, wird es gerade hell. Der Parsteiner See ist ja relativ groß und darf bloß mit Elektromotor befahren werden, da braucht man Zeit, um die Barschberge zu finden, das sind Erhebungen am Seeboden. Da kommt mehr Sonnenlicht hin, also ist da mehr Pflanzenwuchs, gut für kleinere Fische. Und dann sind da natürlich auch

die Raubfische. Ich habe 42 Stellen mit dem Echolot markiert – aber die Frage ist: An welcher sitzen sie? Tja.

Wie kriegen Sie die Barsche an den Haken?
Es kommt auf die Köderführung an. Man muss eine Fluchtbewegung imitieren, das reizt den Fisch, das löst den Angriff aus. Und wenn er rangeht, darf man nicht weiterziehen, damit er noch greifen kann.

Das findet unter Wasser statt, sehen können Sie das nicht.
Das hat man im Gefühl. Die Angeln sind so fein, das merkt man, ein ganz feines Wibbern. Aber man muss konzentriert bei der Sache sein. Wenn ich angle, wird nicht gesprochen. Wenn mal einer mitkommt von Freunden oder Verwandten, geht denen das auf den Geist.

Was haben Sie außer Ihrer Ausrüstung noch auf dem Boot? Proviant?
Ich esse und trinke nichts, so lange ich angele. Wenn ich morgens um drei Uhr losfahre und abends um fünf wiederkomme, habe ich den ganzen Tag nichts gegessen und nichts getrunken, kein Problem. Das habe ich während der Armeezeit gelernt, ich war zehn Jahre Berufssoldat. Da hat man uns ausgesetzt, drei Tage in der Wildnis.

Wie wurden Sie Koch und Gastwirt?
Ich habe Fleischer gelernt, in Bad Freienwalde. Dann musste ich zur Armee und sollte an die Grenze kommen. Da hab ich gesagt: Ich hab Westverwandtschaft, schießen tu ich nicht. Am Ende hieß es: Da wäre noch eine Möglichkeit, Sie können bei der NVA Koch lernen und danach eine Planstelle in der Küche kriegen. Ich war dann zehn Jahre lang Küchenleiter, zuletzt auf dem Manöverflugplatz in Gnoien.

Wann kam das erste eigene Lokal?
Nach der Armeezeit war ich hier im Nachbarort in einer Gemeinschaftsküche, die hat die umliegenden Betriebe versorgt: Eintöpfe, Kurzgebratenes, Fisch. Fleisch war Mangelware, also habe ich zaubern gelernt. Man hatte 80 Gramm Fleisch pro Mann zur Verfügung, ich habe also noch Suppenfleisch

»Wie die Quappe schmeckt kein anderer Fisch. Muss man kosten, um das nachzuvollziehen«

Seit 1989 betreibt Horst Brodhofer das Restaurant »Zur Oderbrücke«.

bestellt und was zum Braten rausgeschnitten. Naja, und dann hat sich das mit der »Oderbrücke« angeboten.

Dem Haus hier, das Sie seit 1989 betreiben.
Das war vorher eine Konsum-Gaststätte. Der frühere Betreiber ist über Ungarn abgehauen. Und weil ich aus dem Nachbarort bin, habe ich angeboten, sie zu übernehmen. Das Haus war total runtergewirtschaftet. Das Dach hatte Löcher, die Türen ließen sich nicht schließen. Zusammen mit meiner Frau habe ich das dann aufgebaut. Wir haben in zwei Jahren goldene Hochzeit.

Angeln Sie mit Ihrer Frau?
Nee, dazu hat sie überhaupt keine Beziehung. Aber sie isst gern Fisch. Am liebsten natürlich Barsch.

Was hat es mit der Quappe auf sich, Ihrer anderen Spezialität?
Wie die Quappe schmeckt kein anderer Fisch. Muss man gekostet haben, um das nachzuvollziehen. Manche sagen »Oderleopard«, weil sie gefleckt ist. Seit sie so selten geworden ist, ist sie der Renner. Hier hat sonst kaum einer Quappen. Aber ich kriege immer welche vom Haff. In der Saison muss man bei mir 14 Tage vorher reservieren.

Sie verwenden ein Spezialrezept.
Ja, »Quappe braun mit Fliedermus-Sauce« von 1747. Das ist ein Gewürzsud, mit Lorbeerblättern und Piment, Senf, Zucker, Essig, Salz, Zitronenpfeffer. Dann kommt Fliedermus dazu, eine Paste aus Holunderbeeren. Kurz aufkochen, dann über Nacht vor sich hinsieden lassen. Darin wird der Fisch eingelegt. Die alten Leute hier schwören drauf.

Wo haben Sie das Rezept her?
Das ist von meiner Ur-Ur-Urgroßmutter, es steht in einem fledderigen Heft, noch in Altdeutsch geschrieben. Jede Familie hat hier ihre geheimen Rezepturen.

Im Winter kommen Angler von überall her, um Quappen zu fangen.
Die Quappe lebt das Jahr über im Haff und zieht nur zum Laichen hier hoch. Dann ist das Ufer voll, die kommen aus Österreich, aus der Schweiz, jeder will mal eine Quappe geangelt haben. Ich verkaufe denen auch Angelkarten, aber es ist trotzdem Glückssache. Die Quappen haben ihre Spuren, wie Wild seine Pfade hat. Die muss man finden als Angler. Ich verrate die keinem.

INFO

Gasthaus Zur Oderbrücke
Chausseestraße 11, 16259 Bad Freienwalde OT Altglietzen. 11-18 Uhr (Mo, Di geschlossen). Wichtig: sicherheitshalber vorher anmelden! Tel. (033369) 525.

Sehenswertes in der Gegend
Der Oderbruchzoo in Altreetz – Brodhofers Kinder und Enkelkinder sind alle mit diesem kleinen, ehemaligen DDR-Schulzoo aufgewachsen (Schulgartenstraße 10, 16259 Oderaue, Tel. (03344) 41 73 40, täglich 9-16 Uhr). Die hübsche Altstadt des nahen Kurorts Bad Freienwalde, im Bistro und Regionalwarenladen »Bruchware« (Königstraße 7) gibt's Brot, Obst und Gemüse, Wurst aus Wild und Schaf, Fruchtaufstriche und polnisches Bier. Und: In Bad Freienwalde befinden sich die nördlichsten Skischanzen Deutschlands. Im Papengrund trainiert der örtliche Wintersportverein. Die 38 Meter hohe Schanze kann nach Anmeldung besichtigt werden.

Zwischen Om und Hmm!

Als die Bäckerei Backwahn in Päwesin ihre Pforten öffnete, waren viele im Ort noch skeptisch: Buddhisten, hier? Doch längst haben sie sich die Herzen der Nachbarn erobert: mit Demut, Fleiß und himmlischen Kuchen

TEXT **SUSANNE LEIMSTOLL** FOTOS **MADLEN KRIPPENDORF**

Fühlen sich im Buddhistenkloster geborgen und haben in der Bäckerei eine Lebensaufgabe gefunden: Sherab Palden (links) und Losang Kyinzum.

Ganden Tashi Choeling ist eins von 18 buddhistischen Klöstern in Deutschland.

Die Kundin möchte sechs Stück aufs Papptablett, zum Mitnehmen, bitte. Dann zwei Zitronentarte, zwei New York Cheesecake – und: gibt's den Feuerwehrkuchen heute nicht? Doch, doch, also: zwei davon. Der Nächste nimmt »'ne Bulette uff die Hand«, außerdem mehrfach französische Obsttorte »un een Stücke Bananen-Schoko ooch noch.« Die Familie entscheidet sich für »zweimal Mohn, einen Kirschtaler für Mutti, einmal Kirschstreusel. So, ach nee, wir nehmen noch 'nen Schoko-Donut mit Smarties drauf.« Ihr Tresen-Nachbar balanciert gerade ein gut verpacktes Zehnertablett Gebäck nach draußen.

So geht das hier Schlag auf Schlag, täglich von morgens bis abends. Einer nach dem anderen schiebt sich durch den engen Ladenflur an der langen Vitrine entlang, in der sich fertig zugeschnittene, überbreite Kuchen- und Tortenstücke auf Tabletts reihen, so um die 30 verschiedene Sorten. Nur vier Personen dürfen seit Corona gleichzeitig rein, aber draußen geht es weiter, da stehen sie spätestens um 12 Uhr schon hundert Meter das Trottoir der Ortsdurchfahrt entlang. Dorfbewohner, Brandenburger aus dem Umkreis, Berliner auf Spritztour, Freizeitradler, Touris auf Durchreise, Leute vom Bau. Keiner meckert, alle warten entspannt, als seien sie angesteckt vom Frieden jenes Klosters, dessen Haupt-, Nebenhäuser und Gärten einen Großteil des Dorfes einnehmen. Und zu dem diese Konditorei gehört. Hier backen und bedienen buddhistische Nonnen und Mönche. »Backwahn« – den Gag im Namen hat sich die Äbtissin erlaubt. »Sie ist eine Frau mit Humor«, sagen sie dort.

Das Kloster Ganden Tashi Choeling ist der Ortsmittelpunkt von Päwesin, keine 50 Kilometer südwestlich von Berlin im Landkreis Potsdam-Mittelmark, mit den Ortsteilen Bagow, Riewend und Bollmannsruh eine Gemeinde mit knapp 600 Einwohnern. Vor bald 20 Jahren entstand an der Ortsdurchfahrt ein Zentrum für tibetische Mönche und Nonnen – eine von 18 buddhistischen Klosteranlagen bundesweit. Alle kommen sie aus Deutschland. Die Ordensleute kauften ein leerstehendes Wirtshaus, renovierten es mit eigenen Händen, pflügten sich durch verwilderte Grundstücke, machten aus ihnen professionell angelegte und

Brandenburger, Berliner, Freizeitradler, Feriengäste: Alle stehen sie an für Kuchen und Torten aus dem »Backwahn«.

Buddha bei die Torten: In Päwesin wird auch Frankfurter Kranz serviert.

gepflegte Nutzgärten und entwickelten nach und nach die buddhistische Klosterschule mit Wohn- und Seminargebäuden.

Die Fremdlinge sind längst keine mehr, sie gehören zum Dorfalltag. Im knöchellangen gelb- und dunkelroten Gewand steht der landschaftsgärtnernde Mönch auf der Leiter im Apfelbaum, vorm Haus führt die buddhistische Nonne im gleichen Habit ihren Hund Gassi. In der Bäckerei bedienen hinterm Tresen Frauen mit rosa Hauben auf kahl rasiertem Kopf. Zur Uniform gehören weiße Bluse, rote Weste und Krawatte, in der Backstube weiße Schürzen überm roten oder lila T-Shirt. Eine exotische Community im ländlichen Brandenburg.

Die anfängliche Skepsis der Einheimischen wich schnell. »Sie sahen, wir sind fleißig, machen hier alles selber und benehmen uns ordentlich«, sagt lächelnd mit sächsischem Akzent der Mönch Gelong Losang Kyabchok, im früheren Leben Schauspieler und hier Sprecher des Klosters. Selbstfinanzierung ist im Orden oberstes Gebot, Vermögen anzuhäufen tabu. Es herrscht das Grundprinzip des Gebens. Ein Friseursalon, ein kleiner Shop und eben die Bäckerei helfen, das Kloster, einen gemeinnützigen Verein, zu finanzieren. Gewinn spielt keine Rolle. Woraus folgt: Kein Einheimischer musste sich vor Geschäftemachern fürchten.

Das zeigt sich nicht zuletzt im »Backwahn«, das nicht lange nach der Eröffnung in einen größeren Laden an die Straßenecke gegenüber ziehen musste; die Konditorei wurde von Kundschaft überrannt; seit dem Umzug hat die sich verfünffacht. An Wochenenden gehen 80 bis 110 Kuchen à 14 Stück über den gläsernen, recycelten Tresen, unter der Woche um die 60. Das Erfolgsrezept ist simpel und sprach sich herum: Alles schmeckt hervorragend, und die Preise sind ein Witz. 1,80 bis 2,95 Euro kostet ein dickes Stück Kuchen oder Torte. Der Erlös hilft mit, den Lebensunterhalt der Buddhisten zu sichern. Mehr nicht.

»Hier gehen die Kunden mit dem Kuchen glücklich raus. Hier mache ich, was Buddha sagt, für andere da sein und dienen. Die Leute freuen sich und empfehlen uns.« Die freundliche Nonne mit dem Ordinationsnamen Sherab Palden nimmt sich, als sie eine Vertretung organisiert hat und während es im Laden weiter wimmelt, sehr gelassen Zeit fürs Gespräch.

Das Erfolgsrezept ist simpel: Alles schmeckt hervorragend, und die Preise sind ein Witz.

Fluffiger Biskuitboden, viel Frucht – zum Beispiel eingelegte Kirschen – und ein Guss obenauf. Nonne Losang Kyinzum (u.) hat in der Backstube das Sagen.

Rot- und Pinktöne tragen die Nonnen übrigens nur am Arbeitsplatz, im Kloster sind die Farben des Habits Dunkelrot und Gelb.

Im Service und der Kundenbetreuung ist sie seit zehn Jahren in der Bäckerei dabei, zuständig für den Einkauf und die Präsentation der Ware. In ihrem bürgerlichen Leben war sie Psychologin, eine Existenz, die sie nicht erfüllte. Als sie dem Orden beitrat, war sie bereits Mutter zweier Mädchen – durchaus ungewöhnlich für das Kloster. Hier, sagt sie, sei sie sich selbst sehr nah, habe gelernt, auf alles Unnötige zu verzichten. Der Schichtdienst in der Bäckerei – sie öffnet täglich um 7 Uhr – stört sie nicht. Ihre beiden Mädchen werden, während Mama arbeitet, im Kloster betreut. Ehe sie zur Schule gehen, kommen sie zum Tschüs sagen bei ihr vorbei. »Mittlerweile bin ich wirklich mit dem Laden verwachsen«, sagt Sherab Palden. »Etwas anderes muss ich nicht mehr machen im Leben. Ich habe es jeden Tag mit zufriedenen Kunden zu tun. Und nie ist es im Geschäft leer.« Nicht alle Mitarbeiter gehören zum Kloster. Wer hier im Poloshirt mit Backwahn-Logo arbeitet, kommt von außerhalb. Auch das macht die Klosterleute stolz, anderen Arbeit zu bieten.

»Etwas anderes muss ich nicht mehr machen im Leben«

Nonne Sherab Palden

Das Herzstück von »Backwahn« sind zwölf Quadratmeter Backstube, Platz für drei Bäckerinnen und einen Bäcker. Das Kommando beim Verarbeiten von täglich um die 300 Eier, 30 Kilo Mehl, 25 Kilo Zucker, Butter und Margarine für Mürbe-, Biskuit- und Quark-Öl-Teig hat die Nonne Losang Kyinzum, deren Ordinationsname so viel bedeutet wie: von edlem Geist. Eine junge Frau, studierte Sozialpädagogin und seit 2005 im Päwesiner Kloster. Der Opa war Konditormeister in der Nähe von Leipzig, ein strenger Ausbilder alter Schule. Bäckerin wollte die Enkelin nicht werden, nun ist sie es doch, das hat sich während des Küchendienstes im Kloster so ergeben. Sie bereichert die Konditorei mit Großvaters Rezepten und all jenen, die sie gesammelt hat.

Jeder Kuchen scheint eine eigene Geschichte zu haben. Die Anleitung für den leichten Käsekuchen mit Baiserhaube stammt aus dem Kloster Maulbronn. »Viel Butter, nur Magerquark, klassisches Weizenmehl und am Ende den Schnee der getrennten Eier obenauf.« Ihr Mohnstreusel stammt aus Sachsen: Mohn, mit Gries aufgekocht und mit Bittermandel verfeinert. Für den Brownie wird die Frischkäsecreme mit Kakao und Butter aufmontiert.

Vier Meter Vitrine werden täglich mit großzügigen, fertig geschnittenen Kuchen- und Tortenstücken befüllt. Da geht das Bedienen zack, zack.

Nur eines von vielen Häuschen der Buddhisten in Päwesin: Die Bäckerei »Backwahn« zog ins Eckhaus an der Ortsdurchfahrt.

Ganz schön schwierig, die dunkle und helle Flüssigkeit in der richtigen Konsistenz zusammenzubringen. »Ein Geheimnis«, flüstert Losang Kyinzum. Die Creme für die Bananen-Schoko-Sahneschnitte wird gerade im Fünf-Liter-Kessel aufgeschlagen. Aufs Blech kommen dunkler Biskuit, Schokosahne, Banane und obenauf Krümel aus Schokoteig. Der Feuerwehrkuchen heißt so wegen seiner knallroten Kirschmasse, das Mandel-Baiser symbolisiert Asche, die Sahne Dampf – ein vielgeliebter, kalorienschwerer »Backwahn«-Klassiker. Und als Streifenbeamte mal anfragten, ob man ihnen nicht auch einen Kuchen widmen könne, bekam sie einen mit Blaubeeren – und auf dem Schild am Tresen stand: »Auf Wunsch der örtlichen Polizei.«

»Manche kommen und essen mittags zwei, drei Stück – na ja, wer so richtig Hunger hat…«

Nonne Losang Kyinzum

Die Bäckerinnen bei »Backwahn« machen manches anders und sind gerade deshalb Liebling aller, die Kuchen mögen wie von Muttern, die in der Donauwelle nicht Pudding, sondern Sahnecreme schätzen, die eine Mandarinen-Sahne-Schnitte mit Schmand und einem dicken Fruchtspiegel obenauf wollen und die Buttercreme in der Marzipantorte mit echtem Vanillepudding und viel, viel Butter. Mit sechs dieser Rezepte hat Losang Kyinzum bei ihrer Handwerkskammer-Prüfung überzeugt. Die fünf Herren von der Kommission, sagt sie, hätten sie sehr an ihren Opa erinnert. Das holte das Beste aus ihr raus. Am Ende, nach Verkostung von sechs Kuchen, Torten und Tartes raunten die Prüfer, sie hätten am liebsten alles aufgegessen.

Das kann die Kundschaft in Päwesin ohne Probleme an jedem Tag der Woche, denn Losang Kyinzum hat 150 Kuchen und Torten drauf, Abwechslung für alle, die übers Jahr vor der Bäckerei Schlange stehen. Und nur für sie. Denn die Nonnen und Mönche im Kloster essen nie davon.

BACKWAHN
Potsdam-Mittelmark
Brandenburger Str. 15,
14778 Päwesin,
Mo – Fr 7 – 18,
Sa/So 7 – 16 Uhr,
tashi-choeling.de

Um die zwölf Kuchen pro Wochenende backt Solvey Drees, alle nach eigenen Rezepten.

Zitronentarte und Sommerfrische

Gartentische unter balinesischen Schirmen: Die Tortenkünstlerin an ihrem Sehnsuchtsort.

Der »Kuchengarten« in Fehrbellin-Zietenhorst ist nicht einfach zu finden, aber Solvey Drees' Freiluftcafé eilt ein guter Ruf voraus – zu Recht

TEXT **SUSANNE LEIMSTOLL**

An einem Unwettertag, nach einer Tour über Äcker und Wiesen, landete sie – gefühlt – im Nirgendwo. Der Himmel vom Gewitter dunkelgrau, eben zwängte sich die Sonne durchs Wolkengebirge. Vorm Haus stand alles verwildert in Blüte: Giersch, Brennnessel, Stockrosen. Eine Menge Land dahinter, 4000 Quadratmeter Garten. Da dachte sie: »Wie in meiner Kindheit in Sachsen.«

Solvey Drees, 56, erzählt von der Entdeckung ihres Sehnsuchtsortes. Wir sitzen an einem ihrer Leinen eingedeckten Gartentische. Den Kaffee bringt sie, passend zum Blümchenkleid, in nostalgischen Porzellantassen, vom Kuchen liegt ein breites Stück auf dem Rosenmuster-Teller. So sitzt es sich unter balinesischen Zeremonienschirmen in Pink wie in der Sommerfrische, umgeben von gebändigtem Stauden-Wildwuchs vor dem weinbewachsenen, renovierten Wohnhaus. Man mag am liebsten barfuß über die Wiese den Hühnern hinterherlaufen oder rüber zum Tümpel mit den Unken oder dem zum Quartier umgewandelten Bauwagen. Wer hier landet, hat Lust, sich an einem Brettspiel zu versuchen, in Büchern über Karl Försters Staudengarten zu blättern, Tassen, Teller, Kännchen zu ertrödeln, während man nach dem Käsekuchen mit Himbeeren noch den mit Mohn und frischer Orange verdrückt.

Im mintgrünen Gartenhaus am Eingang stehen Kühlvitrinen voller Gebäck, an das die Wespen gern rankämen. Man könnte sich auf der Holzbohlen-Terrasse auf eine Bank setzen und die Beine baumeln lassen, als wär's der eigene Schrebergarten, das Gesicht in die Sonne halten und glücklich grinsen. »Da kommt doch keena hin«, hatten Drees' Bekannte gesagt, als sie vor drei Jahren erzählte, was sie vor hat im Rhinluch: Im vorderen Garten ihr eigenes Freiluftcafé eröffnen. Irrtum. Leicht zu finden ist Drees' »Kuchengarten« im Fehrbelliner Ortsteil Zietenhorst nicht, aber nicht abgelegen genug, dass er nicht längst ein Geheimtipp wäre. Es reisen nicht nur Berliner an, die in der Uckermark ein Wochenendhaus haben, auch Tagesausflügler oder Feriengäste. Wie die Frankfurterin, die gerade fröhlich jedes Detail auf 250 Quadratmetern fotografiert und erzählt: »Ei, mir ham davon g'hört. Da hab isch zu mei'm Mann g'sagt, da müsse mer hin.« Werbung, sagt Solvey Drees, mache sie nicht. »Es muss so gut sein, dass es sich rumspricht.«

Den Mohnkuchen veredeln Haselnüsse und Aprikosengelee. Kaum eine schmeckt zitroniger als die Tarte au Citron

Wie an jenem Wochenende vor Pfingsten: Plötzlich kommt eine ganze Autokolonne, parkt die Ortsdurchfahrt zu. »Und die Leute standen Schlange bis auf die Straße.« Drees traf das unvorbereitet. Aber dann steht jemand von den Gästen auf, Ingeborg aus Neuruppin, und hilft vier Stunden abwaschen. So was passiert.

Solvey Drees, geboren auf Rügen, ist ein typisches Kind des Ostens. Ein wildes Ding, aufgewachsen in Frankfurt (Oder), ein Punk-Mädchen mit Freiheitsdrang Richtung Westen. Sie modelt in der DDR, vertickt in Warnemünde selbst genähte Ungarn-T-Shirts, arbeitet als Toilettenfrau in der Stabi. In West-Berlin jobbt sie in Kneipen, ihr Freund ist Musiker. Café Swing am Nollendorfplatz, Café M in der Goltzstraße, Slumberland am Winterfeldtplatz. Zwei Jahre sortiert sie ehrenamtlich Bernstein für die Paläontologie im Naturkundemuseum. Weil sie dort auch perfekt Feiern organisiert und zu Weihnachten ihre Kuchen in der Erzgebirgsdeko so gut ankommen, sagt sie sich: Ich mach ein Café. Zwei hatte sie im Nachwende-Berlin in Mitte. »Zu mir kamen auch die alten Leute. Die Damen, frisch vom Friseur, mit Perlenkette. Die brachten ihr schönstes Geschirr – und jetzt versinke ich in Kisten voll davon.«

Ihre Familie hat einen Schrebergarten in Frankfurt (Oder), die Ernte von dort ist Kernstück ihrer Kuchen. Von der Mutter kriegt sie Gute Luise fürs Birnengebäck oder süß-saure Gravensteiner von einem uralten Baum. Backen hat Solvey nie gelernt, aber sie liebte es schon als Kind. Von der Thüringer Oma gab's in den Ferien sächsischen Streuselkuchen. Sie begann mit einem alten Rezeptheft, fing an zu variieren: weniger Zucker, Mandeln statt Mehl ... In fünf Jahren hat sie um die 3400 Käsekuchen mit Himbeeren gebacken. Ihren Mohnkuchen veredeln Haselnüsse und saftiges Aprikosengelee. Kaum eine schmeckt zitroniger als Drees' Tarte au Citron. Möhrenkuchen macht sie mit gehackten Walnüssen und Frischkäsetopping. »Ich backe traditionell«, sagt sie, »vegan gibt's bei mir nicht.« So um die zwölf Kuchen pro Wochenende backt sie, samstags von 21 bis 23 Uhr, am nächsten Morgen geht es weiter. »Ganz entspannt.«

Nichts hier kann Solvey Drees aus dem Konzept bringen, nicht mal Corona. Zu ihr kommt man wie zu einer Freundin. Das überträgt sich auf die Gäste, auch wenn der Service mal länger dauert. Im Waschhaus, das zu einem Tonstudio umgebaut ist, sitzt ihr Mann Dirk Leupolz, der Musik fürs Fernsehen produziert, für Serien wie den »Bergdoktor« oder »Wilsberg«, während vorn Kaffeegäste die Landpartie genießen. Und Drees sagt: »Manchmal hört man auf der Tonspur die Zietenhorster Spatzen.«

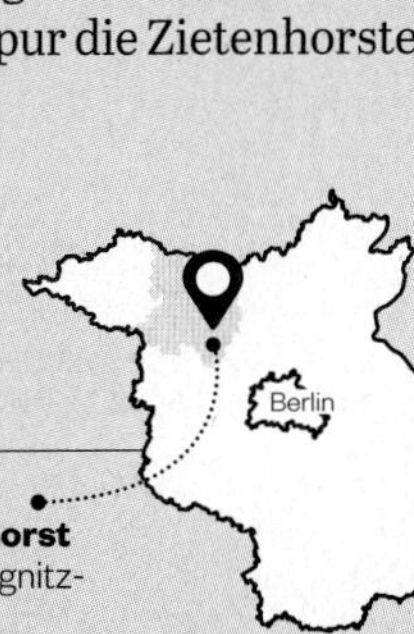

Zietenhorst
in Ostprignitz-Ruppin

Kuchengarten Zietenhorst
Zietenhorst Nr. 23, 16818 Fehrbellin. Während des Lockdowns wird der Kuchen zum Mitnehmen verkauft, Ende April soll der Kuchengarten wieder öffnen. Aktuelles online: kuchengarten-zietenhorst.de

Entree mit Wohnzimmer, Wolkenhecke aus Feldahorn – und unten ein Teil des früheren Gutsparks: Spazieren unter uralten Sommerlinden.

Garten mit Haus

Wer immer hier, an der Ortsdurchfahrt des uckermärkischen Dorfes Sperrenwalde, Ferien machen will, findet nicht ein Haus mit Garten. Sondern das beglückende Gegenteil

TEXT **SUSANNE LEIMSTOLL**

Wer immer hier, an der Ortsdurchfahrt des uckermärkischen Dorfes Sperrenwalde, Ferien machen will, findet nicht ein Haus mit Garten, sondern einen Garten mit Haus.

Genau gesagt zweieinhalb Hektar Garten, strukturiert, als sei er ein Gebäude mit unterschiedlichen Zimmern, mit Räumen, erhellt von Morgen- oder Abendsonne. Einer gemähten, baumgesäumten Magistrale, die, als sei sie ein weiter Flur, zu einem zentralen Rund führt, einem Wohnzimmer, möbliert und erhöht gelegen, der Agora, mit freiem Rundblick auf das Anwesen. Ein Freiluftgebäude, das stille Verstecke bietet, verborgen hinter dem wogenden Wall einer riesigen Pflanzenskulptur oder geschützt unter Jahrhunderte alten Baumriesen. Der Garten hat auch ein Gemüsegärtchen, und nebenan gackern freilaufend die Hühner. Da gerät das Kornschneiderhaus mit Veranda, holzverschaltem Giebel und taubenblauen Fensterrahmen, beinahe aus dem Blick, so bescheiden fügt es sich rundum renoviert in die Dorfstruktur ein. Es besitzt auch Morgen- und Abendzimmer, Gemeinschafts-, Rückzugs- und Ruhezonen und lichte Höhe. Ganz wie der Garten – oder ist es umgekehrt? Wer lässt sich so etwas einfallen?

Die Berliner Marc-Rajan Köppler und Tom Göckel sind Baumeister auf ähnlichen Gebieten, Köppler ein Gartenarchitekt und promovierter Ingenieurswissenschaftler mit großem Talent für Interior Design, Göckel ein Professor für Holzbau und Ingenieur mit Freude am Gemüseanbau. Eine private Partnerschaft, wie gemacht für ein solches Herzensprojekt.

Das Gartengrundstück, Köpplers Arbeitsfeld, besitzen sie seit 16 Jahren. Die Gemeinde verweigerte die direkte Zufahrt, bot aber nach einigem Gezerre 2000 Quadratmeter Land daneben – samt ausgebrannter Ruine und Schweinestall. In den Köpfen der Architekten entstand ein Plan. Mit Fördermitteln machten sie aus dem Stall eine 40 Quadratmeter kleine Bleibe für sich selbst und aus der Ruine ein Feriendomizil mit zwei lichten Wohnebenen. Nur die vier Außenwände der vorher vermüllten Klitsche standen noch, als sie den Wiederaufbau begannen. Es wurde ein durch und durch sympathisches Haus. »Kein Ausrufezeichen mit besonderer Fassade«, sagt Köppler, »eher unauffällig auffällig. Es sollte ja zum Dorf passen.«

Wer von der Gartenseite her eintritt, sieht zuerst: Massivholz auf Boden, Decke, Wänden. Und dunklen Stahl. Die mit hellen Schwellen

Die Wolkenhecke wirkt wie Landschaftsteiler und Skulptur zugleich. Zweimal die Woche muss sie in Form geschnitten werden

belegte Metalltreppe endet in einem freischwebenden Steg, der die oberen (Schlaf-)Zimmer verbindet. Der Dachstuhl darüber, die schrägen Fronten, die Zwischenböden scheinen Platte für Platte auf Stoß zusammengelegt wie bei einem Kartenhaus. Das Tragwerk hängt im Dach, die Wand stützt die Decke – der optische Trick weitet den Raum. Jeder Zentimeter ist ausgenutzt: die offene, lichtgraue Profiküche hat üppig Platz unter der Treppe, Wohn- und Essbereich empfangen einen großzügig schon im Entree.

Einladung zu kulinarischen Ausflügen: die offene, lichtgraue und professionell ausgestattete Küche im Erdgeschoss

In der neu angebauten Veranda lässt es sich mit der aufgehenden Sonne und dem Blick auf die Dorfstraße frühstücken wie in einer skandinavischen Stube. Die Rückzugsräume oben sind trotz der Kingsize-Betten keine bloßen Schlafzimmer, mit Sinn für stimmiges Design möbliert, weniger ist mehr, die Farbmelodie still mit nur ein, zwei Crescendi: Natur, Zartgelb, Blau, mal ein Rot, mal ein Petrol. Marc-Rajan Köppler stöberte, was nicht selbst entworfen wurde, im Netz auf, schickte x-fach zurück, bis das Passende gefunden war.

Das alte Schnitterhaus lebt auch im neuen weiter: Die Platte des mächtigen Esstischs vor dem Kaminofen ist aus den früheren Zimmerdielen gefertigt, die Sitzfläche der Verandabank entstand aus der alten Deckenverschalung. Die Gewerke gingen an örtliche Firmen, und was da an Neuem gelang, machte selbst die Handwerker stolz: Das Zimmerer-Team war Feuer und Flamme für die komplexe Holzkonstruktion, der Maurer freute sich über Sichtfugen, der Stahlbauer über den schwebenden Steg. Der angegliederte Schuppen mit begrüntem Dach soll mal zu einer Sauna werden.

Das Schnitterhaus fügt sich mit spitzem Giebel ins Dorf ein. Den Garten strukturieren Räume und Schneisen. Im Frühling weisen hunderte Osterglocken den Spazierweg. Die Innenräume sind stimmig gestaltet, hier in Gelb. Unten: Die Eigentümer, Gartenarchitekt Marc-Rajan Köppler (l.) und Tom Göckel, Professor für Holzbau.

Man muss hinaus, vorbei an Feldsteinmauern, um diese Weite zu erkunden. Am Haus gibt es leichtes Mobiliar, das sich gut mitnehmen lässt zu Lieblingsplätzen in einer Anlage, die nicht zu enden scheint und doch so klar strukturiert ist. Vielleicht begleitet einen Marc-Rajan Köppler, wenn er nicht gerade, wie eigentlich täglich, schwer mit Gartenpflege beschäftigt ist. Vielleicht begleitet einen seine Horde lärmender Zwergenten, die sich in Hausnähe gut eingelebt und vermehrt hat. Vielleicht kräht um die Ecke gerade Hahn Gustav, der einst als Findelkind vor der Tür der Architekten landete. Die Nachbarin spendierte eine Glucke dazu, nun staksen in dem perfekt ausgestatteten Freigehege drei weitere Hähne und sechs Hennen.

Vielleicht ist gerade Frühling und entlang der kurzgeschorenen Magistrale blühen grell aus 40.000 Blumenzwiebeln Tulpen, Narzissen, Krokusse, Iris zwischen weiß beflockten Obstbäumen. Durch den hölzernen Torbogen auf einen Abstecher in den Gemüsegarten, noch im September umstanden von Gladiolen, Astern, Dahlien, ein paar Him-, Brom- oder Johannisbeeren zupfen unterm Birnen- oder Quittenbaum. Im Sommer platzt das alte Klinkergewächshaus weiter hinten aus allen Nähten vor Tomatenstauden.

Zu allen Jahreszeiten beeindruckt die Wolkenhecke, am meisten aber wohl im Sommer, mit ihrem fetten Feldahorngrün. Sie ist Marc-Rajan Köpplers Gartenkunstwerk, eine schnell wachsende Skulptur, die zweimal die Woche in Form geschnitten sein will, damit ihre Bögen, Wellen und Kanten, die in einem riesigen Rund zu schwappen scheinen, exakt zur Wirkung kommen. Er hatte die austreibenden Ahornstämme einst in

»Das Haus ist kein Ausrufezeichen, eher auffällig unauffällig. Es sollte ja zum Dorf passen«

MARC-RAJAN KÖPPLER

Hüfthöhe gekappt und sie dann langsam treiben lassen, hatte wie ein Bildhauer experimentiert, gestutzt und aus dem anfänglichen Kubus dieses sich schlängelnde Gebilde geschaffen. Einen Raumteiler, der die früheren Fundamente der Gärtnerei umrahmt, eine Staudenwiese schützt, ein Mutterpflanzenquartier mit Gräsern und Gehölzen, im Herbst ein Biotop durcheinanderwirbelnder Falter.

Wo der getrimmte Garten endet, jenseits der mit Jungbäumen aufgeforsteten Baumwiesen voller Apfel-, Birnen-, Zwetschgen-, Kirschgehölze, in denen Gartenrotschwänzchen, Spechte und Fledermäuse Lebensraum finden, dort also, wo fürs Auge der Wildwuchs 20 Meter hoher Sommerlinden beginnt und im Mai und Juni alles voller Lerchensporn steht, kommt der Gast sich vor wie in einem verwunschenen Wald. Durch den früheren Park des alten Guts von Groß Sperrenwalde führt ein mühsam freigepflegter Weg zu einem Schattenplatz mit Holzterrasse und einer Steinwanne voller Beinwell und Pestwurz, so schaurig schön. Da steht man sprachlos vor solcher Vielfalt.

»Sehen Sie, das ist für mich Garten«, sagt Marc-Rajan Köppler, der Architekt all dessen, der sich nicht um Begriffe wie Öko- oder Naturgarten schert. »Und wenn jemand kommt und sagt, das ist stimmig, ist das für uns das größte Kompliment.«

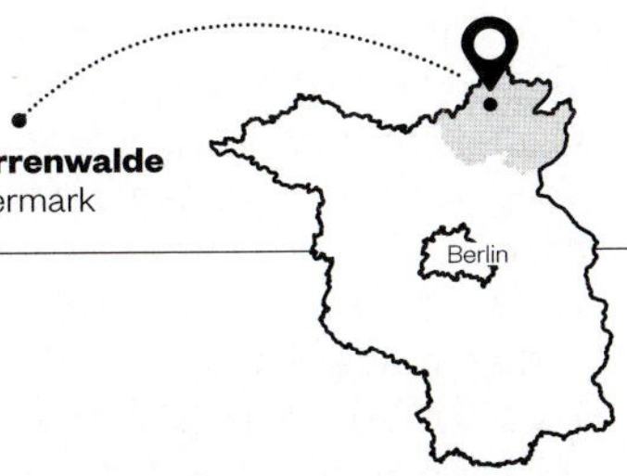

Schnitterhaus Sperrenwalde
Uckermark
(Nichtraucher-)Haus für bis zu 6 Personen,
Tagespreis 300-330 Euro.
Marc-Rajan Köppler und Tim Göckel, Seestr. 36,
17291 Groß Sperrenwalde, alte-gaertnerei-uckermark.com

Urgemütlich geht es auf dem Campingplatz zu. Neben Caravan und Zelt kann man auch in zwei Holzhütten übernachten.

Der König von Rädigke

TEXT ANDREAS AUSTILAT

FOTOS TOBIAS KRUSE / OSTKREUZ

Der Campingplatz Niemegker Land im Örtchen Rädigke mitten im Hohen Fläming ist der kleinste Campingplatz Brandenburgs, wahrscheinlich sogar Deutschlands. Die Aussicht ist hübsch, ein Badegewässer gibt es nicht. Warum also sollte man herkommen?

Camping? Er? Fritz Lintow verdreht die blauen Augen, seufzt kurz und fängt an zu lachen. Ein einziges Mal habe er im Zelt übernachtet. Das war in der fünften Klasse und er wurde gezwungen. Seitdem weiß er: Auf dem Boden zu schlafen, das ist nicht so seins. Eine Erkenntnis, an die er sich bis heute hält. Was ein bisschen seltsam ist, denn Lintow, Dreiviertel-Shorts, Polohemd, weißer Schnauzer, dünner Haarkranz, ist von Beruf Platzwart. Genauer: Er ist der Herr über den Campingplatz Niemegker Land im kleinen Örtchen Rädigke, mitten im Hohen Fläming.

Kein leichter Job. Das Areal, das sich zwischen zwei Dutzend bis zu 150 Jahre alten Eichen auf 3750 Quadratmetern erstreckt, darf sich kleinster Campingplatz Brandenburgs nennen. Wahrscheinlich ist es sogar der kleinste Campingplatz Deutschlands. 15 Zelte und 15 Wohnwagen passen rauf, eigentlich zu wenige, wenn man davon leben will. Und noch ein Handicap lastet auf dem Gelände: Es gibt kein Badegewässer weit und breit, selbst zum Freibad in Niemegk sind es sieben Kilometer. Rädigke, so viel ist mal klar, das ist kein Ziel für Eventtouristen. Aber warum sollte man dann hierherkommen?

Bequem muss es für Fritz sein, auch am Fuß.

15 Zelte und 15 Wohnwagen passen auf den Platz am Waldrand.

Die Lage ist großartig. Die Parzellen liegen noch im Wald, am Rand um genauer zu sein, über eine Hecke hinweg geht der Blick weit über eine talartige Senke. Mittendrin haben sich ein paar hellbraune Rinder versammelt, die so aussehen, als würden sie darauf warten, dass endlich mal einer kommt, um sie in dieser Szenerie zu malen. Und kämen jetzt gleich ein paar Cowboys Lasso schwingend ins Bild geritten wie in der Prärie von Wyoming, es wäre nur eine kleine Überraschung.

Radler finden in der Campingküche auch Geschirr

Draußen auf der Zufahrtstraße führt der Europaradweg an die Atlantikküste vorbei, was dem Platz regelmäßig ein paar Radfahrer als müde Übernachtungsgäste beschert. Die finden alles, was sie nicht in ihren Satteltaschen transportieren können, eine saubere Dusche zum Beispiel, eine Küche, in der sie Herd und Kühlschrank benutzen dürfen, Geschirr aus den Schränken nehmen können. Das hat et-

Für Fritz Lintow gehört der Plausch mit den Gästen dazu. Egal, ob sie bloß eine Nacht bleiben oder seit Ewigkeiten immer wiederkommen.

was Privates, beinahe Familiäres. Abgesteckte Parzellen, in denen man sich vom Nachbar abschottet, gibt es hier so gut wie gar nicht.

Fritz Lintow mag zwar keine Ahnung von Camping haben, aber wie man selbst aus Durchreisenden zufriedene Gäste macht, das weiß er. »Na Kleine, möchtest du einen Lutscher?«. Lintow gibt gerade den guten Onkel. Lutscher gehören bei ihm zur professionellen Grundausstattung. So wie er dem Vati auch mal ein Bier spendiert. Natürlich hat er Absichten. Der Vati soll auch beim nächsten Mal bei Niemegk von der A9 abfahren, die Kleine die Eltern dazu notfalls überreden. Vielleicht besucht sie den Platz ja selbst, wenn sie groß ist.

Mehrmals am Tag macht Lintow seine Runde, setzt sich auf einen Kaffee zu Lothar und Renate aus Ludwigsfelde. Lothar ist ein Anfänger, jedenfalls hier. Stand jahrzehntelang am Schwielowsee auf vereinseigenem Gelände, jetzt wagt er hier den Neuanfang. Dabei ist Lothar stolze 90, was man ihm nicht ansieht, so senkrecht wie er sich hält, so verschmitzt wie er sich gibt.

»Ein Platzwart muss erkennen, wann die Leute angesprochen werden wollen und wann nicht«

Lintow, den alle Fritz nennen und der selbst schnell zum Du übergeht, trinkt seinen Kaffee aus, bleibt dann bei den Trunzers stehen, einem jungen Paar aus Neu-Ulm, die mit ihren beiden Kindern im roten VW Bus eigentlich auf der Durchreise sind, begrüßt sie, als würden sie sich ewig kennen. Mit der Studentin aus Leipzig, die mit ihrem Freund hier auf Fahrradreise ist, unterhält er sich über ihre Rastalocken, die in Wirklichkeit Extensions sind, »Ach! Die sind gar nicht echt?«

Für Fritz rücken selbst Dauercamper zusammen

Was muss ein guter Platzwart können? »Er muss erkennen, wann die Leute angesprochen werden wollen oder wann eben nicht«, sagt Fritz und schaut in die Runde, ob er irgendjemanden übersehen hat auf seiner nachmittäglichen Tour. Das und den Vorsatz niemals falsche Versprechungen zu machen, sind seine wichtigsten Regeln. Sein klingelndes Handy unterbricht ihn, ob er noch einen Platz frei hat? »Einen hab' ich noch«, sagt er, das wird er in der nächsten Stunde ein paar Mal sagen. Aber ist der Platz nicht eigentlich voll? Fritz bringt es fertig, dass sogar die beiden Dauercamper zusammenrücken, damit es für alle reicht, und niemand ist ihm gram.

Menschenfänger nennt ihn einer der Stammkunden. Das klingt ein bisschen abfällig, ist aber nicht so gemeint.

Rädigke ist beschaulich, aber herzlich. Der Moritzhof mit Pension ist das soziale Zentrum.

Ein Besuch in der kleinen Dorfkirche lohnt in jedem Fall. In der Apsis des 800 Jahre alten Feldsteinbaus glänzt der blau ausgemalte Himmel – wenn man denn weiß, wo der Lichtschalter zu finden ist.

Fritz Lintow ist ein geborener Gastgeber. Was durchaus wörtlich zu nehmen ist. Denn aufgewachsen ist der 66-Jährige im Gasthof Hemmerling im nahen Raben, seit 1734 im Besitz der Familie, heute wird er von Lintows Neffen geführt.

Studiert hat er auch, Ingenieurpädagogik in Schwerin, aber dann brauchte ihn seine Mutter im elterlichen Gasthof und er ging zurück in den Fläming und blieb. Da sind ein paar Jahrzehnte zusammengekommen, was zur Folge hat, dass anscheinend jeder den Fritz kennt, ihn auch gar nicht anders nennt, egal ob es sich um die Waldarbeiter handelt, die auf den Bänken vor dem flachen Rezeptionsgebäude ihre Kaffeepause machen, oder den Bauern, der winkend mit seinem Trecker vorbeifährt.

Kirchenschlüssel besorgen? Selbstverständlich

Umgekehrt kennt Fritz natürlich auch alle. Er weiß, dass Ronny Kamischke drüben im Dorf nicht nur bei der Straßenmeisterei arbeitet, sondern nebenher auch Jäger ist und immer an Himmelfahrt aus seinem Verkaufswagen heraus am Wanderweg durchs Planetal seine eigene Wildschweinwurst anbietet. Er weiß, dass der Moritzhof in Rädigke – auch so ein Wirtshaus, das sich seit Jahrhunderten im Familienbesitz befindet – heute geschlossen ist, weil die Moritzens zu einer Beerdigung in Lühnsdorf sind. Weshalb auch der Pfarrer weg ist. Schade, deshalb bleibt die Rädigker Dorfkirche nämlich geschlossen. »Aber das macht doch nichts«, sagt Lintow. Wenn man sie besuchen wolle, selbstverständlich könne er rasch den Schlüssel besorgen. Wie Fritz Lintow in diesem Teil des Flämings überhaupt ziemlich viel besorgen kann, wenn es darauf ankommt.

Das Angebot mit dem Schlüssel zur Dorfkirche sollte man unbedingt annehmen. Der Feldsteinbau, an die 800 Jahre alt, ist ein Juwel, mit seinem blau ausgemalten Sternenhimmel in der Apsis. Vor allem, wenn man weiß, wo sich der Lichtschalter befindet, der diesen Glanz zum Strahlen bringt.

In Rädigke beraten noch alle Generationen gemeinsam, was mit dem Dorfteich passieren soll

Überhaupt ist Rädigke ein ganz besonderes Dorf, in Zeiten, die andere Ortschaften in Schlafzimmer verwandelt haben, in denen sich Pendler und Pensionäre zur Ruhe betten. In Rädigke aber versammeln sie sich abends auf dem Anger, alle Generationen sind vertreten und beraten, was mit dem Dorfteich zu geschehen hat, der ist nämlich undicht. Die Diskussion ist nicht das einzige Indiz für eine lebendige Gemeinschaft. Wenn in Rädigke morgens der Schulbus hält, um weiter nach Niemegk zu fahren, dann steigen 16 Grundschulkinder zu, eine ganze Menge für einen Ort mit rund 130 Einwohnern.

Und die scheinen auch noch begeisterte Bücherleser zu sein. Wie sonst soll man sich erklären, dass der Gasthof Moritz, dessen Biergarten sich sehr malerisch auf dem kopf-

Der Biergarten liegt malerisch hinter der kopfsteingepflasterten Einfahrt, die kleine Bibliothek hat tausend Nutzer.

Gerade mal zwei Dauercamper, die ihre Autos natürlich auch wetterfest einpacken, gibt es auf dem Mini-Platz.

Ronny Kamischke lädt im Dörfchen schon mal zum Test seiner Wild-Wurst. Schnaps darf da natürlich nicht fehlen.

Vor der voll ausgestatteten Küche kommen die Radler zusammen – und Fritz Lintow spendiert noch ein paar Bier.

steingepflasterten Hof befindet, eine Bibliothek beherbergt. Mehr als 10.000 Bände haben sie im Bestand und mehr als tausend eingetragene Leser, die sich hier bedienen bedürfen. Was beweist, dass die Bibliothek im Moritzhof nicht nur von Dorfbewohnern genutzt wird. Regelmäßig finden hier übrigens Autorenlesungen statt oder der Pfarrer lädt zum philosophischen Salon.

Der Weg, der sich zu kleinen Bergen auftürmt, ist eine der Sehenswürdigkeiten der Region

Von Rädigke aus kann man auch zur Rundwanderung aufbrechen, sie führt durch das Naturschutzgebiet links und rechts des Flüsschens Plane zur Burg Rabenstein und wieder zurück. Der abwechslungsreiche Weg durch den Hohen Fläming, der sich hier zu kleinen Bergen auftürmt, ist eine der Sehenswürdigkeiten der Region. Die andere Sehenswürdigkeit ist Burg Rabenstein selbst – oder könnte es wenigstens sein. Wenn denn ein Pächter gefunden wird, der die Burg gastronomisch wieder zu neuen Höhen führt. Noch ist die Sache nicht entschieden. Burg Rabenstein, die zwar von Bäumen verdeckt aber dennoch beeindruckend auf einem Hügel thront, ist die einzige Höhenburg Norddeutschlands.

Caravan- & Zeltplatz »Niemegker Land«
Rabenstein / Fläming
OT Rädigke,
Bergstraße 24a,
Potsdam-Mittelmark,
niemegkerland.de

Ihr Schicksal ist Fritz Lintows wunder Punkt. Beinahe 20 Jahre hat er sie als Geschäftsführer des örtlichen Tourismusvereins gemanagt, die Burg war gut besucht, nicht nur, wenn dort Ritterturnier oder Mittelaltermarkt war. Zuletzt aber verfiel sie in eine Art Tiefschlaf, aus dem sie hoffentlich in diesem Jahr aufersteht. Vielleicht wird Lintow seinen Teil dazu beitragen. Gerüchte, er würde die Burg wieder machen, schmeicheln ihm, erheitern ihn, ernsthaft kommentieren will er sie nicht. Das würde bedeuten, er müsste den Campingplatz aufgeben, denn beides kann er nicht, will er nicht.

Abends haben sich Studenten aus Dresden auf den Bänken vor dem Rezeptionsgebäude niedergelassen. Auch sie sind mit dem Rad auf der Durchreise. Als sie im Chor »König von Thule« anstimmen, schaut Frans, allein reisender Radler aus Amsterdam, regelrecht ergriffen. So etwas habe er auf einem Campingplatz noch nie erlebt. Fritz überlegt, ob er für alle ein Lagerfeuer anzünden soll, aber der Sommerabend ist auch so schon warm genug. Er spendiert deshalb eine Runde kühles Bier.

Dann entdeckt er plötzlich den Camper in sich. Einer seiner Gäste habe ihm einmal erzählt, es gebe überhaupt nichts Schöneres, als an solch einem Abend den Kopf aus dem Zelt zu schieben, sich auf den Rücken zu drehen und den Sternenhimmel zu betrachten. »Ja«, sagt er ungewohnt ernst, »das kann ich mir schon vorstellen«. Vielleicht probiert er es ja doch noch einmal, das mit dem Zelten.

DIE BESTEN 5

Pause, Jause, bloß noch nicht nach Hause! Ob im Schloss oder auf einer Insel, ob Gemüse vom Grill oder Fasanenbrust: Es gibt für jeden den richtigen **Biergarten**

James Biergarten

Wer James Biergarten von München aus ansteuert, wäre … nun ja, etwas irritiert. Ein Großbetrieb mit hunderten Garnituren ist das hier nicht. Eher eine rote Schwedenhütte mit gemütlichem Vorgarten. Dafür ist die Lage fantastisch: Direkt neben den Tischen ist ein großer Sandkasten für die Kleinen, in der Nachbarschaft warten Esel und Ponys, und Hobrechtsfelde ist ein wunderbarer Startpunkt zum Gorinsee oder in die Schönower Heide. Fantastisch auch die Karte: Bier von Heidepeters, Apfelwein von Gude Stoff, dazu süß-säuerlicher Kartoffelsalat im Weckglas, Gemüse und Neuland-Würste vom Grill, danach veganes Eis aus Kreuzberg und Kuchen aus dem Dorf – wer will da noch Giganto-Biergärten?

Barnim. James Biergarten, Panketal, Hobrechtsfelder Dorfstraße 30a, james-biergarten.de

Insl

An Schönheit ist der Biergarten auf der »Insl« wirklich schwer zu schlagen. Im Untersee bei Kyritz liegt das waldige Eiland. Man kann es nur über die Fähre erreichen. Die Kombüse serviert Burger, Schnitzel, Flammkuchen und kleine saisonale Gerichte, viele aus regionalen Produkten gekocht. Wenn das Wetter mal stürmisch ist: Im alten Gasthaus sitzt man auch sehr lauschig. Schaukeln, Buddelkiste und Tischtennisplatte machen die »Insl« zum perfekten Ausflugsziel.

Ostprignitz-Ruppin.
Insl, Kyritz, Seestraße 118, insl.de

Schloss Diedersdorf

Das Schlossensemble gleich hinter den Toren Berlins klotzt mit Superlativen: Mit seinen mehr als 2000 Plätzen ist der Biergarten der größte Brandenburgs. Und dank der zahlreichen gastronomischen Angebote ist er auch kulinarisch der vielfältigste Biergarten, inklusive attraktiver Beschäftigungsmöglichkeiten für Familien. Das zieht viele Gäste an. Aber wer will schon in einem leeren Biergarten sitzen.

Teltow-Fläming. Schloss Diedersdorf, Großbeeren OT Diedersdorf, Kirchplatz 5-6, schlossdiedersdorf.de

Zum grünen Baum

Seit mehr als 250 Jahren gibt es den Gasthof, gestartet als Umspanne für Postkutschen-Pferde, wo auch der Kutscher was zu saufen kriegte. Vor einem halben Jahrhundert dann begann der Verfall – und so steht der Gasthof noch immer da: windig und leer. Doch nebenan hat sich viel verändert: Das Frontgebäude beherbergt ein hübsches Gasthaus. Im Hof fühlt man sich, während man Rote Bete-Suppe mit Fasanenbrust, Uckermärker Wildknacker, einen »BoitzenBurger« oder Flammkuchen mit Bacon an rot-weiß kariert eingedeckten Tischen genießt, gemütlich geborgen. Und der Biergarten unter Bäumen auf der grünen Wiese gleich hinterm Haus könnte glatt als bajuwarisch durchgehen.

Uckermark. Zum grünen Baum, Boitzenburg, Templiner Straße 4, boitzenburger.de

Freilich am See

Brotzeit? Mahlzeit! Es ist Biergartenzeit am grünen Ostufer des Scharmützelsees. Aus einem alten Gasthof im Cecilienpark ist ein himmelblaues Restaurant mit großer Terrasse geworden, in schlichtem, maßvoll alpenländischem Design ohne Jodel-Folklore eingerichtet. Auf der Terrasse sitzt und genießt es sich prächtig mit Blick auf See und Segelboote. Auch die Küche volkstümelt nicht: Das Wammerl stammt vom Fleischer aus der Region, im Kartoffelsalat knacken Spreewaldgurken, die geräucherte Forelle begleiten marinierte Rübchen, das Bier kommt vom Fass und die Madln im Service sind nett.

Oder-Spree. Freilich am See, Bad Saarow, Karl-Marx-Damm 47a, freilich.de

In Aktion

Aufgesattelt zu Ruinen

TEXT **DANIELA PENSOLD** FOTOS **MADLEN KRIPPENDORF**

Verlassene Atomwaffenlager, Gutshöfe, Lungenheilanstalten: Der beste Weg, die Lost Places und die wechselhafte Historie Brandenburgs zu entdecken, ist mit dem Fahrrad. Eine sommerliche Radtour von Fürstenberg nach Himmelpfort und Lychen

Sehnsucht nach großen Sommergefühlen ließ unsere Autorin und zwei ihrer Freunde auf die Räder steigen. Und Neugier auf Entdeckungen.

Der Plan lautet: Wir wollen an diesem Wochenende wieder raus – ins Umland, wie wir Berliner sagen. Wir, zwei Freunde und ich, sehnen uns nach großen Sommergefühlen, nach Orten ohne Licht-und Luftverschmutzung, ohne Lärm und ohne Menschen. Doch es ist nicht nur die Sehnsucht, die uns antreibt. Es ist auch Entdeckungseifer, der uns gepackt hat. Es sind die Geschichten hinter der Geschichte, die uns reizen.

In Brandenburg möchten wir per Pedales einige davon aufspüren: in überwachsenen Ruinen, verlassenen Gutshäusern und vergessenen Ferienanlagen. Die Gegend rund um Fürstenberg erscheint uns dafür ideal, denn sie ist von einer wechselhaften Geschichte geprägt. 30 Jahre nach Ende des Kalten Kriegs finden sich hier immer noch viele militärische Hinterlassenschaften und ausgediente Industriegelände.

Ein nachdenklicher Start

Von Fürstenberg aus radeln wir knapp zehn Kilometer entlang des Fernradwegs Berlin-Kopenhagen nach Himmelpfort. Die Strecke führt zunächst an Zaun und Bauten des Gedenkstättengeländes Ravensbrück vorbei, Mahntafeln erinnern an die vielen Verbrechen, die hier von den Nationalsozialisten begangen wurden. Ein nachdenklicher Start unserer Tour. Dann wechselt die Stimmung abrupt: Eine große hölzerne Weihnachtsmannstatue begrüßt uns am Ortseingang von Himmelpfort.

Normalerweise macht der staatlich anerkannte Luftkurort vor allem zur Weihnachtszeit von sich reden, wenn tausende Briefe für den Weihnachtsmann hier eintreffen. Wir können der Gelegenheit nicht widerstehen und schreiben bei einer Tasse Kaffee bereits 120 Tage früher unseren Wunschzettel. Hinter dem Ort können wir auf einer regelrechten Waldautobahn Tempo machen und unsere Lungen füllen sich mit der warmen Luft des Spätsommers. Links von uns taucht eine stillgelegte Bahnstrecke auf. Doch ganz so verlassen ist die gar nicht: Kurze Zeit später überholen wir einen kleinen quietschenden Draisinenwagen, der wie wir Kurs auf Lychen nimmt. Zu unserer Rechten lockt ein dunkelblauer Heidelbeerteppich zur nächsten Rast. Schnell sind unsere Schnuten blau gefärbt.

Plötzlich ruft mich einer meiner Mitfahrer: Er hat dutzende verlassene Baracken im dichten Gebüsch entdeckt. Die bemalten und teils zerstörten Gebäude scheinen einmal Teil einer Ferienanlage gewesen zu sein. Die skurrilen und selbstgeschweißten Zäune rund um die Anlage

Glück auf dem Weg: Unsere Autorin Daniela Pensold empfiehlt auf ihrer Website wecycle-brandenburg.com viele tolle »Radausflüge für Stadtflüchter«

zeugen davon. Früher ein Fluchtort für Städter, wachsen heute Bäume in den Wohnräumen. Wo es keine Türen mehr gibt, treten wir ohne zu klopfen ein. Wir finden ein paar alte Zeitschriften und ein paar kaputte Plastikmöbel. Die Geschichten der Feriengäste bleiben im Verborgenen. Bevor wir wieder aufbrechen, machen wir noch einige Erinnerungsfotos vor den aufgegebenen Wohnkästen, ich pflücke noch einen kleinen Blumenstrauß und binde ihn ans Rad. Wir lassen uns weiter treiben, zählen Kilometer statt Stunden. Bis zu unserem Ziel, dem ehemaligen Rittergut Boltenhof, stehen noch gemütliche 25 Kilometer auf dem Tacho.

Investorenschild an der Ruine

In Lychen angekommen, macht uns die ehemalige Lungenheilanstalt neugierig: Das Areal ist groß wie ein Dorf, die einstige Schönheit der Gebäude noch gut zu erkennen. Die Villen im Bäderstil haben eine wechselvolle Geschichte: Zu einer Zeit, als es Penicillin noch nicht gab und Tuberkulose eine weit verbreitete Volksseuche war, wurden hier lungenkranke Kinder behandelt. Später dienten die Bauten als SS-Krankenhaus, dann als Lazarett der Sowjetarmee. Viele von ihnen stehen seit der Räumung 1993 noch immer leer. Wir finden keinen Zugang, nur ein Schild mit einem Hinweis, dass ein Investor die Sanierung des Areals plant.

Einst Fluchtort für Städter, ist die Ferienlage heute verfallen (o.). In Lychen (r.) lohnt ein Abstecher zur alten Lungenheilanstalt.

Wo es keine Türen mehr gibt, treten wir ohne zu klopfen ein

Die Tür des alten Gutshauses steht offen. Gänsehaut zwischen abblätternden Blümchentapeten und knarzenden Dielen.

Ob man diesen Gebäuden eine neue Bestimmung geben kann? Gerne würden wir sie von innen erforschen, aber dieses Mal endet unser Ausflug in die Vergangenheit vor dem Bauzaun.

Wer mag hier einmal gelebt haben?

Die Geschichte holt uns aber wieder schneller ein als wir denken. Im Naturschutzgebiet Kleine Schorfheide quälen wir unsere Räder über alte Steinplattenstraßen ins Nirgendwo, bis wir uns im ehemaligen streng abgeschirmten »Sonderwaffenlager« Lychen II befinden. Ein Ort mit schauriger Vergangenheit: Vor 30 Jahren standen hier sowjetische Atomraketen bereit, die die 30-fache Sprengkraft der Atombombe von Hiroshima besaßen. Heute erinnert kaum etwas an die Gefahr von damals, von der nicht einmal die DDR-Führung etwas wusste. Das Nukleardepot ist verschwunden, die Gebäude wurden längst zurückgebaut. Die Hangars, die wir nach einigem Suchen finden, sind mit Erde bedeckt oder mit Steinplatten unzugänglich gemacht. Während die Jungs auf den Resten der Bunkeranlagen herumturnen, stellen sich mir beim Gedanken an die Geschichte dieses Platzes die Nackenhaare auf.

In Bredereiche weht am Ende einer langen Kopfsteinpflasterstraße eine schöne alte Eisfahne. Volltreffer! Im Eiscafé Undine geht es nostalgisch zu. Hier heisst das Eis nicht Gelato und kommt noch in der Muschelwaffel. Ein Highlight an diesem Tag. Wir sitzen lange auf Undines Terrasse, bis wir weiterfahren.

Eine hölzerne Badeinsel wird zum Picknicktisch

Am Abend erreichen wir unser Tagesziel, das ehemalige Rittergut Gut Boltenhof. Hier wollen wir die Nacht verbringen. Vor wenigen Jahren noch ein Geheimtipp, hat sich das Gut zu einer der Adressen überhaupt in Punkto Entschleunigung, idyllisches Landleben und Regionalität entwickelt. Ein Tipp unseres Gastgebers führt uns spontan zum nahe gelegenen Haussee, wo eine hölzerne Badeinsel zum Picknicktisch wird. Nie schmeckt das Pausenbrot so gut wie jetzt. Danach: Kopfsprünge ins Blau! Wer einmal gesehen hat, wie Menschen sich innerhalb weniger Sekunden ihrer Klamotten entledigen und splitternackt in den See springen, der weiß, was Glück ist. Fußspuren unseres nassen Vergnügens färben das Holz der Badeinsel. Ein letzter Bauchklatscher, dann geht's zurück zum selbsternannten »Erhol-dich-Gut«.

Auf dem Weg dorthin finden wir ein einsames altes Gutshaus. Die Tür steht offen, und wir können uns dem Sog der Neugier nicht entziehen. Gänsehaut kribbelt, wenn sich zwischen abblätternden Blümchentapeten und knarzenden Dielen ein alter Kleiderbügel mit eingebranntem Namen findet. Wer mag das gewesen sein? Ich notiere mir vorsorglich den Namen und gebe mir noch die Chance, später etwas über den Besitzer dieses

Im »Sonderwaffenlager« Lychen II (o.) lagerten einst sowjetische Atomraketen. Und bei Undine in Bredereiche kommt das Eis noch in der Muschelwaffel.

Landidyll auf Gut Boltenhof (r.), auf dem Capriolenhof (u.) und am Haussee. Wer gesehen hat, wie Menschen sich in Sekunden ausziehen und nackt ins Wasser springen, der weiß, was Glück ist.

Am Abend bleibt das Handy aus. Hier ist ohnehin kein Empfang

Hauses herauszufinden. Als es dunkel wird, leuchten uns Glühwürmchen den Weg, irgendwo ruft ein Käuzchen. An diesem Abend bleibt das Handy aus – hier draußen gibt es ohnehin keinen Empfang.

300 schneeweiße Gänse

Am nächsten Morgen weckt uns der Hahn. Während die Jungs noch schlafen, stehe ich früh auf und besuche Gänsemagd Lilla vor dem Stall. Sie treibt jeden Morgen die Tiere auf eine saftige grüne Wiese. Ich halte den Finger am Auslöser meiner Kamera: Den Moment, wenn 300 schneeweiße Gänse die alte Lindenallee zum Gut entlangwatscheln, möchte ich nicht verpassen. Durch den Sucher sehe ich auch die schöne alte Gutshaustreppe, die Schaukel unter dem großen Baum am Park, die liebevoll gemalten Tierbilder an den Scheunenwänden. Plötzlich böses Gefauche von Erich, dem Gänserich – ich habe mich unbedacht den Gänsen genähert. Im Gutshaus wird schon Kaffee gekocht, frische Hofeier brutzeln in der Pfanne. Gemeinsam genießen wir ein herrliches Landfrühstück im Wintergarten und schauen zu, wie sich die ersten Sonnenstrahlen durch die Baumkronen des Gutshausparks kämpfen.

Unsere kurze Lagebesprechung endet mit der Entscheidung, einen kleinen Ziegenhof in der Nähe zu besuchen. Dafür mühen wir uns ein paar Kilo-

Die überwucherte Lenin-Statue in einem Villenviertel am Röblinsee ist ein echter Fund auf der letzten Etappe.

meter über einen sandigen Waldweg quer durchs Naturschutzgebiet. Es hat lange nicht geregnet, die Wege sind staubtrocken und die Mittagssonne treibt uns Schweißperlen auf die Stirn. Die Vorfreude auf ein kühles Bier und einen Bissen cremigen Ziegenkäse lässt jedoch keine trüben Gedanken zu. Grasende Ziegen zwischen lila Heidekraut verraten uns, dass wir fast am Ziel sind. Die Heideblüte ist gerade auf dem Höhepunkt, ein besonders malerisches Bild.

Ein Flair wie in Detroit

Der Capriolenhof von Sabine Denell und Hans-Peter Dill besteht seit 1993 und ist ein beliebtes Ausflugsziel. Um die 180 Tiere beweiden hier 100 Hektar Heide. Das Geheimnis des hier produzierten Käses? Hier dürfende die Tiere fressen, was die Jahreszeit ihnen gerade bietet, das macht ihre Milch unvergleichlich. Der Käse, den wir in dem kleinen Hofladen kaufen, schmeckt ausnahmslos köstlich und lässt uns die etwas beschwerliche Anreise sofort vergessen. Wir genießen den Blick auf den trubeligen Schleusenbetrieb, denn viele Ausflügler kommen auf dem Wasserweg auf den Ziegenhof. Zum Abschluss kraulen wir noch ein paar Zicklein hinter den Ohren und ziehen weiter.

Auf dem Heimweg nach Fürstenberg brennen dann zum ersten Mal die Waden. Es geht in der hügeligen Endmoränenlandschaft auf die Zielgerade. Zwei vergessene Orte warten noch auf uns. Einer davon ist das große ehemalige Kraftfuttermischwerk, das in der Nähe des Bahnhofs am Röblinsee hinter einem Zaun liegt. 1992 wurde das Areal verlassen, wohblockhohe Maschinenhallen erzählen davon, dass hier einmal in großem Maßstab industrielle Futtermittel produziert wurden. Die riesigen Graffitiwände und Baumaterialien verbreiten ein Flair wie in Detroit. Alte Lieferscheine, die hier herumfliegen wie Flugblätter, erzählen von produktiveren Zeiten. Auch hier wartet man auf den Neuanfang.

Nicht weniger spektakulär ist das ehemalige Offizierskasino der Roten Armee, das sich in einem Villenviertel am südlichen Ufer des Röblinsees befindet. Nach dem Zweiten Weltkrieg war dieser Teil von Fürstenberg von den sowjetischen Streitkräften besetzt, die Bewohner wurden aus ihren Häusern vertrieben und die Gegend abgeriegelt. Die Rückkehr in die heute sanierte Idylle gelang nur mit großer Anstrengung. Wir folgen einem kleinen Trampelpfad durch das Gebüsch und finden vor der großen gelben Villa eine Leninstatue. Der Fund hat Seltenheitswert, die meisten Lenin-Denkmäler in Ostdeutschland wurden nach dem Ende der DDR entfernt. Obwohl die Oberfläche der Skulptur bereits stark verwittert ist, blickt der russische Revolutionär selbstbewusst von seinem Sockel. Wir lehnen unsere Räder daran und fühlen uns ein letztes Mal an diesem Tag ganz nah an der großen Geschichte.

3 REGELN FÜR LOST PLACES

1. Falls ein Ort nicht öffentlich zugänglich ist, muss die Genehmigung des Eigentümers eingeholt werden. Sich mit Gewalt Zugang zu verschaffen, ist streng verboten.

2. Nie allein losziehen, da oft Unfallgefahr besteht. Geführte Touren mit Ortskundigen sind eine gute Alternative.

3. Die goldene Regel: Nimm nichts mit außer Fotos und hinterlasse nichts außer deiner Fußspuren!

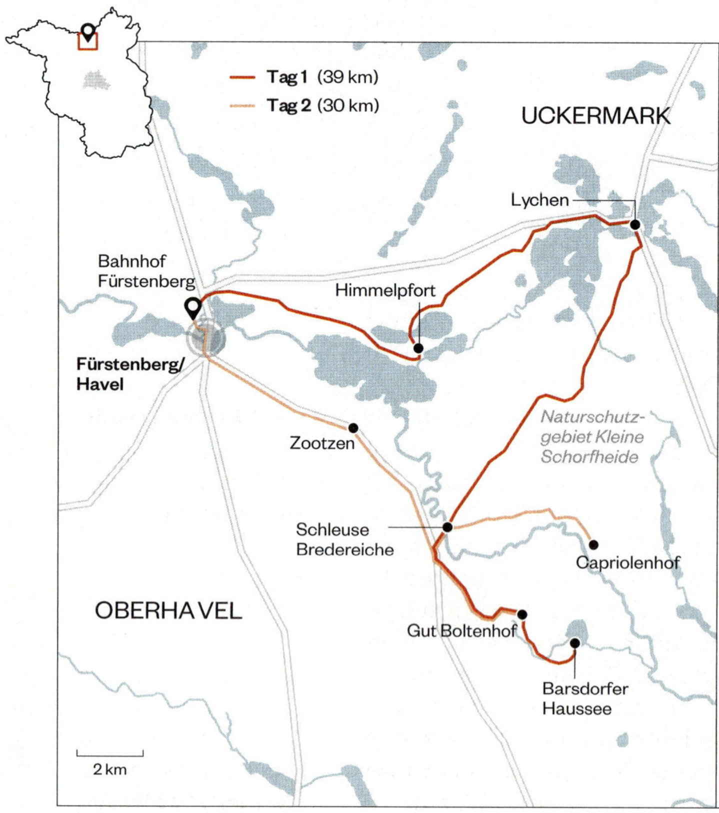

TIPPS

EINKEHREN

Weihnachtscafé Himmelpfort
Himmelpfort liegt wunderschön von Seen und Wäldern umgeben und ist ein idealer erster Stopp, um Kaffeeluft zu schnuppern und seinen Wunschzettel dem Weihnachtsmann zu übergeben. Klosterstraße 23, 16798 Himmelpfort, Tel. (033089) 418 88, weihnachtshaus-himmelpfort.de

Eiscafé Undine
Bredereiche verzaubert mit verschlafenem Charme und einem wunderbaren Eiscafé. Schon 30 Jahre macht Undine Bandikow mit ihrem hausgemachten Eis nicht nur Radfahrer glücklich. Dorfstraße 71, 16798 Fürstenberg/Havel, Tel. (033087) 523 57

Ziegenkäserei Capriolenhof
Der Ziegenkäse von hier gilt als der beste Deutschlands. Wer länger verweilen möchte, kann mit Zelt auf einem Biwakplatz übernachten. Schleusenhof Regow 1, 16798 Fürstenberg/Havel OT Bredereiche, capriolenhof.de

ERLEBEN

Ziegeleipark Mildenberg
Im familienfreundlichen Erlebnismuseum lässt sich ein ganzer Tag verbringen. Empfehlenswert ist die Lore-Bahnfahrt entlang der ehemaligen Tongruben. ziegeleipark.de

ÜBERNACHTEN

Gut Boltenhof
Auf diesem familiengeführten Gut ist das »Mauseloch« ein Hotelzimmer, und im »Froschteich« genießen Gäste Ruhe und Landluft. Das hofeigene Restaurant serviert Feinstes aus der Region. Wer nur kurz Halt macht, kann sich im Hofladen verproviantieren. Lindenallee 14, 16798 Fürstenberg/Havel OT Boltenhof, Tel. (033087) 525 20, gutboltenhof.de

ANREISE

Mit der Bahn
RE-Züge fahren ab Berlin direkt nach Fürstenberg und weiter nach Rostock. Weitere Informationen: bahn.de, vbb.de. Achtung: Am Wochenende eventuell mehr Trubel durch Ostseeurlauber!

LANDESGARTENSCHAU BEELITZ STARTET AM 14. APRIL 2022

Beelitz lädt zum Gartenfest

Weitläufige Wiesen, tiefe Wälder, schmucke Dörfer – und mittendrin eine der ältesten Städte der Mark Brandenburg: Das ist Beelitz, die Spargelstadt, die neben dem namensgebenden Edelgemüse noch so viel mehr zu bieten hat. Natur und Geschichte sind immer in der Nähe, egal ob man einen Bummel durch die historische Altstadt macht, die berühmten Heilstätten erkundet oder auf den Höfen und in den Restaurants erlesene regionale Erzeugnisse genießt.

Vor allem im Frühjahr, wenn die Spargelzeit wieder beginnt, präsentieren sich Stadt und Ortsteile in den schönsten Farben. Und von ihrer genussreichen Seite: Wo könnte man besser die kräftezehrenden Lockdown Monate hinter sich lassen, als an gastlichen Tischen, draußen unter freiem Himmel.

Überall in Beelitz begegnet man spannenden Geschichten: von Postkutschen, Ackerbürgern und preußischen Soldaten, von Pilgern, Räubern und Königinnen. Erzählt werden sie in der Alten Posthalterei mit ihren Ausstellungsräumen, im Spargelmuseum, bald auch in der historischen Wassermühle, die zum Heimatmuseum umgebaut wird. Und auch Baudenkmäler wie die Bockwindmühle, der historische Wasserturm, die zum Teil schon im Mittelalter errichteten Dorfkirchen und die alten Vierseithöfe geben Zeugnis vom langen Beelitzer Werden.

Ein ganz besonderes Großereignis steht für das Jahr 2022 an: Dann richtet Beelitz die nächste Brandenburgische Landesgartenschau aus. Das „Gartenfest für alle Sinne".

Am 14. April 2022 fällt der Startschuss für die 201 Tage währende Schau, in deren Mittelpunkt neben dem Gartenbau- und Gärtnerhandwerk – natürlich – vor allem die Kulinarik stehen wird. Auf 15 Hektar erleben die Besucher eine blühende Parklandschaft mit vielen Genussinseln, an denen Leckeres aus der Region frisch zubereitet wird. Man trifft auf verwunschene Orte wie dem Reich des Froschkönigs, man kann entlang kleiner Wasserläufe flanieren und die Füße kühlen und sich im Slawendorf auf die Spuren der ersten Beelitzer begeben. Jüngere Besucher werden ihre helle Freude haben – nicht nur wegen des freien Eintritts bis einschließlich 15 Jahre, sondern vor allem wenn sie über die Freizeitflächen toben und die 6000 Quadratmeter große Abenteuerlandschaft mit Kletter- und Spielgeräten erkunden.

Kunstsinnige Besucher entdecken viel Sehenswertes im Mühlengarten, aber auch in anderen Bereichen, in denen sich Kunstschaffende mit ihren Ideen eingebracht haben. Und alle erleben ein abwechslungsreiches Programm aus Konzerten, Showvorführungen und Präsentationen auf der Naturbühne, vor der Kulisse der Altstadt.

Wer Brandenburg sucht, der ist schon immer in Beelitz fündig geworden. Umso mehr entdeckt er dann zur LAGA 2022.

BEELITZ 2022 | Landesgartenschau

LAGA Beelitz gGmbH
Berliner Str. 202
14547 Beelitz
www.beelitz.de
Geschäftsführung:
Bernhard Knuth,
Peter Krause
14.4. bis 31.10.2022
Eintritt: Tagesticket 17 €
bis zum vollendeten
15. Lebensjahr kostenfrei
info@laga-beelitz.de
www.laga-beelitz.de

An der langen Leine

Die Designerin Livia Ritthaler hat einen Reiseführer mit 40 Touren in Berlin und Brandenburg geschrieben – für Menschen mit Hund. Ihr Lieblingsspaziergang führt durch den Dschungel der Glindower Alpen. Unser Autor und Duffy haben sich mitziehen lassen

TEXT **ANDREAS AUSTILAT**

Bob hat den Weg über die schmale Brücke gewählt. Und das, obwohl die Knüppel, aus denen sie gefertigt wurde, ziemliche Lücken aufweisen. Groß genug, dass auch mal eine Pfote dazwischen rutschen kann. Natürlich hätte die Hündin den Weg durch den trockenen Bachlauf nehmen können. Aber diese Blöße wollte sie sich wohl nicht geben – nicht vor Duffy, der zweiten Vierbeinerin bei dieser mittelmärkischen Landpartie, die ebenfalls über die Brücke balanciert. Außerdem brauchen auch Hunde ab und zu ein Abenteuer – eines, das sie in der Stadt so nicht finden.

Bob, die vierjährige Mischlingshündin – ein bisschen Pointer, ein bisschen Terrier, braun-weiß geflecktes Glatthaar – gehört der Berliner Buchdesignerin Livia Ritthaler. Ein Glücksfall für Bob, denn das hat ihr einerseits ein Leben als Straßenköter erspart, Ritthaler holte sie vor drei Jahren aus Spani-

Efeu umrankt die Bäume wie Lianen, immer wieder blickt man in Schluchten, deren Grund nur zu erahnen ist

en, und andererseits hat Bob in letzter Zeit von Ritthalers Arbeit profitiert und viel schönen Auslauf bekommen. Denn die 32-jährige Ritthaler hat nicht nur in München Kommunikationsdesign und in London Kunst studiert und ist heute selbstständige Designerin. Sie ist außerdem noch die Autorin von »Walking Wild«, einer Art Reiseführer für Berlin und Umgebung – aber eben nicht nur für Menschen, sondern auch für Hunde. Und für die Recherche war ausgiebiges Gassigehen natürlich unumgänglich.

Ihre Lieblingstour, sagt Ritthaler, sei die Route durch die Glindower Alpen, einem Naturschutzgebiet in Werder (Havel), eingebettet in eine Landschaft zwischen Schwielowsee, Glindower See und dichten Wäldern. Wichtig: Hunde sind in Naturschutzgebieten an der Leine zu halten – auch wenn es eine lange Leine sein darf. Startpunkt der wilden Wanderung ist der Parkplatz der alten Ziegelei im Werderaner Ortsteil Glindow, wo noch immer regelmäßig der Ringofen angeheizt wird. Nur wenige Meter weiter an einer offenen Wetterhütte vorbei geht es los, der Weg ist mit grünem Querstreifen auf weißem Grund markiert.

Hündin Bob ist ein bisschen Pointer und ein bisschen Terrier.

»Schon 15 Minuten Wald machen glücklich«, sagt Livia Ritthaler. Dieser hier ganz bestimmt

Noch einfacher hat es, wer die Komoot-App zur Orientierung auf dem Handy hat: Zwei Wege werden dort angeboten, der Rundkurs dauert etwa eine Stunde.

Die Glindower Alpen zwischen Petzow und Glindow sind nicht, wie man vermuten könnte, von der Eiszeit geformt, sondern vom Menschen gemacht. Gewissermaßen als Nebenprodukt der Ziegelsteinfertigung. Die hierfür notwendige Tonerde wurde hier schon seit dem 15. Jahrhundert abgeräumt, das Areal schließlich sich selbst überlassen. Entstanden ist auf diese Weise eine abenteuerliche Berg- und Tallandschaft, zerklüftet und immer wieder von Schluchten durchzogen, an deren Hängen Eschen, Eichen, Buchen, Linden wild durcheinander wachsen. Das heißt, ab und zu durchquert man auch mal einen Kiefernforst, in dem die Stämme wie gewohnt in Reih und Glied wachsen, doch das ist eher die Ausnahme. »Schon 15 Minuten Wald machen glücklich«, sagt Livia Ritthaler, und dieser unaufgeräumte Forst ist dazu ganz besonders geeignet.

Unser Autor und Mischlingshündin Duffy mit Livia Ritthaler und Bob im Naturschutzgebiet. Während des Spaziergangs mussten die Tiere deshalb an die Leine.

Auf unserem Rundweg öffnet sich der Weg zu einer Lichtung, bevor es wieder bergab geht. Schließlich gelangen wir erneut zu einer offenen Wetterhütte, dem sogenannten Belvedere. So steht es auch auf den Schildern, denen man folgen muss. Von der Höhe hätte man einen schönen Blick auf die Havel

Die Glindower Alpen, sie funktionieren zu jeder Jahreszeit. Und sie sind ein guter Auftakt für die anderen Routen

und ihre Seen – wenn nur das Blätterdach ringsum nicht so dicht wäre. So blitzt das Wasser nur hier und da blau durchs Geäst. An einem klaren Wintertag müsste das ganze Panorama zu sehen sein. Die Glindower Alpen, sie funktionieren schließlich zu jeder Jahreszeit. Und sie sind ein guter Auftakt für die anderen Routen, die da noch zu entdecken sind.

Insgesamt 40 Touren durch Berlin und Umland hat Ritthaler in »Walking Wild« zusammengetragen. Kürzere Spaziergänge über Hundewiesen sind darunter, etwa durch die Arkenberge in Blankenfelde oder durch den Park am Gleisdreieck. Aber auch Touren

In dem 125 Hektar großen Gebiet, das seit 25 Jahren unter Naturschutz steht, werden gefallene Bäume nicht beräumt, der optische Eindruck, den dieser Wildwuchs vermittelt, ist der eines Dschungels, wie man ihn so in Brandenburg nur selten zu sehen bekommt, vor allem mit einem derart abwechslungsreichen Bodenprofil. Manche der alten Tongruben stehen voll Wasser, heißen »Hexenpuhl« und »Lorenzgrund«. Efeu umrankt die Bäume wie Lianen, immer wieder blickt man in Schluchten hinab, die zwar nicht besonders tief sein mögen, doch unter all den Schattierungen von Grün ist der Grund zuweilen nur zu erahnen.

Auch Hündinnen brauchen Abenteuer, also balanciert Bob über die Brücke.

ins Mühlenbecker Land oder in die Sperenberger Gipsbrüche.

Natürlich bietet sich bei den ferneren Zielen an, auch mal eine Übernachtung einzuplanen, den Ausflug zur kleinen Reise aufzuwerten. Wo das sinnvoll ist, nennt Ritthaler hundefreundliche Quartiere. Schloss Stülpe im Nuthe-Urstromtal ist so ein Ort. »Wir freuen uns, wenn Sie Ihren Hund mitbringen«, heißt es auf der Website. Ob der mit in den Whirlpool darf, den einzelne Apartments bieten, ist zwar unwahrscheinlich. Aber welcher Hund will das schon?

»Walking Wild« ist ein schönes Buch geworden. »Ich bin ein haptischer Mensch«, sagt Livia Ritthaler von sich, Handwerk ist ihr wichtig, der Titel ist im Deckel eingeprägt, gedruckt wurde auf ungestrichenem Naturpapier. Auf die Qualität der Fotos hat sie großen Wert gelegt, viele selbst aufgenommen.

Doch »Walking Wild« beschränkt sich – auch wenn die Startpunkte genannt, auf einer Übersichtskarte lokalisiert und die Adressen der Unterkünfte enthalten sind – in erster Linie auf Anregungen und Einblicke. Routenbeschreibungen sucht man in den kurzen Texten vergebens, seinen Weg muss man vor Ort schon selber finden. Ein kleines Abenteuer eben. Die Hunde sahen denn auch ganz zufrieden aus.

Walking Wild – Berlin mit Hund
von Livia Ritthaler, 216 Seiten
inkl. Berlin- und Brandenburgkarte,
The Gentle Temper Verlag,
24 Euro, walking-wild.de

Am Anfang ist das Feuer

Bei einem Wochenende in der Wildnisschule Uckermark lernt man viel über das Leben in der Natur – und mit anderen Menschen

TEXT & FOTOS **OLIVER GERHARD**

Das Signal schallt durch den Wald: der Ruf einer Krähe. Eigentlich eher ein Krächzen aus Bastis Kehle, aber die Kinder erkennen es sofort: »Es geht los, es geht los!« Doch noch sind nicht alle fertig: René und seine Tochter höhlen gerade einen morschen Baumstamm aus, um an Holzmehl zu gelangen. Jonathan hat trockene Baumrinde gefunden und schichtet Späne darüber. Und Helene stiefelt stolz mit einem Bündel Lärchenzweige ins Lager.

Dann sitzen alle vor ihren präparierten Feuernestern – bereit für das »One-Match-Fire«, die erste Übung von Bastian Luckow, den alle nur Basti nennen. Der Wildnispädagoge mit buntem Look – Irokesenschnitt, Piercings, roter Bart – unterrichtet Feuermachen: »Stellt euch vor, einer von uns fällt ins Wasser und verknackst sich den Fuß. Wir müssen ihn dringend warm kriegen – aber haben jeder nur ein Streichholz übrig«, erklärte er die Aufgabe. Eine Viertelstunde hat Basti René, Jonathan und den Kindern Zeit gegeben, trockenes Brennmaterial zu sammeln. Eine Herausforderung so kurz nach dem Gewitter. Der Boden dampft noch, dicke Tropfen pladdern von den Blättern der hohen Buchen. Jedes Team hat eine andere Technik gewählt: ein Stapel frisch geschnitzter Holzstücke, ein Nest mit Heu, ein Kamin aus Zweigen. Das erste Streichholz flammt auf, ein kurzes Glimmen im Heu, vergebliches Pusten.

»Damit schaffen wir es also nicht«, sagt Basti, nachdem alle Versuche gescheitert sind. »Deshalb lernen wir heute, einen Feuerbogen zu bauen.« Feuer machen wie die Ureinwohner in Amerika oder Namibia, das ist eine der Lektionen in unserer »Waldzeit«, einem Wochenende in der Wildnisschule Uckermark: sechs Kinder zwischen drei und 13 Jahren und sechs Erwachsene, darunter zwei Wildnispädagogen. »Diese Berufsbezeichnung klingt erstmal ungewöhnlich«, sagt Jochen Kölling, der Gründer

»Stellt euch vor, einer von uns fällt ins Wasser. Wir müssen ihn warm kriegen – aber haben jeder nur ein Streichholz«

So muss ein sicherer Zeltplatz aussehen: keine Tiere, keine morschen Bäume.

Geschnitzte Holzstücke, ein Nest mit Heu, ein Kamin aus Zweigen: Feuerseminar mit Bastian Luckow.

der Wildnisschule. »Wenn du im Winter draußen das Feuer nicht in Gang bekommst, dann erfrierst du – das hat gar nichts Pädagogisches. Aber wir machen hier trotzdem kein Survival-Training. Stattdessen geht es darum, draußen gut zu leben und sich mit sich selbst, der Gemeinschaft und der Natur zu verbinden.«

Die Zivilisation haben wir, gefühlt, in weiter Ferne zurückgelassen, als wir drei Stunden zuvor zu Fuß in die Große Heide eingetaucht sind, einen verwilderten Abschnitt des Prenzlauer Stadtforstes. Kein Seminarhaus, kein festes Zeltlager, keine Picknicktische erwarteten uns hier, sondern nur: Wald. Mit einer Feuerstelle, Holzklötzen zum Sitzen, einem Wassertank und einem Plumpsklo hinter Zeltplanen – laut Jochen die Toilette mit dem schönsten Blick in der Uckermark.

Nach der Ankunft ist erst einmal Zeltbau angesagt. »Im Sommer übernachten wir auf einer Kuppe, damit wir es luftig haben – das vertreibt auch die Mücken«, erklärt der 52-Jährige. Doch es gibt noch mehr zu beachten: »Schaut euch vorher den Boden an und auch nach oben – unter morschen Bäumen ist es zu gefährlich. Und ihr wollt ja auch keine Tiere stören.« Die Kinder werden hellhörig: wilde Tiere? »Na klar«, sagt Jochen. »Es gibt Rehe und Waschbären. Manchmal hoppelt ein Hase durchs Lager. Und da hinten wohnen Wildschweine. Wenn ihr einem begegnet, müsst ihr euch ganz groß machen, laut sein und langsam zurückgehen.«

Kein Seminarhaus, kein festes Zeltlager, keine Picknicktische erwarten uns hier. Sondern nur: Wald

Dann entzündet Jochen ein Bündel Salbeiblätter, fächelt sich den Rauch über den Körper und gibt es weiter. »Das ist unser Willkommensritual – der Rauch reinigt uns und signalisiert, dass die Zeit des Ankommens vorbei ist. Für die nächsten zwei Tage sind wir eine Gruppe, die aufeinander achtet.« Inzwischen brodelt und grummelt der Himmel über uns, die ersten Tropfen gehen in einen Gewitterschauer über. Das Donnern und Prasseln wirkt hier draußen viel gewaltiger, viel bedrohlicher als in der Stadt. Schnell ist eine große Plastikplane aufgespannt und alle sitzen gespannt um Basti versammelt, vor sich Holzklötze und Äxte in mehreren Größen, Holzspäne, Rohrkolben und Baumrinde. »Ich möchte euch beibringen, nur mit einer Axt, einem Schnitzmesser und einem Stück Schnur als Handwerkszeug ein Feuer anzuzünden«, sagt der 37-Jährige. Fast so wie in Filmen, wo Männer mit bloßen Händen einen Stock drehen, bis Glut entsteht. Leichter geht es mit einem Feuerbogen. Doch der muss erst gebaut werden – unsere Aufgabe nach dem

Feuer machen – ohne Streichholz und Feuerzeug

1. Zuerst sucht man nach trockenem Brennmaterial.

2. Bastian Luckow ist Experte im Feuermachen.

3. Beim Einsatz des Feuerbogens schauen alle zu.

4. Bastian und René bei der Diskussion über die richtige Technik.

5. Pusten, bis die Luft ausgeht.

6. Klassischer Feuerbau in Tipi-Form.

7. Schrapp, Schrapp. Jochen Kölling bereitet das Abendessen vor.

8. Denn: Ohne Feuer bleibt die Küche kalt!

Scheitern des One-Match-Fires. »Wenn wir heute Abend kein Feuer haben, bleibt die Küche kalt«, sagt Basti und lacht. Vier Teile für den Feuerbogen sind zu bauen: zuerst die Spindel, ein daumendicker, rund 20 Zentimeter langer Holzstift, der aus einem Stück Kiefernstamm geschnitzt wird. Sie wird später zwischen dem Feuerbrett auf dem Boden und einem hölzernen Handstück eingespannt und mit dem Bogen gedreht. Durch die Reibung soll Glut am Feuerbrett entstehen – und die muss dann zum Zundernest getragen werden.

Die Kinder schauen etwas entmutigt angesichts der Arbeit, die vor ihnen liegt, doch dann schwärmen alle aus. Irgendwann steigt das Gefühl auf, dass wir alle an einem Strang ziehen, uns in einem gemeinsamen Energiefluss befinden. Während der Wind ab und zu einen Tropfenschauer aus den Wipfeln schüttelt, ist jeder in seine Arbeit vertieft, ins Sägen, Hacken, Hämmern, Schnitzen.

René dreht und dreht die Spindel, fast geht ihm die Kraft aus, als plötzlich jemand ruft: »Es glüht, es glüht!«

Schließlich legt René los: Spindel einspannen, Fuß aufs Feuerbrett und Drehen, was das Zeug hält. Ein ohrenbetäubendes Quietschen ertönt vom Reiben der Spindel auf dem Brett, die Kinder halten sich die Ohren zu. René dreht und dreht, fast geht ihm die Kraft aus, als plötzlich jemand ruft: »Es glüht, es glüht!« Tatsächlich, ein Glimmen in der Birkenrinde. »Und jetzt zum Nest«, sagt Basti.

Nun kommt der entscheidende Moment: Reicht die Glut, um das Zundernest in Brand zu setzen? »Sie muss mittenrein, dann hast du ein kleines Glutbaby in der Hand, das musst du mit Pusten dazu bringen, dass es sich entzündet.« René hält sein Nest hoch und bläst wild hinein. »Pusten, pusten, pusten!«, feuern ihn alle an. Dann lodert es plötzlich auf und René legt das junge Feuer unter das bereitgelegte Holz – das Abendessen ist gesichert.

Bald schmurgelt in einem großen Kessel ein Bohneneintopf vor sich hin, das Lagerfeuer wirft sein warmes Licht auf die Gesichter der Wildnisschüler, die schon ein bisschen zum Team zusammengewachsen sind. Reihum erzählt jeder die »Geschichte seines Tages«: von der Herausforderung, den Alltag aus den Gedanken zu verscheuchen und vom Glück, zum ersten Mal mit eigenen Händen ein Feuer zu machen.

Während die ersten sich in die Zelte zurückziehen, erzählt Jochen von seinem Weg in die Wildnis: die Kindheit in Bremen, wo er jede freie Minute draußen war; die Ausbildung zum Lehrer und seine Arbeit in einer freien Schule, wo er – wie sein Kollege Basti – mit den Kindern viel Zeit in der Natur verbringt. Schließlich seine Wildnisfortbildung.

»Sie hat mich so geflasht, dass ich seitdem eigentlich nur noch Wildnispädagogik mache«, sagt Jochen. Irgendwann habe sein Ausbilder die Schüler aufgefordert, ihr Wissen weiterzugeben: »Geben und Nehmen müssen im Gleichgewicht sein.« Und so gründete er vor vier Jahren die Wildnisschule Uckermark. Kein Projekt, um Profit zu machen, sondern um Menschen für die Natur zu begeistern – so zahlt jede:r Teilnehmer:in für diese »Waldzeit« den Preis, den er oder sie für angemessen hält.

Doch es geht um mehr: »Wir sind es gewöhnt, ständig etwas für andere zu machen oder Geld zu verdienen. Wie viel Zeit verbringen wir noch bewusst mit uns selbst?«, fragt Jochen in die Runde. »Wenn du dich auf die Natur einlässt, lernst du dich auch selber besser kennen und kannst dich leichter mit anderen verbinden.« Er freut sich daher, wenn mehrere Generationen gemeinsam draußen sind. »Dabei wächst etwas zusammen.«

Schließlich räumen auch die letzten den Platz am Feuer, die Lichter der Stirnlampen flackern durch den Wald, dann kehrt Stille ein. Die erwarteten Geräusche der Nacht bleiben weitgehend aus: ein Käuzchen in der Ferne, ein feines Sirren in der Luft, ein Falter zwischen den Zeltwänden, ein im Schlaf sprechendes Kind – mehr ist nicht zu hören.

Glücklich entzündet. Immer wieder gibt es auch ruhige Momente am wärmenden Lagerfeuer.

Links: Begrüßungsrunde beim Fährtenlesen in der Heidelandschaft. Rechts erklärt Sven Kieckhöfel einer Teilnehmerin Tierspuren.

Beim Frühstücksfeuer am nächsten Morgen sind die Kinder unruhig: Heute steht Spurenlesen auf dem Programm. Bewaffnet mit Maßband und Bestimmungsbuch wartet auf einem einstigen Truppenübungsplatz schon Sven Kieckhöfel, der dritte Kollege im Team. Es geht durch die sandige Heidelandschaft, vorbei an Kiefern und jungen Birken. Bunte Blumen leuchten zwischen den Gräsern, an denen kleine Schnecken kleben.

Die Bedingungen sind perfekt: Im regenfeuchten Sand zeichnet sich ein Gewusel frischer Spuren ab: Krallen, Pfoten, Tatzen, Hufe. »Wie betätigen uns heute als Forensiker und betreiben Spurensicherung«, erklärt Sven und fängt an, Kreise im Sand zu ziehen und Stöckchen neben eine Spur zu stecken. Wer war hier unterwegs? Wo ist er hingetrabt? War es Männchen oder Weibchen?

Im regenfeuchten Sand zeichnen sich Spuren ab: Krallen, Pfoten, Tatzen. Ein Wildschwein? Rehe? Ein Marderhund?

Schnell sind erste Tiere identifiziert: ein Wildschwein, mehrere Rehe, vielleicht sogar ein Marderhund. Bald sind alle in die Arbeit vertieft, sie kriechen, knien, diskutieren, messen aus. »Ich habe eine frische Wildschweinspur«, ruft Raphael von einem Hügel.« Hier war ein Hirsch«, schallt es aus einem Gebüsch. Nur Wolfsspuren wollen sich nicht finden lassen.

»Manche Buschleute folgen Tieren mit geschlossenen Augen, nur mit ihrem Gespür«, sagt Jochen. »Wenn du es gewöhnt bist, in vier Wänden zu

Foto: Märkisches Licht

Abenteuer Vielfalt – Fernweh stillen, Brandenburg genießen.

Brandenburg ist Märkische Kiefer und Sand, Spreewald-Gurke und Beelitzer Spargel und noch so viel mehr: Brandenburg ist Grumsiner Buchenwald und Fläminger Wanderdüne, Flüsse und Seen, Lausitzer Tagebau und Märkische Schweiz, Brandenburg is(s)t Knieperkohl und Teltower Rübchen, Klemmkuchen und Cottbuser Baumkuchen, Feinkost und Hausmannskost.

Wussten Sie, dass Brandenburg das wasserreichste Bundesland ist? Rund 3.000 Seen laden zum Entspannen, Erholen und Spaß haben ein. Die größten Flüsse sind die Elbe, die Oder, die Havel und die Spree.
Wussten Sie, dass Plattdeutsch in den nördlichen Teilen Brandenburgs ursprünglich Alltagssprache war? Noch heute gibt es viele aktive Plattsnacker-Gruppen.
Wussten Sie, dass der dunkelste Ort Deutschlands in Brandenburg liegt?
In Gülpe im Havelland kommen Sternengucker auf ihre Kosten.
Wussten Sie, dass beispielsweise die Thermoskanne, die Reißzwecke und der Pappteller in Brandenburg erfunden wurden?
Sie wussten das alles nicht?
Dann empfehlen wir Ihnen die folgende Lektüre!
Lassen Sie sich inspirieren! Planen Sie schon jetzt Ihre Ausflüge und sogar Ihren Urlaub! Entdecken Sie Brandenburg – entspannt zu Fuß, sportlich mit dem Rad oder dem Boot, kulinarisch im Hofladen und Restaurant! Lektüreempfehlungen für Genießertouren, Tipps für Ausflüge und Veranstaltungen, für Kurzurlaube und längere Auszeiten. Regionale Produkte, der Einkauf im Grünen und der Ausflugsplaner machen Lust auf Mehr.

Kunstwanderweg Hoher Fläming

Stiefel baumeln in einem Behälter aus Plexiglas. Was ist denn hier los? Ach so, Kunst! Wie der Findling aus verschweißten Edelstahlstreben oder die überdimensionalen Kuheuter. 20 Kilometer führt der mit kuriosen Werken gespickte Internationale Kunstwanderweg vom Bahnhof Wiesenburg bis nach Bad Belzig. Durch einen Schlosspark und einen Hänsel-und-Gretel-Wald. Alles hier ist Kunst. Sogar die Natur.

Potsdam-Mittelmark.
Infos unter kunst-land-hoher-flaeming.de/kunstwanderweg

Von Woltersdorf nach Erkner

Vom S-Bahnhof Rangsdorf schlängelt sich eine Straßenbahn zur Woltersdorfer Schleuse. Kurze Stärkung im schönen Biergarten der Liebesquelle, vom Kranichsturm aus bewundert man das Wandergebiet. Immer am Flakensee geht es entlang, mit einem Stopp zum Untertauchen. Feinkörniger Sand, seichtes, klares Wasser. Nach knapp zehn Kilometern steht man vorm Gerhart-Hauptmann-Museum in Erkner.

Oder-Spree.
Bei Woltersdorf ist die Route Teil des 66-Seen-Wanderweges. seenweg.de

»Lesefährte Waldweisen«

Lesen oder wandern? Im Naturpark Dahme-Heideseen lässt sich beides verbinden. Auf dem 20-Kilometer-Rundweg »Lesefährte Waldweisen« stehen 50 Pulte locker verteilt mit Literaturzitaten. »Dort in den Wäldern sind Dinge, über die nachzudenken, man jahrelang im Moos liegen könnte«, schrieb etwa Franz Kafka. Schritt für Schritt kommt man ins Grübeln – und die Dahme fließt ruhig nebenher.

Dahme-Spreewald.
Infos und Karte unter dahme-heideseen-naturpark.de, Stichwort »Lesefährte«

DIE BESTEN 5

Majestätisch am Wasser, auf märkische Gipfel oder von Kunst geleitet: Diese **Wanderungen** sind jeden Kilometer wert

Königlicher Wanderweg Ketzin-Paretz-Ketzin

Eine gut acht Kilometer lange Wanderrunde ist ja ein Klacks. Das Problem: Sie beginnt in Ketzin. Und warum sollte man das verträumte Fischerdorf überhaupt verlassen? Die Bänke an der Havelpromenade sind herrlich bequem! Aufraffen, losgehen, staunen! »Über der Landschaft lag ein Duft, die Wiesen immer frisch«, schrieb Fontane. Darauf wiehern Pferde, Kühe grasen, Hähne krähen. Weite unter blauem Himmel. Das bescheiden anmutende Schloss von Paretz fügt sich ins Bild. Drinnen kostbare Papiertapeten anschauen, am Wegesrand ein Glas Honig kaufen und zurück nach Ketzin wandern. Glücklich wie einst Prinzessin Luise.

Havelland.
Route und gpx-Track unter havelland-tourismus.de/natur

Von Bad Freienwalde zum märkischen Watzmann

Dieser Berg hat es in sich. Mehr als 106 Meter sind es bis zum Gipfelkreuz. Wer das schafft, hat den Watzmann bezwungen. Er heißt wirklich so und wurde wohl im 12. Jahrhundert von bayerischen Landsknechten so getauft, die Ähnlichkeiten zum heimischen Original ausgemacht hatten. Der hiesige Watzmann ist nah. 6,5 Kilometer von Bad Freienwalde, schon steht man oben. Abenteuerlich geht's runter durch eine enge, von hohen Buchen gesäumte Schlucht, und einen Teufelssee gibt es auch. Weitere spannende Entdeckungen warten zuletzt im Haus der Naturpflege. Ein toller Ausflug für Familien.

Märkisch-Oderland. bad-freienwalde.de/watzmann-bergwanderpark

Und zwischendurch? Bleibt Zeit für eine Pause am See.

leben, bist du raus aus diesem Modus. Theoretisch kannst du auch in diese Wahrnehmung reinkommen, aber dafür musst du extrem viel draußen sein.« Ein normaler Europäer könne 15 bis 20 Merkmale an einer Spur erkennen – ein echter Buschläufer ein Vielfaches davon.

Doch dann kommen selbst die Profis ins Schwitzen, messen mit dem Zollstock, ziehen imaginäre Linien durch Abdrücke. »Das ergibt keinen Sinn«, sagt Jochen und versucht mit vollem Körpereinsatz die Position des Tieres nachzustellen. »Zu rundlich für einen Hasen«, meint Basti. »Es sieht katzenmäßig aus, ist aber zu groß dafür«, sagt Sven. »Ein Bär!«, albert jemand. Am Ende einigen sich alle auf einen Dachs.

In der Abschlussrunde, wiederum mit Räucherzeremonie, wundern sich alle, wie schnell die »Waldzeit« verflogen ist. All die Aufregung, aber von Müdigkeit keine Spur. »Das ist normal«, sagt Jochen. »Wenn ich aus dem Wald zurückkomme, sagen alle immer: Du musst doch erschöpft sein. Aber es ist genau anders herum: Ich bin dann echt gut erholt. Draußen sein und Sinnvolles tun – mehr brauche ich nicht im Leben.

TIPPS

Die Wildnisschule Uckermark bietet mehrmals im Jahr eine Waldzeit an, außerdem einen Grundkurs »Kernroutinen der Wildnispädagogik«, Sommerlager, Medicine Walks, Laubhüttenbau und Feuerworkshops. Infos und Anmeldung unter wildnisschule-uckermark.de.

Weitere Wildnisschulen gibt es im Fläming, im Havelland und in der Oder-Spree-Region.

Bücher

- Reiseführer BRANDENBURG & KULINARISCHES BRANDENBURG aus dem Trescher Verlag
- Der Barnim – Märchenplatz der Mark Brandenburg & Das Oderbruch – Liebe auf den zweiten Blick aus dem Findling Verlag
- Milch & Moos aus dem Verlag Terra Press
- BRANDENBURG mit Kindern, BRANDENBURG mit dem Rad & HOFLÄDEN in Brandenburg des be.bra Verlags

Magazine / Broschüren

- Genießertouren
- Brandenburger Ausflugsplaner. Entdeckungsreisen durch die ländlichen Regionen
- Landurlaub Brandenburg. Ferien, Freizeit und Einkaufen beim Bauern
- Einkauf im Grünen. Brandenburger Hofläden

Internetseite

- www.brandenburger-hoflaeden.de

Die Magazine und Broschüren sind kostenlos erhältlich über:

pro agro – Verband zur Förderung des ländlichen Raumes in der Region Brandenburg-Berlin e.V.
Gartenstraße 1-3
14621 Schönwalde-Glien
T: 033230-20770
kontakt@proagro.de
www.proagro.de

natürlich BRANDENBURG pro agro e.V.

Die Bücher erhalten Sie im Buchladen Ihres Vertrauens und natürlich über die Verlage selbst.

Weitere Informationen finden Brandenburgentdecker auf:

- www.brandenburger-landpartie.de
- www.landurlaub-brandenburg.de

- Natürlich Brandenburg – pro agro
- Brandenburger Landpartie

- pro_agro_eV

YouTube

- pro agro e.V.

Gefördert durch

LAND BRANDENBURG
Ministerium für Landwirtschaft, Umwelt und Klimaschutz

EUROPÄISCHE UNION
Europäischer Landwirtschaftsfonds für die Entwicklung des ländlichen Raums

Foto: Peters Landwirtschaft

Für den Geist

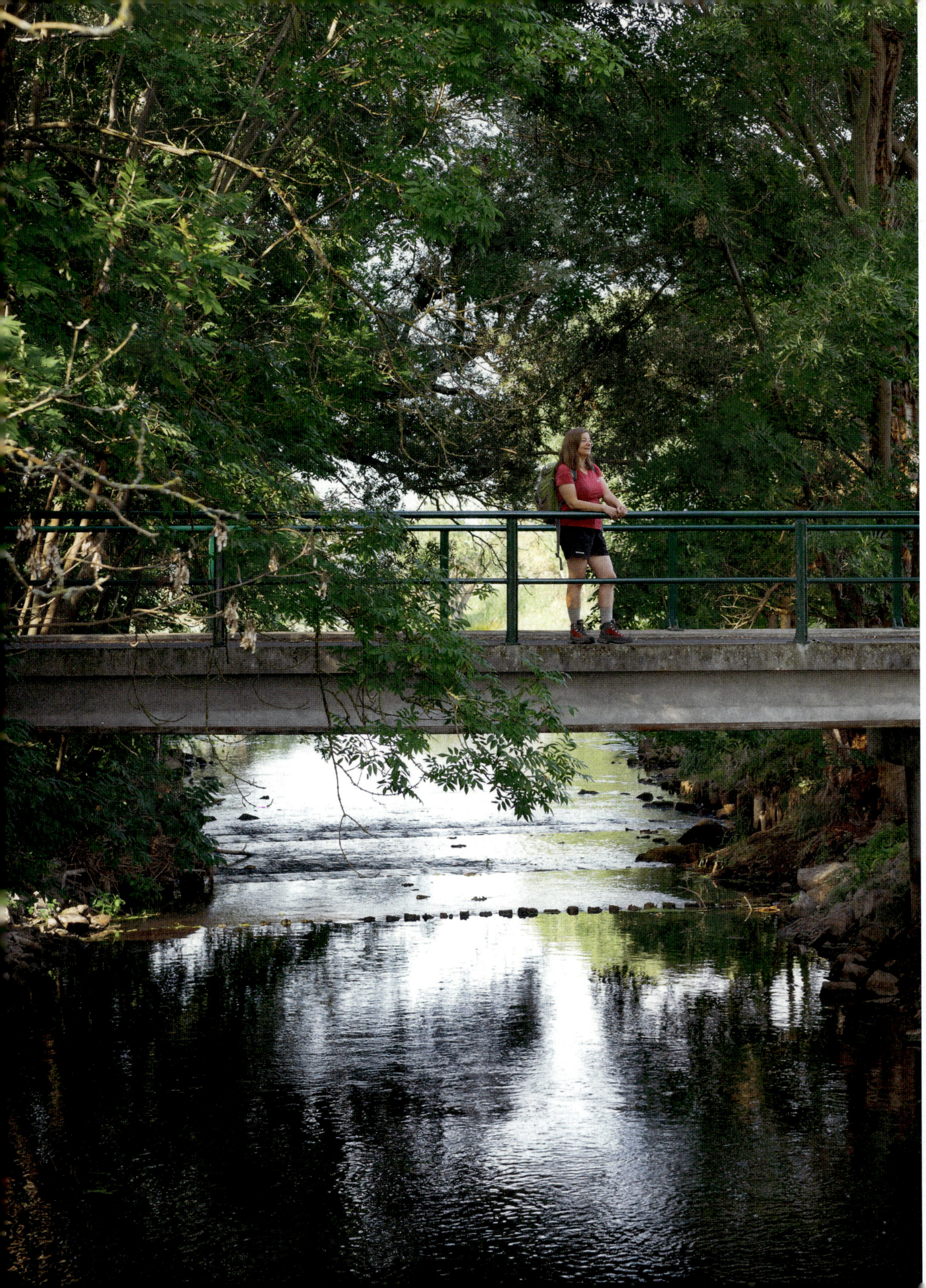

Wie im Bilderbuch senkt sich der Weg zum Rhinkanal, auf der Brücke kann man sich wunderbar in Gedanken verlieren.

Geh mit Gott

Auf dem mittelalterlichen Jakobsweg von Kremmen nach Bad Wilsnack. Unsere Autorin ist fast 90 Kilometer durch Brandenburg gepilgert – als Zaungast im Nirgendwo, auf der Suche nach Glaube und Ruhe

TEXT **CLAUDIA SEIRING** FOTOS **JORDIS A. SCHLÖSSER/OSTKREUZ**

Wegzehrung. Genug Wasser ist wichtig, ein Apfel auch. Dazu die Wanderkarte mit dem Maßstab 1:25.000. Läuft!

Die Idee ist ganz einfach: Ich möchte länger allein sein, mehrere Tage. Und ich möchte mich dabei bewegen. Ich möchte auf mich zurückgeworfen sein. Und möglichst wenig reden. Der Rucksack ist gepackt: Fünf Kilo ohne Wasser. Gespannte Erwartung: Morgen geht's vom Bahnhof Jungfernheide mit dem Zug nach Kremmen.

Mittwoch, 21. August, wolkenlos, 22 Grad
Kremmen-Orion-Charlottenau-Flatow-Tietzow-Kuhhorst
14,9 Kilometer

Vom Bahnhof in Kremmen starte ich über das Kremmener Scheunenviertel gen Westen: Ich laufe an der Landstraße 170 entlang, die Autos stören mich nicht. In Charlottenau biege ich ab, eine Handvoll Häuser, dazu Felder und Wiesen. Idylle. Vogelkonzert und Weite für die Augen. Koppeln mit Pferden. An Staffelde vorbei biege ich ein Richtung Flatow.

Ein alter Mann auf dem Fahrrad ignoriert meinen Gruß und blickt verdrossen. Es ist 14 Uhr und Flatow liegt verschlafen in der Mittagssonne, dann spuckt der Schulbus Kinder aus. Die Bäckerei wirbt mit »Coffee to go« – öffnet aber leider erst wieder um 15 Uhr. Das Tor zur Dorfkirche ist verschlossen, wie schade! Ich hätte mich gerne in eine Kirchenbank gesetzt und geschwiegen. Anruf bei der Pilgerzuständigen: Sie ist zu weit weg, um mir die Kirche zu öffnen. Aber zum Wasser kann sie mich führen! Das gibt's neben dem Pfarrhaus aus dem Hahn in der Wand.

Allein auf weiter Flur – heute. Im Mittelalter war Bad Wilsnack das wichtigste Pilgerziel ganz Nordeuropas.

Über eine von hübschen Häusern gesäumte Straße laufe ich gen Autobahn. Die Brücke über die A24, die Autobahn verstört mich. Meine Schrittgeschwindigkeit gegen 130 Stundenkilometer.

Auf der anderen Seite wartet ein schöner von Bäumen gesäumter Weg Richtung Tietzow. Immer küsst der Himmel die Erde, das ist so im flachen Brandenburg. Froh bin ich, völlig bei mir – und sehe am Ende des schnurgraden Weges – Hunde. Und einen Menschen. Mich stört, dass ich mich damit auseinandersetzen muss.

Tietzow ist sonnendurchflutet, ein schönes Dorf. Ich mache meine erste Sitzpause: Bank am Dorfanger. Handwerker auf einem Dach, aus ihrem Radio singt Nena »Irgendwie, irgendwo, irgendwann«. Ich laufe weiter.

Plötzlich bin ich auf dem Europäischen Fernwanderweg E10 und meine digitale Begleiterin befiehlt: »Geradeaus 5,8 Kilometer«, das klingt ... langweilig. Es ist Nachmittag und der Weg öde und hässlich. Schmutzig wirkt die graue Schotterpiste, als würde ich ins Tagebaugebiet laufen.

Bis Kuhhorst kaum menschliche Spuren. Am Ende des grauen Weges überholt mich ein Traktor. Der junge Typ am Steuer sieht superfreundlich aus und grüßt keck. Diverse Greif- und Krähenvögel habe ich aufgeschreckt – und ein Reh. Dessen Geraschel im Mais klingt wie von einem Wildschwein und mein Herz rutscht in die Hose. Ein traumhaftes Schlussstück erwartet mich: Der Himmel ist blau, die Sonne wirft schon längere Schatten und kurz vor Kuhhorst weiden jede Menge – Kühe.

Kuhhorst ist einladend, im Zentrum der Ökohof als Werkstatt für Menschen mit Behinderung. Ich laufe zum »Dorfkrug«, hinten ist der Sommergarten, die Wirtin begrüßt mich mit einem fröhlichen »Ich hole ihren Zimmerschlüssel.« Sieht man, dass ich die Pilgerin bin? Ihr »Ja« ist entschieden. Klar, der Rucksack. Und vermutlich meine Mischung aus Erleichterung und Erschöpfung: Bin ich froh, jetzt angekommen zu sein! Ein Alster im Sonnenlicht, dazu Hamburger Schnitzel, köstlich. Zwei Zehen schmerzen.

Neben mir sitzt die Dorfgemeinschaft beim Bier. Gesprächsfetzen: Gurken eingeweckt, 18 Gläser Senfgurken dabei, Pflaumen auch, ein Averna für Werner! Du auch? Doch nicht am Mittwoch! Ich muss um fünf raus, Telekom-Ärger, Kugelblitz vor Zeiten, der Sohn an Krebs gestorben, die Beerdigung war groß. Bockwurst, heute kannste se nicht mehr essen, früher, früher, überhaupt früher, Kinder aufs Feld, das hat ihnen nicht geschadet, die hatten keine Kindheit ... Die kennen sich hier alle in- und auswendig. Für mich der perfekte Abschluss des Tages: Zaungast im Nirgendwo. Rechnung, Zimmer 3, kurz nach 22 Uhr Licht aus. Dorfkrug: 30 Euro/ Zimmer mit Frühstück, 13 Euro Abendessen.

Donnerstag, 22. August, wolkenlos, 27 Grad
Kuhhorst-Fehrbellin-Lentzke-Protzen-Garz-Rohrlack-Barsikow
31,5 Kilometer (ab Fehrbellin 20,3 Kilometer)

Frühstück um 7.30 Uhr. Kaffee, Wurst, Käse, Ei, Saft, alles fein. Der Ökohof Kuhhorst gehört zu den Mosaikwerkstätten Berlin. Als ich frühstücke treffen zwei Busse mit handicapped People ein, fast alle essen erst einmal ein paar Brötchen. Wir sitzen gemeinsam im Frühstücksraum, bestimmt 20 Personen. Wer ist hier anders? Und wie? Es ist nicht erkennbar. Der, bei dem ich mich frage, was ihn plagt, entpuppt sich später als der Busfahrer.

Wie komme ich von hier nach Fehrbellin? Die Strecke, die ich mir für diesen Tag vorgenommen hatte, ist zu lang. Das ist mir nach dem ersten Tag klar. Allein ab Fehrbellin sind es noch 20 Kilometer. Gibt es eine Mitfahrgelegenheit?

Im Dorfkrug herrscht Unkenntnis. Die Mutter mit Kind am Nebentisch erzählt von einem Rufbus. Ich laufe zur Haltestelle, dort der Aushang: Rufbus heißt nicht, dass der Bus kommt, wenn ich ihn rufe. Sondern dass er überhaupt kommt. Und zwar so, wie es auf dem Fahrplan steht: 12.29 Uhr. Und das auch nur, wenn man mindestens 90 Minuten vorher anruft. Jetzt ist es 8.30 Uhr – passt.

Noch dreieinhalb geschenkte Stunden in Kuhhorst. Es herrscht entspannte Geschäftigkeit, um 11 Uhr öffnet der Hofladen, ich trinke Rhabarberschorle und esse einen Apfel. Dann zur Haltestelle. Der 757-Bus ist eine Minute früher da. Ich bin bis Fehrbellin der einzige Fahrgast. Nach 15 Minuten Fahrt steige ich am Fehrbelliner Postplatz aus. Wie lange ich dafür wohl zu Fuß gebraucht hätte? Schon jetzt habe ich ein komplett anderes Gefühl für Entfernungen.

Unschlüssig stapfe ich los, Richtung Lentzke, Lentzker Siedlung. Ich mäandere durch die Gassen von Fehrbellin und entdecke die Kirche – die offen ist! Plötzlich ist die Unschlüssigkeit weg. Als würde der spirituelle Ort mir einen Schubs geben, sagen: So ist es gut! Mein erster Pilgerstempel! Beglückt und mit neuer Energie laufe ich jetzt richtig los. Nach Lentzke biege ich rechts ab Richtung Protzen.

Einer der schönsten Wege der Strecke führt mich – autofrei – quer durch die Landschaft. Wie in einem Bilderbuch senkt sich der Weg zum Rhinkanal, ich stehe auf der Brücke und verliere mich in Gedanken. Leichte Anhöhen wechseln mit Niederungen, die Vögel geben ihr schönstes Konzert und in Protzen wird gerade ein Pferd beschlagen.

Auch die Kirche in Protzen ist zu, ich wende mich an Frau Wildt. Sie hat den Schlüssel und zeigt mir den hübschen Taufengel in der Kirche. Jetzt wäre ich gern allein. Um zu schauen und zu spüren. Solange ich will. Allein unterwegs zu sein bedeutet, nur der inneren Stimme zu folgen. Schon nach einem Tag weiß ich, dass ich mir damit ein Geschenk gemacht habe. Unbeobachtet würde ich hier meditieren, vielleicht beten. Eine Kerze für meine Großmutter anzünden. Aber Frau Wildt wartet und ich will ihr nicht die Zeit stehlen.

Vor ihrem Haus, direkt neben der Kirche, bekomme ich einen Pilgerstempel, frisches Wasser und den Rat, mir nicht zu viel vorzunehmen. Bis Barsikow sei es eigentlich zu weit, ich solle mir lieber mehr Zeit für die Dörfer lassen. Also schon wieder der Bus? Ehrgeiz und Realismus ringen miteinander.

Ich entscheide mich für Daumen raus. Und siehe da: Das erste Auto hält an. Die Dame aus Rohrlack lädt mich zum

Unsere Autorin war für diese Recherche sowohl 2019 als auch 2020 auf dem historischen Jakobsweg unterwegs.

In der »Bäckerei Vollkern« in Rohrlack gibt es köstliche Stärkung: frisch gebackene Kuchen und kerniges Brot.

nächsten Frauenflohmarkt ein, ich »überspringe« mit ihren PS den Ort Manker, es sind nur fünf Kilometer, die sie mich mitnimmt, aber es rettet mein heutiges Streckenpensum.

Als sie mich in Garz absetzt, empfiehlt sie mir einen Blick in den Gutspark. Die Kirche ist geschlossen. Ich denke, dass die Wegmarken des Pilgerns, die Gotteshäuser, offen sein müssten, einladend offen. Eintreten wäre wie eine Verbindung einzugehen. Zu dem, was war. Und dabei auch zu spüren, was es heute mit mir macht. Zuzulassen zu glauben. Etwas Größeres anzunehmen.

Obstbäume begleiten meinen Weg. Hinter Garz riecht es, als würde ich durch Marmelade laufen, tausende Spillinge bedecken den Boden. Weiter geht's gen Rohrlack an der Straße entlang. In Rohrlack sind mir die Beine schon schwer. Vorfreude aufs »Vollkern-Café«: Cappuccino und dazu eine köstliche Torte – ich fühle mich wie im Schlaraffenland. Die Pause mache ich draußen an einer grünen Tischdecke mit weißen Punkten. Hinterm Tresen wird meine Wasserflasche gefüllt, um 18 Uhr schließt der Laden. Weiter nach Barsikow, rechts an der Rohrlacker Kirche vorbei Richtung Westen. Tolle Strecke, menschenleer. Krähen sind meine Begleiter.

Gegen 19 Uhr laufe ich in Barsikow ein, an der Kirche treffe ich Herrn Grützmacher, mit dem ich zuvor telefoniert habe. Er überreicht mir einen Beutel. Darin: Vollkornbrot, selbstgemachte Marmeladen, Wurst, Käse, Butter, Banane, Kiwi, Nektarine – Abendbrot und Frühstück zugleich.

Mein Bett im Kirchturm ist schon bezogen, wir verabreden uns für 8 Uhr am Morgen zur Kirchenführung. Ich erhalte den großen und schweren Schlüssel zur Kirche. Herr Grützmacher geht. Ich dusche, und nehme mein Abendbrot auf der Bank vor dem Feldsteinbau.

Später, es ist fast dunkel, schließe ich die schwere Kirchentür von innen ab und fühle mich sehr zuständig. Das ist jetzt meine Kirche. Ein Blick in den Altarraum lässt mich schaudern: Soll ich wirklich hier sein? Im Bett schlägt mein Herz ungewohnt aufgeregt, die Nacht ist unruhig.

In meiner Vorstellung war die Nacht im Kirchturm immer ein Höhepunkt meiner Pilgerreise. Jetzt wälze ich mich hin und her. Ist das eine nächtliche Glaubensprüfung? Als ob ich begreifen soll: So einfach ist es nicht! Barsikow: 12,50 Euro Übernachtung, 5 Euro Abendbrot, 5 Euro Frühstück.

Freitag, 23. August, wolkenlos, 27 Grad
Barsikow-Metzelthin-Wusterhausen-Kyritz-Rehfeld-Berlitt
22,6 Kilometer

Am nächsten Morgen sind alle Schrecken und Zweifel fort. Ich wache früh auf. In meiner Kirche! Der Altarraum ist sonnendurchflutet und ich fühle mich wie erleuchtet. Duschen, Packen, Frühstücken. Herr Grützmacher ist überpünktlich und wir klettern auf den Turm. Er zeigt mir die Pilgerzeichen auf der Glocke. Ursprünglich war die Kirche unbestuhlt. Zogen Räuberhorden durch den Ort, verschanzten sich die Bewohner mit ihrem Vieh in der Kirche, ihrem Schutzraum.

Gegen 8.30 Uhr laufe ich los. Es ist schon heiß. Auf der Dorfstraße am Storchennest links. Dort stehen zwei Männer

Klaus Grützmacher unter der Glocke des Barsikower Kirchturms, hier können Pilger übernachten.

und reden. Der eine – mit Hund und Fahrrad – kommt mir hinterher. »Nicht erschrecken«, sagt er. Und begleitet mich erzählend mit der vierbeinigen Kira die Hälfte der Strecke nach Metzelthin.

Dort überquere ich Gleise, an der Dorfstraße entlang, viel Verkehr, Freitag! Die Kirche ist zauberhaft, offen und kühl. Freude! Hier stimmt gerade alles, ich bin mit mir im Reinen und setze mich auf eine Bank. Es ist, als ob ich mit diesem Ort verschmelze, die Zweifel der vergangenen Nacht sind weggewischt: Ich fühle, dass ich hier richtig bin.

Hinter dem Dorf führen mich die Pilgerzeichen an den Bäumen auf einen wunderschönen Weg gen Wusterhausen. Später weist mir das Dach der Wusterhausener Kirche den Pilgerweg. Irgendwann wird der zur Landstraße.

In Wusterhausen/Dosse spendet die Peter-und-Paul-Kirche riesigen Schatten, es wird geheiratet, die Braut ist laut. Weiter geht es Richtung Untersee. Dort kehre ich im »Casa Nostra« ein. Sitzen! Der Salat mit Rucola, Kalbsleber, Mandeln und Parmesan schmeckt göttlich. Ich möchte ewig bleiben. Mein Handy lädt nahe der Küche auf und der charmante Typ hinterm Tresen lässt Eiswürfel in meine Wasservorräte gleiten. Energiebetankt und fröhlich starte ich an der Südspitze des Sees, der hier Klempowsee heißt. In den nächsten zwei Stunden werde ich immer langsamer, missgelaunter und werfe neidische Blicke auf Datschenbesitzer und Schwimmer in Wochenendlaune. Die ersten fangen an zu grillen – warum mache ich das eigentlich? Es ist schon Nachmittag und ich habe noch jede Menge Kilometer vor mir. Andauernd geht es auf und ab, der Wald am See spendet zwar Schatten, aber die Wurzeln auf dem Weg werden zu Fallstricken.

Mega-Hitze, der Rucksack wird immer schwerer und ich fühle mich von mir selbst getrieben: Die Strecke ist zu lang. Oder vier Tage sind zu kurz. Mist. Mit viel negativer Energie und erschöpft erreiche ich den Parkplatz am Strandbad. Am liebsten würde ich weinen. Glücklicherweise steht dort eine Bank. Was nun? Bis zum Kyritzer Marktplatz sind es drei Kilometer, danach muss ich noch über Rehfeld nach Berlitt. Ich entscheide: Erneut bin ich auf fremde Hilfe angewiesen.

Der Eiskaffee im Café am Marktplatz weckt die Lebensgeister, Taxi-Richter rettet meinen Tag. Bis Rehfeld brauchen wir wenige Minuten, ich genieße jede Sekunde. Wohlgemut laufe ich los, in wundervoller Abendstimmung. Vögel begleiten mich, ich bin wieder allein und bei mir. Ich fühle mich besser hier als in Gegenwart von Menschen. Ihre Freitagabend-Geselligkeit weckt in mir vergleichende Gefühle, die mir nicht guttun. Allein stellt sich sofort ein Wohlgefühl ein: nichts, nur ich.

Ich laufe durch eine Art Auenwald, rechts von mir erstrecken sich saftig grüne, hügelige Flächen, in der Ferne grasen Kühe. Es ist eine zutiefst friedliche Stimmung. An einer Weggabelung entscheide ich mich nach intensivem Kartenstudium für den rechten Abzweig. Es ist der falsche. Nach einer Stunde – ich müsste längst in

Hinter Barsikow weisen Schilder den Weg. Die drei Punkte stehen für die Hostien, die das »Blutwunder« symbolisieren.

Berlitt sein – befinde ich mich immer noch im Nirgendwo. Sehr weit entfernt sehe ich eine Industrieanlage. Ich habe mich verlaufen.

Erschöpft … und angesichts der Uhrzeit – rufe ich meine Pilgereltern in Berlitt an. 15 Minuten später sehe ich aus dem Wald Scheinwerfer auf mich zukommen und winke als wäre ich eine Ertrinkende. Wie albern, mitten in Deutschland verloren zu gehen. Ich bin dem Paar, zu dem ich ins Auto steige, so dankbar und fühle mich im doppelten Sinne geborgen. Nach einer Katzenwäsche in der Pilgerwohnung esse ich die Reste vom Vorrat aus Barsikow, verkrieche mich im Bett und schlafe sofort ein.

Sonnabend, 24. August, wolkenlos, 32 Grad
Berlitt-Klein Leppin-Groß Leppin-Plattenburg-Bad Wilsnack
26,9 Kilometer

Frühstück mit Familienanschluss bei den Schulzes. Vater, Mutter und erwachsene Tochter, wir erzählen fast zwei Stunden. Ein schöner Morgen! Weil auch der Weg nach Bad Wilsnack weit ist, machen sich Schulzens um meine Kräfte Sorgen und bringen mich mit dem Auto nach Klein Leppin.

Manchmal sind Häuser am Wegesrand abweisend, ich bin froh, wenn ich wieder an einem blumenübersäten Flecken gehegter Erde vorbeilaufe. Die Kirche von Groß Leppin hat – obwohl verschlossen – einen begehbaren Eingangsbereich und zum Altarraum eine Gittertür. Den Pilgerstempel gibt es auch! An Pferdekoppeln vorbei, das Flüsschen Karthane an meiner Seite, laufe ich zwischen Feldern und Wiesen und später durch den Wald zur Plattenburg.

Gegen Mittag erreiche ich die Burg, auf der ein Fest stattfindet. Menschen und Menschen und Menschen. Wie ein Fremdkörper laufe ich an Buden vorbei und suche den Andachtsraum in der Burg. Dort gibt es den Pilgerstempel. Ich verlasse den quirligen Burghof und mache mich auf meine letzte Etappe.

Bad Wilsnack erreiche ich durch sonnendurchfluteten Mischwald. Welche Angst hatte ich anfangs vor den großen Wäldern! Jetzt, an diesem herrlichen Augusttag, laufe ich ohne ein Gefühl des Schauderns allein durch den Wald. Es fehlt nur noch, dass ich vor mich hin pfeife! Bad Wilsnack, einst begehrtes Pilgerziel und Zentrum der Wallfahrt, erreiche ich unspektakulär, irgendwie von der Seite. Bevor ich die wuchtige Blutskirche betrete, laufe ich durch menschenleere erhitzte Straßen. Ich weiß, gleich ist meine Einsamkeit vorbei. Auf dem Platz vor der Kirche findet heute das Pilgerfest statt, mit Theaterspiel, selbstgebackenem Kuchen und vielen Ständen.

Ich hole mir den Schlüssel für meine Unterkunft in der Kirche. Gegenüber hat die Diakonie einen Raum, in dem ich übernachten werde. Bei der Schlüsselübergabe fragt mich die Dame: »Sind Sie Pilgerin?« »Ja«, sage ich und freue mich an meiner Antwort. »Dann müssen wir die Pilgerglocke läuten«. Die ist in der ganzen Stadt zu hören und kündet von meiner Ankunft.

Ich bin froh, es geschafft zu haben. Besonders darüber, dass das Alleinsein das Beste an meinem Trip war. Dass die Angst sich kaum hat blicken lassen. Klar, ich war Luxus-Pilgerin – die gebuchten Unterkünfte und die Pateneltern gaben

Raum der Stille. In der Wunderblutkapelle befindet sich der Schrein aus der Mitte des 15. Jahrhunderts.

Ankunft im Abendlicht. Alles über den Jakobsweg nach Bad Wilsnack: brandenburger-jakobswege.de.

mir Sicherheit. Trotzdem: stundenlang allein durch den Wald zu laufen konnte ich mir vorher kaum vorstellen.

Das Gottesgeschenk meines Trips ist klar: die Natur. Heiße Tage im schönen Brandenburg, Weite ohne Ende, Blicke über den eigenen Horizont, schnurgrade Gräben, Flüsschen, deren Geplätscher spielerisch klingt, Vogelgezwitscher, Hundegebell und Weiden mit Kühen, die aussehen als wären sie aus dem Himmel gewürfelt. Das hat mich glücklich gemacht, asketisch und lebenslustig zugleich. Am liebsten würde ich morgen weiterlaufen.

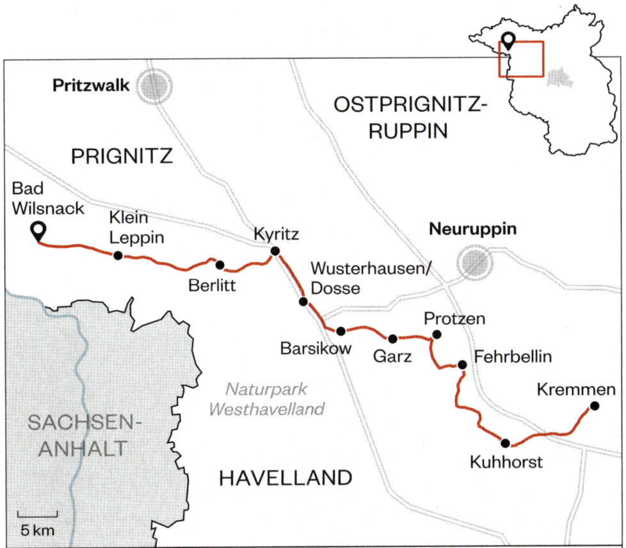

TIPPS

Erpilgerte Erkenntnisse

* Morgens und abends läuft es sich besser – morgens wegen der frischen Kraft, abends wegen der Freude über das Geschaffte
* Bleibe ich stehen, gibt es kein Geräusch mehr
* Ich bin aus der Welt. Wie in einem Paralleluniversum, in dem ich sein kann, wie ich bin
* Alles ist sinnlich. Der Wind, der mir in den Nacken weht. Die Luft, die Gerüche in meine Nase trägt.
* Pilgern ist eine Möglichkeit, zu mir zu kommen
* Das Outback liegt vor der Tür

Essen, trinken etc.

* Nur Wasser in die Flasche, alles andere nervt, wenn's kleckert … und klebt
* Immer Wasser auffüllen, es ist das Ein und Alles
* Rettende Riegel (ohne Schokolade!) liefern sofort Energie
* Ein Apfel kann Wunder wirken
* Immer auf die Toilette gehen, wenn eine in der Nähe ist

Literatur

* Zur Vorbereitung:
Susanne Laser: »Kein Hawaii – Pilgern durch das Havelland«, 2017, Verlag für Berlin-Brandenburg, 30 Euro

* Als Reisebegleitung:
Rainer und Cornelia Oefelein: »Mittelalterlicher Jakobsweg Berlin-Wilsnack-Tangermünde«, 2020, Conrad Stein Verlag, 10,90 Euro

Lichtringe. In seiner Skulptur »M-Sphären (Seyfert 2)« greift Björn Dahlem das Motiv von Umlaufbahnen im Inneren kosmischer Galaxien auf.

Zu Hause bei Geistern

»Alles wird gut« steht in Neonschrift über dem See. In der Nähe von Berlin hat inmitten von grüner Landschaft ein Skulpturenpark eröffnet: Schloss Schwante ist das perfekte Ausflugsziel für kunstaffine Berliner – und Kinder

TEXT **BIRGIT RIEGER** FOTOS **AXEL VÖLCKER**

Gut möglich, dass in diesen Wiesen schon immer freundliche Geister wohnten. Das Dorf Schwante soll einmal eine Kultstätte gewesen sein. Der Name kommt vom wendischen Wort »Swetu«, was »heilig« bedeutet. Etwa 25 Kilometer nordwestlich von Berlin liegt inmitten von Havelländer Dörfern das Schlossgut Schwante im Ortsteil Oberkrämer. Eine von Bäumen gesäumte Straße führt zum Tor des Schlosses. Das dreiflügelige Gebäude mit seiner schlichten, hellen Fassade taucht erst etliche Meter weiter auf und liegt im Zentrum des Schlossparks. Generationen von Schwantenern sind es gewohnt, von hier aus weiter zum Mühlensee und zum Weinberg zu spazieren.

Das Anwesen hat das Kunsthändlerpaar Loretta Würtenberger und Daniel Tümpel 2019 gekauft. Man kann fast sagen – spontan. Eigentlich waren die beiden in ihrem Zuhause in Sacrow ganz zufrieden. Dann zeigte ihnen der Vorbesitzer, der Berliner Gastronom Christian Schulz, das Anwesen. Ab da war bei den beiden die Liebe zu Gutshaus, Park und Froschteich entflammt. »Wir hatten ein paar schaflose Nächte«, erinnert sich Würtenberger. Wie sollten sie das große Anwesen mitten im Dorf so nutzen, dass es auch den Schwantenern gefiel? Bald war die Idee geboren, aus dem Garten einen Skulpturenpark zu machen.

An einem strahlend blauen Sommertag laufen Besucher über den grünen, frisch geschnittenen Rasen, bleiben hie und da vor einer Skulptur stehen und sprechen leise miteinander. Auf der Streuobstwiese grasen Ponys zwischen alten Apfelbäumen, Pfauen stolzieren übers Gras. Kinder rennen übers Gelände. Manche spielen mit den drei am Boden verankerten Quadraten aus glänzendem Stahl, die nach jedem Klaps sanft schaukeln wie Blätter im Wind. Die kinetische Skulptur stammt von dem verstorbenen amerikanischen Bildhauer George Rickey, dessen bewegliche Großplastiken in Berlin gut vertreten sind, da der Künstler über Jahrzehnte hinweg Studios in der Stadt unterhielt. Das stählerne Mobile ist eines von 23 Kunstwerken, das seit vergangenem Sommer in dem rund 20 Hektar großen Park aufgestellt ist.

Die Werke hier stammen von international bekannten, renommierten Künstlern und Künstlerinnen, wie dem chinesischen Weltstar Ai Weiwei, dem Bildhauer Dan Graham oder dem britischen Minimalisten Martin Creed. Dazu kommen Arbeiten von angesagten Berlinern wie Gregor Hildebrandt, der Kunst mit alten Kassettenbändern und Vinylplatten macht, der Bildhauerin Katja Strunz oder des Biennalen- und Documenta-Teilnehmers Carsten Nicolai, der auch als Musiker bekannt

Profil-Spiel. Die Spiegelsäule »Elliptical Column« von Tony Cragg.

Oben: Metallquadrate von George Rickey. Nach jedem Klaps schaukeln sie sanft wie Blätter im Wind. Unten: das Backsteinhaus mit dem Laden und Restaurant und ein junger Besucher auf dem Doppel-Gokart.

Ist das Kunst oder müsste das mal sauber gemacht werden? Bei Maria Lobodas Skulptur ist selbst der Vogelschiss Inszenierung.

ist und sich in seinem bildnerischen Werk stark mit Natur und Wissenschaft auseinandersetzt.

Wer will, kann eine Führung durch den Skulpturenpark buchen. An diesem Tag hat der Kunstkritiker Markus Boxler das Kommando. Die Teilnehmerinnen sammeln sich auf der Wiese am Restaurant, und Boxler will erst einmal wissen, wo seine Gäste herkommen. Berlin, Hamburg, Schwante, ruft es aus der Gruppe. Über die Schwantener ist Boxler immer besonders froh, denn wenn es um das Gutshaus und seine Geschichte geht, kennen die Anwohner sich am besten aus. Bis 1945 gehörte das Schloss drei verschiedenen Familien. Später wurde das Gebäude als Kindergarten, als Krankenhaus, als Sitz des Bürgermeisters und der LPG genutzt. Fast jeder Schwantener und jede Schwantenerin hatte irgendwann einmal hier zu tun. Kurz war es an den Generalkonsul von Grenada verkauft. Zuletzt veranstaltete das Berliner Hexenkessel Hoftheater regelmäßig Theater- und Dinnerabende im großen Saal des Gutshauses, bevor Loretta Würtenberger und Daniel Tümpel übernahmen. Die beiden beraten, finanzieren Kunstankäufe und verwalten die Nachlässe berühmter Künstler, wie die von Hans Arp und Sophie Täuber-Arp, denen man hier auf Umwegen begegnen kann.

Kunst-Guide Boxler, mit forschem Schritt, manchmal rückwärts laufend, dirigiert seine Gäste in eine abgelegene Ecke des Geländes zu einer feuchten Senke, die von Laubbäumen umstanden ist. Am Rande dieses Tümpels, der mal mehr, mal weniger Wasser führt und aus dem abgestorbene Äste ragen, steht eine bronzefarbene Skulptur auf einem Sockel. An was sie erinnert, will der Kunstexperte wissen. Ein paar Namen werden gerufen. »Henry Moore«, sagt eine Dame. Boxler nickt: Alles richtig, aber: Die Berliner Künstlerin Maria Loboda hat das rostbraune Objekt einer abstrakten, biomorphen Skulptur von Hans Arp nachempfunden. Man erkennt es an den gerundeten, glatten Formen. Lobodas Replik steht schief in dem Teich, auf der bronzefarbenen Oberfläche hat sich Vogelschiss angesammelt. So sieht es zumindest aus. Maria Loboda spielt hier mit falschen Fakten. Die scheinbar ungepflegte, verwitterte Skulptur ist eine Referenz an englische Landschaftsinszenierungen des 19. Jahrhunderts, bei denen neue Ruinen als romantische Gestaltungselemente dienten.

Später, im Garten des Restaurants, erzählt Loretta Würtenberger, dass sie sich schon lange für englische Land-

Familienbetrieb. Schlossherr Daniel Tümpel mit seiner Tochter Philomene.

Beruhigende Botschaft. Die Neon-Leuchtschrift »Everything is going to be alright« von Martin Creed am Froschteich.

schaftsgärten begeistert. Einer der Gründe, warum ihr das Schwantener Anwesen sofort gefiel. Der Park, nach englischem Vorbild gestaltet, ist von 30 Meter hohen Pappeln gesäumt, die das ganze Gelände umschließen. »Man fühlt sich geschützt wie in einem Vogelnest«, sagt Würtenberger. Gleichzeitig gibt es, zusätzlich zu einem grünen Ring in der Mitte, immer wieder große und kleine Plätze, Teiche und versteckte Ecken, die dem Gelände eine gewisse Janusköpfigkeit verleihen. »Man kann sich hier verlieren und immer wieder Neues entdecken«, sagt Würtenberger. Die Skulpturen, die mit Bedacht so aufgestellt sind, dass sie sich ganz selbstverständlich in die Umgebung einfügen, tragen dazu bei.

»Der Garten war nach der Wende lange sich selbst überlassen, zu DDR-Zeiten wurde ein Teil davon als Sportplatz genutzt, ein anderer als Gemüseanbaufläche, der Boden war wellig. Wir mussten ihn erst ebnen«, sagt Würtenberger. Immer mittwochs und donnerstags sind nun Gartentage. Das heißt: Kunst saubermachen, Rasen mähen, Mülleimer leeren, Hängematten ausschütteln.

Seit etwa einem halben Jahr lebt die Familie im Gutshaus, das aufwendig saniert wurde. Auch die vier Kinder fühlen sich wohl und packen mit an. An den Wochenenden ist neben dem Skulpturenpark auch das Restaurant mit Biergarten und Hofladen geöffnet. Das Restaurant ist im Backsteinhaus untergebracht, serviert wird einfache Küche mit frischen Produkten aus der Region. Die Äpfel für den Kuchen kommen aus dem eigenen Garten, der gegrillte Ziegenkäse im Sandwich stammt vom benachbarten Karolinenhof. Die Bratwurst vom Schwantener Wasserbüffel wird mit eingelegter Gurke, hausgemachtem Kartoffelsalat und Sauerteigbrot serviert.

Gregor Hildebrandt stellte eine Säule aus bronzenen Schallplatten vor das Schloss.

Auch für Kinder ist der Garten ein Paradies. Hinterm Restaurant sind Tischtennisplatten, Schaukeln und ein Federballnetz aufbaut, wer will, kann auf der Streuobstwiese Äpfel sammeln und in roten Stoffbeuteln nach Hause tragen. Und wenn die Hausherrin samt Familie, die Schwantener und die Ausflügler im Garten sitzen, auf der einen Seite der See, auf der anderen der Park, fühlt es sich an, als wären alle hier zu Hause.

TIPPS

Schlossgut Schwante
Schlossplatz 1-3, 16727 Oberkrämer, Tel. (033055) 20 24 60. 30. April bis 30. Oktober 2021, Fr-So 11-19 Uhr. Samstagabends im Garten des Restaurants gibt es Tanz, Filme und Konzerte. Sa 14 Uhr jeweils eine öffentliche Führung durch den Skulpturenpark. Eintritt: 10 Euro. schlossgut-schwante.de

GENIESSEN

Karolinenhof
Auf dem Karolinenhof wird Gourmet-Ziegenkäse aus Rohmilch hergestellt. Vom Ziegenmilchkaffee bis zum Ziegenkäse auf Vollkornbrot stammen alle Milchprodukte von der eigenen Ziegenherde. Süßer Zicklein-Nachwuchs kann im Frühjahr beschmust werden, auch Schaumelken ist im Angebot. Falls die Hofführungen coronabedingt entfallen, kann man die Tiere auch durch das große Stalltor anschauen. Das Wiesencafé und der Hofladen sind bis 14. November geöffnet. Kaffee und Kuchen auch außer Haus. Fr 11-18 Uhr, Sa/So 10-18 Uhr. Karolinenhof 1, 16766 Kremmen, guter-ziegenkaese.de

Spargelhof Kremmen
Der Hof liegt inmitten der idyllischem Landschaft des »Rhinluchs«, einst ein mooriger Landstrich, der heute von Wiesen und Weiden geprägt ist. Ein Paradies für Feinschmecker und alle, die es erntefrisch mögen. Restaurant und Hofladen kann man von Anfang April bis Ende Dezember besuchen. Die Saison beginnt im April mit Spargel, bietet ab Juli Heidelbeeren aus eigenem Anbau, Kürbisse im Herbst und im Winter kommen knusprige Kremmener Freilandgänse und -enten auf den Tisch. Im Hofladen gibt es Kartoffeln, Eier, frisches Obst und Gemüse, Marmeladen, Honig, Weine, Spirituosen, Wurst und Kräuter. Wenn das Restaurant coronabedingt geschlossen ist, bieten die Köche auch Menüs für daheim an. Hofladen: Mi-So 8-18 Uhr, Sa bis 20 Uhr. Groß-Ziethener Weg 2, 16766 Kremmen, spargelhof-kremmen.de

ERLEBEN

Landeplatz für Kraniche und Störche
Das an den kleinen Ort Linum angrenzende Teichland ist eines der größten Rastgebiete für Wildvögel in Mitteleuropa. Im Frühjahr und im Herbst rasten in den Teichgebieten um Linum tausende Kraniche. Das Naturschutzzentrum »Storchenschmiede« in Linum bietet Führungen zum abendlichen Kranicheinflug und für Frühaufsteher auch morgens, wenn die Vögel ausfliegen, an. Auch Störche rasten hier und viele brüten auch in der Gegend. Die Störche treffen von März bis Mai in Linum ein und ziehen in der zweiten Augusthälfte wieder in den Süden. berlin.nabu.de

ÜBERNACHTEN

Forsthaus am Schloss Sommerswalde
Romantisches Ausflugslokal mit Restaurant, Veranstaltungsscheune, Stockschießbahn, Fahrradverleih und Ferienwohnungen. Sommerswalde 4-5, 16727 Oberkrämer, Tel. (033055) 21 55 98, forsthaus-sommerswalde.de

Alte Lebkuchenfabrik
Neu eröffnete Pension mit Café in der Altstadt von Kremmen mit sechs gemütlichen Zimmern. Alte Lebkuchenfabrik, Berliner Straße 4, 16766 Kremmen, Tel. (0152) 57 46 90 64, lebkuchenfabrik.com

Schloss Ziethen
Hotel mit 44 Zimmern in einem schicken 700 Jahre alten Herrenhaus sowie im daneben liegenden Kornspeicher. Dazu gibt es einen weitläufigen Park und das Restaurant »Orangerie«. Alte Dorfstraße 33, 16766 Kremmen OT Groß Ziethen. schlossziethen.de

Machtbau, Prachtbau. Im einstigen »Haus der Parteien und Massenorganisationen« am Zentralen Platz 1 sitzt heute das Rathaus.

GANZ SCHÖN VERPLANT

Eisenhüttenstadt war einst der ganze Stolz der DDR: großzügige Wohnungen, weite Boulevards, Wandkacheln aus Meißner Porzellan. Nach düsteren Jahren erstrahlt die Stadt nun wieder. Ein Besuch zum 70. Geburtstag von »Hütte«

TEXT **ULF LIPPITZ** FOTOS **THOMAS MEYER**

Das Friedrich-Wolf-Theater mit seinen 800 Sitzplätzen wurde lange vor den meisten Wohnungen fertiggestellt.

Eisenhüttenstadt
in Oder-Spree

Am Anfang der neuen Zeitordnung standen zwölf Kästen Bier. Die junge DDR wollte 1951 einen Industriestandort in die brandenburgische Kiefernheide drücken und Bauminister Lothar Bolz sollte dafür symbolisch den ersten Nadelbaum fällen. Jeder Hieb – so versprach es der Genosse – sollte ihn einen Kasten kosten. Man weiß nicht, ob die Arbeiter ein besonders widerspenstiges Exemplar aussuchten, doch zwölf Axtschläge brauchte der Minister. Das Land guckte nach vorn – Stahlwerk, Planstadt, Moderne! – die Männer tranken ihr Bier.

So erzählt es Eberhard Harz, Stadtführer in Eisenhüttenstadt, 70 Jahre später. Er steht auf der Magistrale des Ortes, der Lindenallee, und zeigt auf den Turm des Stahlwerks hinter ihm. Wo er in den Himmel ragt, streckte sich damals der Baum zum Licht. Ein ganzes Kombinat wurde drumherum errichtet, eine Stadt gedieh, zu Spitzenzeiten in den späten 1980er Jahren zählte sie 53.000 Einwohner. Nun feiert sie beinahe heimlich ihr 70-jähriges Bestsehen. Nur noch 27.000 Menschen leben hier, nah der polnischen Grenze und fernab der einstigen Aufmerksamkeit.

Mit der DDR schwand die Öffentlichkeit, die Region taumelte durch die Nachwendezeit, Familien verließen den abgehängten Ort, ganze Neubaublöcke standen leer – und die Abrissbirne machte mancher Platte ein schnelles Ende. Vor zehn Jahren noch verirrte sich kaum ein Besucher nach »Schrottgorod«, wie die nach der Wende abgehalfterte Stadt manchmal betitelt wurde. Doch inzwischen ist das Zentrum aus den 1950er und 1960er Jahren restauriert, die zeitliche Distanz zum Kommunismus groß genug geworden. Und spärlich, aber kontinuierlich tröpfeln Touristen in die Stadt. Sie bewundern Deutschlands größtes Flächendenkmal – das architektonische Aushängeschild eines verschwundenen Landes.

Vor zehn Jahren noch verirrte sich kaum ein Besucher nach »Schrottgorod«

Eberhard Harz, der Stadtführer, ist selbst nur ein bisschen älter als das Werk, hat Elektronik studiert und früher in der Gebäudewirtschaft gearbeitet, die viele

Auch im Kleinen ist stellenweise noch DDR-Atmosphäre zu entdecken.

Sozialistisches Wandmosaik von Walter Womacka an der Magistrale.

Arbeiterpalast. Erker im Wohnkomplex WK II in der Saarlouiser Straße.

der damals gebauten Wohnungen verwaltete und instand hielt. Ein Mann, der leidenschaftlich von Heizungskesseln, Außentemperaturmessern und Häuserputz erzählen kann. Herr Harz kennt die Hardware von Eisenhüttenstadt wie kein anderer.

Auf der Lindenallee, breite Gehwege, wenige Fußgänger, beginnt er von der Geschichte zu erzählen. Von dem zehngeschossigen Hochhaus, das hinter ihm steht und noch per Hand gemauert wurde – »ein Stein, ein Kalk, ein Bier«, altes Bauarbeitermotto. Herr Harz lacht. Er weist auf das sandfarbene Friedrich-Wolf-Theater mit seinen Säulen hin, »800 Sitzplätze, raumhohe Holztäfelung«, das lange vor den meisten Wohnungen fertig gestellt wurde.

Eine Vision für die moderne Stadt

Geplant war dieser Ort als sozialistische Modellstadt: Die junge DDR brauchte ein Stahlwerk, vom Ruhrgebiet im Westen und seinen Hochöfen war der Staat nun durch eine Systemgrenze getrennt, von der oberschlesischen Stahlindustrie durch die Grenze zu Polen. Also wurde dank guter Anbindung an Oder und Schiene dieser Flecken ausgesucht, das Eisenhüttenkombinat mitsamt Wohnkomplexen erdacht, eine Vision für die moderne Stadt entwickelt, mit Krankenhäusern, Schulen, Kaufhallen – und viel Platz für Grünflächen. In die Innenhöfe der hiesigen Blöcke passen anderswo ganze Zoos.

»Platzverschwendung«, fanden Schweizer Architekten, als Herr Harz eine Gruppe von ihnen durch die Anlage führte. Er lächelt. Denn er hat eine Trumpfkarte in der Hand: Da der gesamte Bereich denkmalgeschützt ist, kann es nie zu beleidigender kapitalistischer Funktionsarchitektur kommen, zu keiner Hallenverschlimmerung von Discountern. Auch schön, sagt Herr Harz.

»Stalinstadt«, das klang nach Kaltem Krieg, Rote-Fahnen-Beflaggung – und nach Straflager

Mit dem Stadtnamen, erzählt er nun und geht an der prachtvollen Pawlowallee entlang – »wir befinden uns etwa 1955« –, taten sich die Planer schwer. Drei Jahre nach dem Spatenstich sollte der Ort zuerst Karl-Marx-Stadt getauft werden. Dann verstarb plötzlich Stalin und der DDR-Staatsratsvorsitzende Walter Ulbricht kam auf die Idee, dem Denkmalliebhaber Stalin selbst ein solches zu setzen. »Stalinstadt« musste sich der Ort acht Jahre lang nennen, dann klang der Name selbst Hardliner Ulbricht zu diktatorisch. Im Zuge der Entstalinisierung wurde die Planstadt mit den angrenzenden Nachbarorten Fürstenberg (Oder) und Schönfließ vereinigt. Ab sofort stand also Eisenhüttenstadt am Ortsschild – bis heute. Ein sperriges Wortungetüm, das viel über die DDR-Vorliebe für zusammengeschraubte Substantive – Wandzeitungsredakteur, Kartoffelvollerntemaschinenmechaniker – und die Träume der Zeit erzählte: Maschinenromantik aus Staatsfeder.

Trotz Umbenennung blieb der Ort, an dem der Stahl gehärtet wurde, lange mit dem Sowjetdiktator verbunden. Stalinstadt klang schmissiger, nach Kaltem Krieg, permanenter Rote-Fahnen-Beflaggung – und ein bisschen nach Straflager. Alles natürlich kompletter Quatsch, doch der Mythos überlebte. Und ein bisschen beflügelt die Legende der aus dem Nichts aufgebauten Planstadt einer untergegangenen Zeit auch das Interesse der Besucher.

2011 zum Beispiel kam Tom Hanks, das bekannteste Durchschnittsgesicht Hollywoods, während einer Drehpause nach Eisenhüttenstadt, bewunderte die Architektur und schwärmte davon später in der Letterman-Show. »Iron Hut City«, nannte Hanks diesen für Amerikaner so mysteriösen Ort. Auch die Pet Shop Boys besuchten danach »Hütte«, wie die Einwohner den Stadtnamen manchmal abkürzen, und fanden die Stadt angemessen faszinierend. Mehrere Filme wurden in den vergangenen Jahren in Eisenhüttenstadt gedreht, momentan, sagt Herr Harz, produziert Netflix eine Serie vor Ort – es geht natürlich um die DDR.

Eberhard Harz hat damals auch Tom Hanks durch die Stadt geführt, ein Dolmetscher übersetzte. Hanks fragte bei Herrn Harz öfter einmal nach, ob die großzügig angelegten Wohnanlagen, die sorgsam verzierten Häuser auch wirklich für Arbeiter gebaut worden waren. I mean, die Rendite! Kann man heutzutage schwer vermitteln, dass kommunaler Wohnungsbau mal so etwas bedeutete.

In den 50er Jahren dachten die Architekten noch groß: Wandkacheln aus Meißner Porzellan, roter Sandstein aus der Dresdner Ecke, Propagandakunst auf Häuserwänden. Schmuckelemente zieren die meist viergeschossigen Wohnriegel, Kringel, Blumen, Kreise, sozialistisches Art déco. Im sogenannten Arztblock im WK I, wie die Einwohner den Wohnkomplex abkürzen, lebten die Mediziner auf Eichenparkett und mit Vestibül. Dort empfingen sie ihre Patienten, eine Klinik gab es anfangs noch nicht.

Ein romantisches Schlösschen

Herr Harz kommt nun an seinem Lieblingsgebäude vorbei. WK I, Rosa-Luxemburg-Straße, hinter einem Zaum versteckt sich eine Auffahrt mit Säulenaufgang zu beiden Seiten, dahinter ein filigraner Brunnen unter mächtigen Kiefern – und am Ende wartet eine Art romantisches Schlösschen. Bauwerkexperte Harz bittet darum, die Details zu würdigen: »Eindeckung mit Schiefer – teure Lösung.« Das war kein Privatclub für die Nomenklatura, sondern der Kindergarten des zuständigen Wohnkomplexes. Heute befindet sich im Baudenkmal eine Schule.

Doch auch der DDR wurde die Großzügigkeit in den 1960er Jahren zu viel und wohl auch zu teuer.

In diesem Pavillon residierte einst der »Autosalon« von Eisenhüttenstadt. Im Schaufenster standen ein Wartburg und ein Trabi.

Am Zentralen Platz sollte ursprünglich ein ganzes Ensemble an Repräsentationspalästen stehen – lediglich das Rathaus wurde vollendet. Hatte man in WK I und WK II noch Wert auf Kassettendecken in den Autodurchfahrten und elegante runde Erker gelegt, begann mit der Planung für WK III die Ära der Fertigteile. Die Arbeiter zogen die Komplexe schneller und schmuckloser hoch, bis die Neubauten schließlich den Plattenbezirken im schmuckarmen Rest der Republik ähnelten. Wie ein hässlicher werdender Ring zogen sie sich um das Zentrum, heute sieht man diese Gebäude noch, wenn man vom Bahnhof kommt. Ein leerstehender achtgeschossiger Büroriegel wacht an einer mehrspurigen Straße, ganz oben hat jemand »Lang lebe Hansa« mit weißer Farbe geschrieben.

Diesen Bürobau lassen die meisten Touristen links liegen, lernen vielleicht nicht einmal, dass es auf der anderen Bahnhofsseite einen historischen Ortsteil gibt: Fürstenberg. Nach 1990 versuchte eine Initiative, sich vom vereinnahmenden Eisenhüttenstadt abzukoppeln, ohne Erfolg. Noch heute, sagt Eberhard Harz, fahren die Menschen aus Fürstenberg genauso selten ins Zentrum wie andersrum. Zu welchen Gelegenheiten? »Wenn es sich nicht vermeiden lässt.« Die alten Fürstenberger, sagt er, seien manchmal »wie ein zänkisches Bergvolk«.

TIPPS

Eintauchen und verstehen
Kein Besuch in Eisenhüttenstadt ohne Besuch im »Dokumentationszentrum Alltagskultur der DDR« (Erich-Weinert-Allee 3). Mehr auf Seite 174.

Vorbereiten und nachlesen
Bei DOM Publishers ist gerade der »Architekturführer Eisenhüttenstadt« von Martin Maleschka erschienen (224 Seiten, 320 Abbildungen, 28 €).

Vielleicht spielte auch der historisch gewachsene Neid seine Rolle. In den Kaufhallen von Eisenhüttenstadt gab es zu DDR-Zeiten oftmals Produkte, die anderswo schwer zu bekommen waren. Die linientreuen Stahlarbeiter, die auch 1953 beim Arbeiteraufstand nicht mitmachten, während die Fürstenberger ihr altes Rathaus stürmten, belohnte der Staat mit vollen Regalen. Wenn Verwandte aus dem nahen Cottbus bei Herrn Harz anriefen, fragten sie ihn erstmal eine Einkaufsliste ab. »Gekörntes Spee-Waschpulver? Pflaumenmus? – gibt's alles!« Die Kaufhallen hatten wegen des Schichtbetriebs von 7 bis 21 Uhr geöffnet, ein Novum im Sozialismus.

Nur bei den Autos, das gibt der Stadtführer zu, wurden auch die Eisenhüttenstädter nicht bevorzugt. Links vom Theater, in einem Glaspavillon, in dem heute ein Bäcker seine Brötchen verkauft, residierte der Autosalon von Eisenhüttenstadt. »Im Schaufenster standen ein Wartburg und ein Trabi«, erinnert sich Harz. »Und auf dem Schild daneben stand: unverkäufliches Muster«. Wer einen Wagen wollte, musste ihn beantragen – Wartezeit etwa 15 Jahre. Beim Autohersteller Tesla, der gerade ins sandige märkischen Nichts von Grünheide seine eigene Megafabrik hämmert, sollen Kunden nur einen Monat warten.

DIE BESTEN 5

Manchmal mag man einfach keine Menschen sehen. Wie gut, dass man in Brandenburg tolle **Tiere** besuchen kann!

Polarwölfe im Wildpark Johannismühle

Immer wieder gibt es Streit um die Brandenburger Wölfe. Berliner:innen romantisieren die gefährlichen Tiere, sagen die einen, endlich kehre das ehemals vom Menschen verdrängte Tier zurück, freuen sich andere. Aber diese besonderen Wölfe werden weder Mensch noch Weidetieren gefährlich: Das Polarwolfpaar Freya und Aniuk lebt im Wildpark Johannismühle. Canis lupus arctos, so die lateinische Bezeichnung, ist an eine kalte Umgebung angepasst. Sein Fell ist besonders weich und dicht, weiß bis cremefarben. Außerdem hat der Arktisbewohner rundlichere Ohren als der graue Wolf. Den gibt es im Wildpark auch zu sehen, außerdem Luchse, Auerochsen und Braunbären.

Teltow-Fläming. Johannismühle 2, Baruth OT Klasdorf, Kassenöffnungszeit 10-16 Uhr, Eintritt 10,50 €, Kinder 5,50 €, wildpark-johannismuehle.de

Wiedehopfe im Wildgehege Glauer Tal

Der Wiedehopf hat zwar einen arg deutsch klingenden Namen, aber sein Äußeres würde ihn auch unter tropischen Papageien nicht langweilig aussehen lassen. Den Winter verbringt er im Süden, aber von Ende April bis Anfang September ist er auch in Brandenburg zu finden, etwa im Wildgehege Glauer Tal. Der ehemalige Truppenübungsplatz im Naturpark Nuthe-Niplitz bietet dem Tier ideale Bedingungen. Tipps zur Beobachtung sowie Ferngläser gibt es im Besucherzentrum. Und wenn der Wiedehopf sich nicht zeigen will, Dam- und Muffelwild ist in jedem Fall zu sehen.

Teltow-Fläming. Naturparkzentrum Wildgehege Glauer Tal, Trebbin OT Blankensee, Glauer Tal 1, Eintritt 4 €, Kinder 1,50 €, naturpark-nuthe-nieplitz.de

Weißbüscheläffchen in der Biosphäre Potsdam

Marianne und Manfred sind kaum größer als eine menschliche Hand, sie tragen um ihre Ohren einen Kranz aus langen Haaren und haben keine Höhenangst. Wer das Weißbüscheläffchenpaar in der Potsdamer Biosphäre besuchen will, sollte auch schwindelfrei sein, denn am besten sind die Primaten von einem acht Meter hohen Turm im Urwaldhaus zu sehen. In freier Wildbahn pflegen die Affen eine besondere Sitte: Nur das älteste Paar der kleinen Gruppe darf sich fortpflanzen. Gut für Marianne und Manfred, dass sie die einzigen ihrer Art in der Biosphäre sind, die sonst unter anderem eine Vielzahl von Schmetterlingen beherbergt.

Potsdam. Georg-Hermann-Allee 99, 9-18 Uhr, an Wochenenden 10-18 Uhr, Eintritt 11,50 €, Kinder 7,80 €, biosphaere-potsdam.de

Fischotter an den Groß Schauener Seen

Heinz Sielmann war in den 70er Jahren einer der bekanntesten Naturfilmer und bereiste die Welt. Sein Lieblingstier ist aber in Brandenburg heimisch: der flinke Fischotter. Das schwimmfreudige Tier gehört zu den Mardern. Früher hatte der Otter einen schlechten Ruf, Menschen unterstellten ihm gar, dass er Jagdhunde ins Wasser ziehe, um sie zu ertränken. In Wahrheit fingen viel häufiger Menschen die Otter, um ihr dichtes Fell zu Mützen zu verarbeiten. Auch der Lebensraum der Tiere schrumpfte, die Art wurde seltener. Sielmann baute deshalb ein Schutzgebiet an den Groß Schauener Seen auf, mit Wanderwegen und Ausstellungsraum. In den vergangenen Jahren erholte sich die Otterpopulation in Deutschland dank vielfältiger Schutzmaßnahmen.

Oder-Spree. Der See ist frei zugänglich bei der Fischerei Köllnitz, Storkow (Mark), Groß Schauener Hauptstraße 31, sielmann-stiftung.de/gross-schauener-seen

Alpakas in Pausin

Sie sehen aus wie kleine Flokati-Giraffen, das buschige Fell verdeckt die großen dunklen Augen. Kein Wunder, dass Alpakas in den vergangenen Jahren so etwas wie die Eisbären unter den Kamelen geworden sind, absolute Publikumslieblinge. Anders als bei den Polarbewohnern ist Streicheln ziemlich gefahrlos möglich. Besonders mögen die Alpakas Berührungen an Hals und Kinn. Freilich können sie spucken, wie es alle Kamele tun, also respektieren Fans besser die Grenzen der grundsätzlich friedliebenden Huftiere. In Brandenburg gibt es mittlerweile zahlreiche Alpakahöfe, zum Beispiel in Pausin im Havelland, wo manchmal sogar Nachwuchs zu sehen ist. Annelies und Achim Liesegang servieren Gästen außerdem selbstgemachten Kuchen.

Havelland. Alpakahof Pausin, Schönwalde-Glin OT Pausin, Wansdorfer Weg 7, Eintritt und Streicheln gratis, Wanderungen mit den Alpakas 12,50 € pro Person, Kinder bis 6 gratis, alpakahof-pausin.de

In Potsdam

Potsdamer

Pfingstberg und Mühlenberg, Nikolaikuppel und Heiliggeistkirche, Flatowturm und Normannischer Turm: Viele Potsdamer Aussichtspunkte eröffnen Blicke, die einen der Welt entheben – und lassen sich aufs Schönste zu einer Radtour verbinden

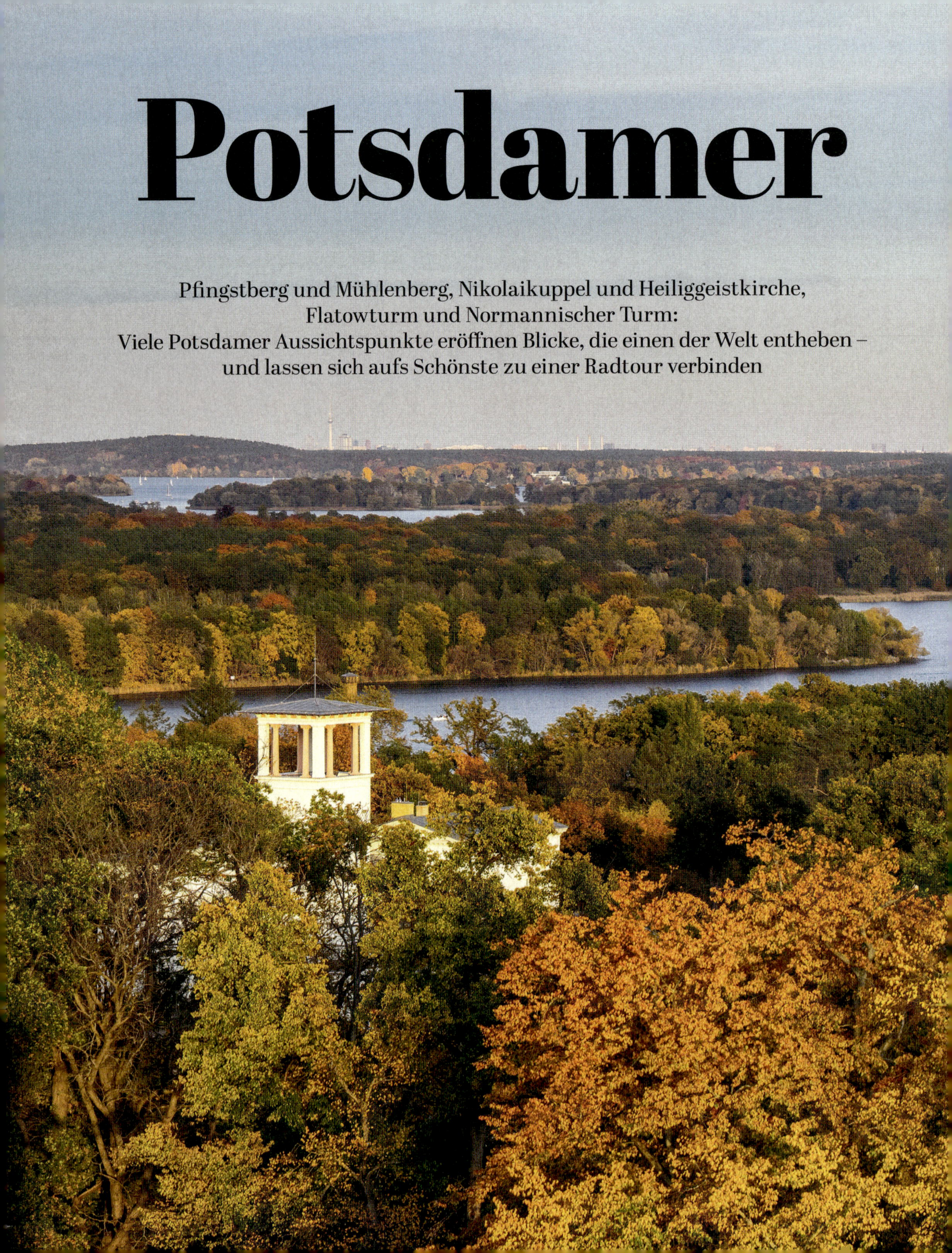

Panorama

TEXT **OLIVER GERHARD** FOTOS **OLIVER GERHARD**

Herbstlicher Blick vom Belvedere auf dem Pfingstberg mit der Berliner Skyline am Horizont. Links die historische Villa Henckel.

Das Belvedere ist auch ein bisschen mein Schloss«, sagt Rotraut Kautz. »Im Sommer 1989 war es für mich wie ein Anker zum Festhalten: Wir haben angedockt, und es hat uns geerdet, in der DDR zu bleiben.« Die Herbstsonne wirft ihr goldenes Licht auf die Kolonnaden, unter denen die alteingesessene Potsdamerin erzählt, was sie selbst mit dem historischen Bau auf dem 76 Meter hohen Pfingstberg verbindet.

Als Kautz das Belvedere aus der Epoche Friedrich Wilhelms IV. bei einem Spaziergang erstmals sah, war es eine Ruine: vom Krieg zwar verschont, danach aber vom Zahn der Zeit angenagt und von Dickicht überwuchert. »Doch mittendrin werkelten Leute und trotzten dem Verfall«, sagt die 64-Jährige. »Ich gesellte mich einfach dazu und blieb dabei. Das war in jener Zeit etwas zum Festhalten, etwas zum Dafür-Sein.«

»Das Belvedere ist auch ein bisschen mein Schloss«

Rotraut Kautz,
Arbeitsgemeinschaft Pfingstberg

Niemand unter den Mitgliedern der Arbeitsgemeinschaft Pfingstberg dachte damals an einen Wiederaufbau: Der Turmaufstieg war streng verboten, denn von dort hätte man zum nahegelegenen KGB-Standort und bis zu den Grenzanlagen schauen können. Die ehrenamtlichen Denkmalpfleger standen deshalb unter Stasi-Beobachtung: »Der Berg war ein großer Abenteuerspielplatz für jeden, der etwas Morbides, etwas Verbotenes im Dunkeln machen wollte. Und dann tummelten wir uns hier am helllichten Tag – wir waren nicht subversiv, wollten nicht abhauen, waren nicht zu greifen«, sagt Kautz lachend.

Das Engagement des kleinen Kreises setzte eine einzigartige Erfolgsgeschichte in Gang: Spenden von Bürgern, Stiftungen und Mäzenen finanzierten die Sanierung des Belvederes und des

Wandeln mit Weitblick. Kolonnaden im prächtigen Belvedere auf dem Pfingstberg.

benachbarten Pomonatempels. Bei der Eröffnung 2001 standen die Potsdamer stundenlang Schlange, um den weiten Blick bis zum Neuen Palais und in den Park Babelsberg, über die Havelseen und zur Skyline Berlins erstmals wieder zu genießen.

Rotraut Kautz und ihre Mitstreiter bewirtschaften des Ensemble bis heute: Erkennbar an einem grünen Button am Revers, kümmern sie sich um Besucher – ein Unikum unter allen Anlagen des Potsdamer Weltkulturerbes. »Wir sind die Pflegeversicherung für die alte Dame Belvedere. Wir haben sie super in den Rollstuhl gebracht«, sagt Kautz stolz. »Aber Pudern, Pampern, Bespaßen ist meine Aufgabe als Vereinsmitglied.«

Auf dem »Potsdamer Chimborazo«

Das Belvedere auf dem Pfingstberg ist der wohl prominenteste Aussichtspunkt in Potsdam – und doch nur einer von mindestens einem Dutzend markanter Orte mit Panoramablick. Einige sind durchgehend und kostenfrei zugänglich, andere nur zu besonderen Anlässen. Viele erlebt man als regulär geöffnete Sehenswürdigkeit, manche genießt man beim Kaffee oder Essen – wie das Restaurant Loft und das Residenzcafé im Turm der Heiliggeistkirche.

> »Wir sind die Pflegeversicherung für die alte Dame Belvedere«
>
> **Rotraut Kautz**

Bei einer Rundtour mit dem Fahrrad kann man an einem Tag bequem von Turm zu Turm, von Belvedere zu Belvedere tingeln – angefangen beim Brauhausberg, nur fünf Minuten vom Hauptbahnhof Potsdam entfernt. Ein buckliger Kopfsteinpflasterweg zwingt beim Erklimmen des »Potsdamer Chimborazo«, wie Alexander von Humboldt den 88 Meter hohen Hügel einst nannte, zum Schieben.

»Nazis boxen« hat jemand auf die schlichte Holzbank geschmiert, die den »Havelblick« markiert, den man meist für sich alleine genießt. Durch die Gärten der feudalen Villen am Hang reicht die Aussicht über Inseln und Halbinseln in der Havel, hinter Plattenbauten ragt der Turm der Erlöserkirche hervor. Und zwischen den hohen alten Bäumen scheint die Kuppel der Nikolaikirche hindurch.

Der Aussichtspunkt ist der letzte von einst zahlreichen auf dem Brauhausberg. Der einstige Belvedere von 1804: abgerissen. Die Gartenlokale der Vorkriegszeit: verschwunden. Der Turm

Zu DDR-Zeiten war hier der Turmaufstieg verboten – man hätte zum nahen KGB-Standort und zu den Grenzanlagen schauen können.

Die knapp drei Meter hohen Engelsfiguren auf den Außentürmen der Nikolaikirche scheinen die umliegenden Plattenbauten zu segnen.

der königlich-preußischen Kriegsschule und späteren SED-Bezirksleitung: geschlossen. Noch schlummert dieses verwunschene Gelände im Dornröschenschlaf, doch bald entstehen hier neue Wohnungen. Und am Fuß des Berges soll im Herbst im einstigen Terrassenlokal Minsk ein neues Museum mit DDR-Kunst eröffnen.

Legendäre 17. Etage
Der weitere Weg in die Innenstadt führt vorbei am Hotel Mercure, einem der letzten erhaltenen Relikte der Potsdamer DDR-Architektur. »In der 17. hat man noch Träume«, stand zeitweise an der Fassade dieses einstigen Interhotels, viele erinnern sich mit Wehmut an Jugendweihen, Tête-à-Têtes oder rauschende Feste in der Bar der obersten Etage. Heute befinden sich hier Konferenzräume und wer den Ausblick erleben möchte, muss ein Zimmer buchen. Dafür bietet die Nikolaikirche gleich um die Ecke die beste Aussicht auf das benachbarte Stadtschloss mit dem Landtag. Schon der Aufstieg durch die Türme ist ein Erlebnis, dank der Blicke von oben ins Kirchenschiff und zur Kuppel. Sind die rund 200 Stufen erst einmal überwunden, steht man Auge in Auge mit dem Atlas auf dem benachbarten Alten Rathaus.

Am Fuß des Berges soll im einstigen Terrassenlokal Minsk ein neues Museum mit DDR-Kunst eröffnen

Die knapp drei Meter hohen Engelsfiguren auf den Außentürmen der Nikolaikirche scheinen die umliegenden Plattenbauten zu segnen.

Weiter Richtung Park Sanssouci lohnt ein Abstecher auf den Mühlenberg, dessen westlicher Teil aufgrund der erst kürzlich wiederbelebten Weinterrassen auch Winzerberg genannt wird. Der Aussichtspunkt in einem kleinen Park auf der Hügelkuppe wurde vor einigen Jahren saniert. Umgeben von hohen Bäumen, reicht der Blick über die Skyline der Innenstadt mit ihrem Wechsel aus Kirchtürmen und DDR-Hochhäusern.

Zwischentitel mit Tom Cruise
Wer sein Fahrrad nicht über die Stufen des Mühlenbergweges nach oben tragen möchte, fährt am besten durch die Gregor-Mendel-Straße. Der kleine Umweg lohnt: An der Strecke liegt die Löwenvilla: Dieser Jugendstilbau diente 1944 als Versteck für die Bombe des Hitler-Attentats am 20. Juli. Hollywood-Star Tom Cruise dreht deshalb hier Szenen für seinen Stauffenberg-Film »Operation Walküre«.

Erhabene Trümmer. Monopteros und Normannischer Turm auf dem Ruinenberg, unten der Weg zwischen Ruinenberg und Sanssouci.

Sichtachse zum Belvedere auf dem Klausberg. Der prächtige Bau entstand zwischen 1770 und 1772.

Büro mit Aussicht. Wilhelm Friedrich Ludwig von Preußen, der spätere Kaiser Wilhelm I., hatte im Flatowturm ein Arbeitszimmer.

Der Ruf der Türme

Dann geht es in die Parks der Schlösserstiftung. Die Herrscher des Hauses Hohenzollern führten einst das Konzept des Belvederes in Potsdam ein, angefangen beim Großen Kurfürsten, der 1676 das »Kabinett« errichten ließ, einen kleinen zweistöckigen Aussichtspavillon am Stadtschloss. Hundert Jahre später folgte das Belvedere auf dem Klausberg, 1846 entstand der Normannische Turm auf dem Ruinenberg.

»Das ist ein kleines Juwel unter unseren Häusern – schließlich haben wir nicht nur vergoldete Schlossräume«, sagt Klaus Dorst, der Kustos für Architektur und Denkmalpflege in Sanssouci, während er den Blick von der Terrasse des trutzigen Turms schweifen lässt. »Der Horizont wirkt hier größer als auf dem Pfingstberg und man erlebt besonders eindrücklich, wie ein Turm in der Landschaft immer den nächsten aufruft.«

»Wie oft der König tatsächlich hier war, wissen wir nicht«

Jörg Kirschstein,
Kastellan von Schloss Babelsberg

Das Ensemble mit Monopteros, Theaterwand, scheinbar baufälliger Säulengruppe und Wasserbecken wurde wie in einem Gemälde von Giovanni Battista Piranesi mit dem Charme des Verfalls konzipiert. »Es ist das früheste englische Landschaftsarrangement auf dem Kontinent«, schwärmt Dorst. »In England baute man damals noch aus Holz und mit Theaterkulissen, hier schon mit Stein.«

Belvedere mit Feldherrenblick

Doch die Anlage diente nicht nur zur Dekoration: Friedrich der Große plante, von hier aus über ein ausgeklügeltes System aus mehreren Mühlen seine Wasserspiele anzutreiben – ein Vorhaben, das misslang. Und in der Theaterwand befand sich eine Plattform, von der aus der König die Manöver der preußischen Regimenter auf dem benachbarten Bornstedter Feld verfolgte –

Himmlisch historisch. Blick vom Flatowturm über Gerichtslaube und Glienicker Brücke bis zur Sacrower Heilandskirche.

der Normannische Turm entstand erst unter seinem Nachfolger. Klaus Dorst stieß im Laufe seiner Recherchen auf viele solcher historischen Details, die vorher noch nicht geläufig waren. »Das ist eine faszinierende Aufgabe, weil ich dabei akribisch in die Details einsteigen kann«, sagt der Kustos. »Die Denkmalpflege beginnt bei uns schon mit dem Bau, denn in den Archiven der Schlösserstiftung lagern Dokumente, Bauakten, Rechnungen aus allen Epochen.«

Toilettenschüssel in der Kommode

Dorst gehörte auch zu den ersten, die nach der Wende von einem Baugerüst einen Blick in den »hohlen Zahn« des Normannischen Turms werfen konnten: »In den 50er Jahren riss man alle Zwischengeschosse heraus und schlug die Treppenstufen ab«, sagt er, denn niemand sollte auf die angrenzende russische Garnison blicken können. Heute sind die damals zerstörten Stufenteile durch Holz ersetzt – eine sensible, aber eindrucksvolle Inszenierung der Wunden. Vom Ruinenberg ist es nicht mehr weit bis zum Belvedere auf dem Pfingst-berg, von dort gelangt man über den Neuen Garten und die Glienicker Brücke zum Park Babelsberg.

> Nach der Wende fand man Porzellan und Kleinkunst in den Bombentrichtern rund um den Turm

Wilhelm Friedrich Ludwig von Preußen, der spätere Kaiser Wilhelm I., ließ hier 1856 den Flatowturm nach dem Vorbild des Eschenheimer Turms in Frankfurt am Main errichten, die Mittel stammten aus den Einnahmen der namensgebenden Domäne Flatow in Westpreußen.

»Wie oft der König tatsächlich hier war, wissen wir nicht«, sagt Jörg Kirschstein, der Kastellan von Schloss Babelsberg. Meist flanierte er wohl durch den Park und kehrte für eine Erfrischung in den Turm ein. Der König hatte dort ein eigenes Arbeitszimmer, aber die sanitären Bedingungen waren spartanisch: Als Toilette diente eine Kommode, aus der man eine Schüssel ziehen konnte.

Eine Ausstellung im einstigen Dienerzimmer dokumentiert die Geschichte des Turms, der seit dem Krieg weiter verfiel. »Bis April 1946 hielt die Rote Armee den Park besetzt«, sagt Kirschstein. »Der Turm wurde geplündert, die meisten Gemälde waren aus den Rahmen geschnitten, einige lagen sogar im Bassin vor dem Turm.« Nach der Wende fanden Denkmalpfleger in den zugeschütteten Bombentrichtern rund um den Turm Porzellan, Keramiken und Kleinkunstwerke.

Laut hallen die Schritte beim Aufstieg über die enge Wendeltreppe, zwischendurch fällt der Blick durch ein Fenster oder eine Rosette auf die tiefer gelegene Gerichtslaube und die umliegenden Baumriesen. Dann öffnet sich ein weites Panorama: Im Osten schimmert Schloss Babelsberg in einer Sichtachse, im Norden reicht der Blick über die Glienicker Brücke bis zur Sacrower Heilandskirche, im Westen leuchten hinter dem Tiefen See die Dächer Potsdams – die Hauptstadt der Belvederes. Alles auf einen Blick.

TIPPS

Havelblick auf dem Brauhausberg
Umsonst und draußen! Fünf Minuten vom Hbf.

Nikolaikirche
Schon der Aufstieg durch die Türme ist ein Erlebnis. Tägl. 10-18 Uhr, nikolai-potsdam.de

Belvedere auf dem Klausberg und Normannischer Turm auf dem Ruinenberg
Leider nur offen bei Sonderveranstaltungen (Infos: spsg.de), aber auch vom Fuß der Bauten ist die Aussicht herrlich.

Belvedere auf dem Pfingstberg
Besuche möglich (und lohnenswert!). Eventuell mit Voranmeldung, bitte prüfen unter pfingstberg.de.

Flatowturm
Toller Rundblick. Infos zu Besuchsmöglichkeiten unter spsg.de.

ABSTECHER

Café in der Heiliggeistkirche
Kaffee und Kuchen im 12. OG. Blick bis Spandau. Sa/So 14.30-19 Uhr, residenzcafe-potsdam.de

Restaurant Loft
»Preußisches Gulasch« und knusprige Blutwurst über der Stadt. Brandenburger Str. 30-31, loft-potsdam.de

Belvedere auf dem Mühlenberg
Von der Weinbergstraße führt der Mühlenbergweg auf die Höhe. Tägl. 8 Uhr bis Sonnenuntergang.

DIE BESTEN 5

Für Bildungsreisende: Botanik, Wolfskunde und Relativitätstheorie.
Orte zum **Forschen**, **Experimentieren** und **Mitdenken** in Potsdam

Naturkundemuseum

Kaum ein Spaziergänger würde vermuten, dass die Potsdamer Parks einzigartige Biotope sind: Rund ein Fünftel aller in Deutschland vertretenen Tier- und Pflanzenarten leben hier – das ist eines von vielen Themen im Naturkundemuseum mit Schwerpunkt auf der Flora und Fauna Brandenburgs. Zum Bestand mit seinen mehr als 400.000 Objekten gehört auch eine Aquariumslandschaft mit 40 heimischen Fischarten. Die Sammlung zum Thema Wölfe ist die umfangreichste in Deutschland. Thematisiert werden auch Klimawandel und Artenschwund. Eine Sonderausstellung zeigt das Leben im Bienenvolk. Familien finden viele Angebote vom Juniorforscherclub bis zur Schatzsuche am Kindergeburtstag.

Südliche Innenstadt.
Naturkundemuseum Potsdam,
Breite Straße 13,
naturkundemuseum-potsdam.de

Urania Planetarium

Ufos über Potsdam? Das ist eher unwahrscheinlich – aber eine der vielen Shows im Urania Planetarium beschäftigt sich mit der Frage, wie fremdes Leben im Weltall aussehen könnte. Der Kuppelraum dieser Sternenwarte bildet das Theater für virtuelle Reisen ins Weltall, 360-Grad-Filme und Liveshows. Dank modernster Vorführtechnik taucht man tief in das Geschehen ein – angefangen bei Kindern, die den Nachthimmel über Sternensagen kennenlernen, bis hin zu Reisen an den Rand des Universums. Echte Fans können eine Patenschaft für einen Stern übernehmen.

Holländisches Viertel.
Urania Planetarium, Gutenbergstraße 71/72, urania-planetarium.de

Botanischer Garten

Das Paradies liegt mitten im Park Sanssouci – und wird dennoch von vielen Parkbesuchern übersehen. Der »Paradiesgarten« mit Brunnenhäuschen nach Entwürfen von Ludwig Persius ist Teil des Botanischen Gartens der Uni Potsdam mit rund 10.000 Pflanzenarten. 1950 angelegt, nutzt die fünf Hektar große Anlage Teile der ehemals königlichen Gärten, in denen man Südfrüchte und Blumen anbaute. In neun Gewächshäusern kann man tropische und subtropische Flora erkunden, von Orchideen über fleischfressende Pflanzen bis zur Riesenseerose Victoria.

Sanssouci. Botanischer Garten, Maulbeerallee 2,
uni-potsdam.de/de/botanischer-garten

Extavium

Man nehme: Pipetten, Gläser, Lebensmittelfarbe und Glitzer. Nach einigem Rühren, Mixen und Schütteln entsteht daraus fantastischer Glibberschleim. Mehr als 100.000 Portionen haben die Besucher des Extaviums schon produziert – und dabei erfahren, dass Wissenschaft nicht immer trocken und ernst sein muss. Die Mitmachwelt, die auf eine Elterninitiative zurückgeht, zählt rund 80 Exponate zum Experimentieren. Man kann hier unsichtbares Licht sehen, Schokoküsse zum Platzen bringen, ein Mäuselabyrinth errichten und Tornados erzeugen. Nach kurzer Führung durch die Ausstellung können Besucher allein an die verschiedenen Exponate. Auch auf der Website gibt es spannende Experimentiervideos zum Nachmachen. Für Kinder ab sechs Monaten gibt es eine Wichtelwelt, in der vor allem die Sinne und die Motorik angesprochen werden.

Östliche Innenstadt.
Extavium, Am Kanal 57, extavium.de

Wissenschaftspark Albert Einstein

Das bekannteste Gebäude auf dem Telegrafenberg ist der fast 100 Jahre alte Einsteinturm. In dem markanten Bau mit Sonnenobservatorium des Architekten Erich Mendelsohn wollte Albert Einstein seine Relativitätstheorie überprüfen. Doch der historische Wissenschaftspark, in dem unter anderem das Institut für Klimafolgenforschung seinen Sitz hat, bietet noch mehr besondere Bauwerke: Zum Beispiel das erste astrophysikalische Observatorium der Welt, das »magnetische Variationshaus«, das ohne Nägel, Ziegel oder Zement errichtet wurde. Oder den Großen Refraktor von 1899 mit dem viertgrößten Linsenteleskop der Welt. Die Urania Potsdam veranstaltet Führungen inklusive Besichtigung des Einsteinturms.

Teltower Vorstadt. Urania Potsdam, urania-potsdam.de (Führungen), geschichte.telegrafenberg.de (Gebäudedetails)

Empfeh lungen

HINWEIS
Alle Einträge wurden sorgfältig geprüft.
Je nach Lage können sich aber aktuelle Änderungen ergeben!

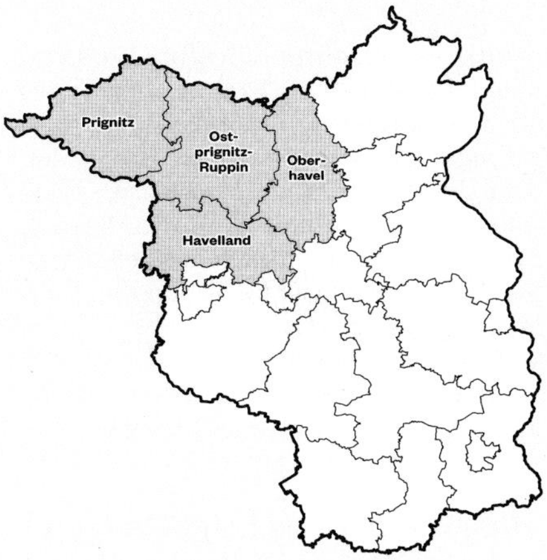

Nord-westen

Prignitz
Ostprignitz-Ruppin
Oberhavel
Havelland

LEGENDE

- €€€ .... günstig
- €€€ .... moderat
- €€€ .... gehoben
- .... keine EC-Kartenzahlung
- .... Terrasse
- .... Außenpool
- .... Innenpool
- .... Sauna
- .... Fitnessraum
- .... Hundemitnahme möglich

Freizeit & Kultur

Berliner Golfclub Stolper Heide e.V.

Am nördlichen Berliner Stadtrand bietet der Golfclub zwei 18-Loch-Kurse, die von Bernhard Langer gestaltet und Kurt Rossknecht gebaut wurden. Einsteigern stehen eine Driving Range und ein 6-Loch-Übungsplatz zur Verfügung, der auch ohne Platzerlaubnis und Clubmitgliedschaft bespielt werden kann. Hauseigene Golfschule.
Hohen Neuendorf OT Stolpe, Am Golfplatz 1, Oberhavel, Tel. (03303) 54 92 14, golfclub-stolperheide.de

Bernsteinsee

Der Bernsteinsee ist bekannt für seine hervorragenden Sportmöglichkeiten: Am Hauptstrand im Westen befindet sich Brandenburgs größte Beachsport-Anlage (beachsport-bb.de) und unweit davon entfernt liegt die Wasserski- und Wakeboard-Anlage »Wet & Wild« (wakeboard-berlin.de). Man kann aber auch einfach nur baden – sogar nackt am Sandstrand der Ostseite, vorausgesetzt, man scheut nicht den längeren Marsch durch den Wald.
Velten, Oberhavel

Eselfreunde im Havelland e.V.

Am Dorfrand von Paaren leben auf mehreren Hektar Landfläche viele kleine und große Langohren, teils aus schlechter Haltung gerettet. Auf Wanderungen unterschiedlicher Dauer und Strecken (ab 120 Euro) bewegt man sich mit den Eseln entspannt durch Wald und Flur, sie haben es (fast) nie eilig. Wer mehr über die Eigenarten der Grautiere und den Umgang mit ihnen lernen möchte, kann den Eselführerschein ablegen (Erw. ab 20 Euro).
Schönwalde OT Paaren/Glien, Gartenstr. 9, Havelland, Tel. (0176) 34 92 76 11, esel-freunde.de

Floßverleih TreibGut

Urlaub auf dem Floß, egal ob zu zweit, mit Freunden oder der Familie. Schwimmen gehen, angeln, in der Sonne liegen. Das Floß ist dabei gleichzeitig führerscheinfreies Fortbewegungsmittel und Unterkunft, ausgestattet mit vier bis fünf Schlafplätzen, Kocher, Geschirr und Camping-WC. Nach kurzer Einweisung geht es los. Weitere Standorte in Brandenburg an der Havel und Neuruppin.
Fürstenberg/Havel, Baalensee Str. 8, Oberhavel, Tel. (0160) 96 76 96 91, flossverleih-treibgut.de

Fontane Therme

Direkt an bzw. auf dem Ruppiner See liegt die großzügig gestaltete Fontane Therme, die – auch wegen der hohen Preise (Tageskarte Erw. 85 Euro) – nie überfüllt ist. Sie verfügt über acht Themensaunen, ein Süßwasserbecken, zwei beheizte Sole-Außenbecken, ein Schwebecken mit acht Prozent Solegehalt, ein Gradierwerk, eine Eisgrotte, ein Kaminzimmer, eine Bibliothek und Ruheräume mit Seeblick. Einzigartig ist die schwimmende Seesauna, die größte Deutschlands, die durch einen Steg mit dem Ufer verbunden ist. Kombiangebote mit dem zur Therme gehörenden Hotel Resort Mark Brandenburg.
Neuruppin, An der Seepromenade 21, Ostprignitz-Ruppin, Tel. (03391) 403 50, resort-mark-brandenburg.de/fontane-therme

Freecamper

Die Idee: schwimmende Wohnmobile und Wohnwagen. Ein motorisiertes Floß macht das möglich. Es nimmt das eigene Campingmobil, den Bulli oder Van Huckepack, vergleichbar mit einer Autofähre. Aber jeder ist sein eigener Kapitän und bestimmt selbst, wo es langgeht. Von den Freecampern gibt es auch Tipps für Touren. Mindestmietdauer: 7 Nächte (ab 550 Euro/Woche). Übergabetage: kleine Wohnwagen: Sa; Wohnwagen, Bulli, Van: Do, So; Wohnmobile: Fr, Mo.
Zehdenick OT Mildenberg, Ziegelei 10 (im Neuen Hafen am Ziegeleipark Mildenberg), Oberhavel, Tel. (039923) 716 26, freecamper.de

Freizeit mit Huskys

Die Meute springt und kläfft in die Gurte, und kaum ist die Bremse gelöst, preschen die Huskys nach vorn – vorausgesetzt, das Rudel ist nicht gerade in Lappland, wo die Betreiber ebenfalls Touren anbieten (Blick auf die Webseite empfohlen). Bei den Touren im Ruppiner Land lenkt man sein eigenes Gespann mit drei bis vier Schlittenhunden (ab 159 Euro) oder geht mit den Huskys auf Wanderung (ab 49 Euro). Erlebnisse für Kinder und Familien (ab 36 Euro) sowie barrierefreie Husky-Erlebnisse buchbar (ab 28 Euro).
Storbeck-Frankendorf OT Frankendorf, Neudorf 34, Ostprignitz-Ruppin, Tel. (033924) 799 46, freizeit-mit-huskies.de

Gedenkstätte und Museum Sachsenhausen

Bereits im März 1933 errichteten die Nationalsozialisten in Oranienburg ein Konzentrationslager für politische Häftlinge. Im Zentrum der Stadt waren über 3000 Menschen inhaftiert. Im Sommer 1936 wurde das große Lager in Sachsenhausen gebaut, in dem bis zur Befreiung mehr als 200.000 Menschen inhaftiert waren. In verschiedenen Dauerausstellungen wird der von Hunger, Krankheit und Tod begleitete Lageralltag dokumentiert. Die Gedenkstätte ist nicht identisch mit dem KZ Oranienburg.
Oranienburg, Str. der Nationen 22, Oberhavel, Tel. (03301) 20 02 00, sachsenhausen-sbg.de

GoJump GmbH

Hier springt man mit Deutschlands Nummer eins und klimaneutral. GoJump bietet Tandemsprünge aus 2500 oder 4000 Metern sowie Kurse wie den AFF (Accelerated Free Fall) an. Nach bestandener Prüfung erhält man die Lizenz, um international selbst springen zu können. Bistro mit diversen Speisen und Getränken. Kostenfreier Shuttleservice vom Bahnhof Gransee zum Sprungplatz und wieder zurück.
Gransee, Templiner Str. 12c, Oberhavel, Tel. (030) 24 53 40 30, gojump.de

Großer Stechlinsee

Schon Theodor Fontane war von der Schönheit dieses Sees fasziniert und widmete ihm den Roman »Der Stechlin«. Noch immer zieht es zahlreiche Menschen an den See, der am Glasbläserort Neuglobsow liegt. Wegen des klaren Wassers ist er beliebt bei Tauchern. Strandbad mit Sandufer, Liegewiese und Bootsverleih und herrlicher Rundweg für Wanderer und Jogger.
Stechlin OT Neuglobsow, Oberhavel, Tel. (033082) 702 02, stechlin.de

Gruft des Ritter Kahlbutz

Im Gruftanbau der über 700 Jahre alten Wehrkirche liegt aufgebahrt der Leichnam des Ritters Christian Friedrich von Kahlbutz, der sich nun schon seit mehr als 300 Jahren beharrlich weigert zu verwesen (Erw. 3 Euro). Die Entstehungsgeschichte der Mumie, das Wunder von Kampehl, wurde auch in Verse gepackt: Der Ritter soll einen Schäfer erschlagen haben, weil dessen zukünftige Frau ihm das Recht der ersten Nacht verweigerte. Vor Gericht beschwor er seine Unschuld – falls er lüge, solle sein Leichnam niemals verwesen.
Neustadt (Dosse), An der Ev. Kirche/ Kampehl 29c, Ostprignitz-Ruppin, Tel. (033970) 132 65, kalebuz.de

Kamelhof Nassenheide

Wenn einem im Löwenberger Land eine Karawane begegnet, dann ist das keine Fata Morgana. Der Kamelhof ermöglicht seinen Gästen schauckelnde Ausritte zwischen zwei Höckern – und dabei kommt man den großen Tieren ganz nah. »Erlebnisstunde Kamel« heißt das Angebot für Gäste. Ehe der kleine Schnupper-Ritt beginnt, können Besucher die Riesentiere erstmal streicheln, bürsten und fragen, was sie schon immer einmal über Kamele wissen wollten. Wer sich nicht zu Reiten traut, versucht es mal mit dem »Camel Talk«. Nassenheide ist ein kleiner Anbieter, es gibt keine regulären Öffnungszeiten, sondern nur individuell zu vereinbarende Termine, aber auch ein sehr persönliches Erlebnis mit den Wüstentieren.
Löwenberger Land, Am Dorfanger 12, Oberhavel, Tel. (0177) 301 95 30, kamelhof-nassenheide.de

Kinderbauernhof Marienhof

Das einstige Vorwerk der Ritterfamilie von Ribbeck und spätere Aussiedlergehöft ist heute ein Kinderbauernhof mit Esel- und Ponyreitgelände. Etwa 300 Tiere leben hier. Kindergeburtstage mit Traktorfahrt und Lagerfeuer möglich. Ferienwohnung, Zimmer und Schäferwagen für Übernachtungen.
Nauen OT Ribbeck, Marienhof 1, Havelland, Tel. (033237) 888 91, marienhof-ribbeck.de

Kurt Tucholsky Literaturmuseum

Erst 21 war Kurt Tucholsky, als er mit der Medizinstudentin Else Weil, seiner späteren Frau, Rheinsberg besuchte. Die Reise hat ihn nachhaltig beeindruckt: 1912 erschien sein Erstling »Rheinsberg: Ein Bilderbuch für Verliebte«, der die Fahrt beschreibt und seinen literarischen Ruhm begründete. Die Ausstellung im Rheinsberger Schloss zeigt sein Leben und Werk (Erw. 4 Euro).
Rheinsberg, im Schloss Rheinsberg, Ostprignitz-Ruppin, Tel. (033931) 390 07, tucholsky-museum.de

Modemuseum Schloss Meyenburg

Das aufwendig renovierte Schloss Meyenburg zeigt die Modesammlung der Gründerin des Museums, Josefine Edle von Krepl. Der Rundgang beginnt Anfang des 20. Jahrhunderts mit einem ländlichen Kirchgangscape und endet mitHippiekleidern der 1970er Jahre. Im Eintrittspreis (Erw. 8 Euro) inbegriffen ist der Besuch des Schlossmuseums sowie wechselnde Sonderausstellungen. Café mit alten Sammeltassengedecken.
Meyenburg, Schloss 1, Prignitz, Tel. (033968) 50 89 61, modemuseum-schloss-meyenburg.de

Museum des Dreißigjährigen Krieges/Ostprignitzmuseum

Im Amtsturm der alten Bischofsburg wird auf sieben Etagen die Geschichte des Dreißigjährigen Krieges erzählt (Erw. 4,50 Euro). Das angeschlossene Ostprignitzmuseum dokumentiert die Alltagsgeschichte der Region, die wesentlich vom Bevölkerungsschwund im Dreißigjährigen Krieg beeinflusst wurde. Wechselnde Sonderausstellungen. Für Hunde gibt es einen Platz im oberen Burghof.
Wittstock/Dosse, Amtshof 1-5, Ostprignitz-Ruppin, Tel. (03394) 43 37 25, mdk-wittstock.de

NABU-Besucherzentrum Rühstädt

Im 375.000 Hektar großen UNESCO-Biosphärenreservat Flusslandschaft Elbe-Brandenburg findet man eine Vielzahl seltener Tier- und Pflanzenarten, wie Rotbauchunken, Otter oder Elbebiber. Aber auch seltene Brut- und Zugvögel fühlen sich in dem Stromtal-Biotop offenbar sehr wohl. Neben Weißstörchen, Seeadlern und dem bedrohten Schwarzstorch sind auch Gänse, Kraniche und Zwergschwäne keine Seltenheit. Im Besucherzentrum (Erw. 2 Euro) kann man die Dauerausstellung »Weltenbummler Adebar« besichtigen. Von April bis August gibt es mittwochs, freitags und samstags um 14 Uhr geführte Touren durch das Storchenland (Erw. 5 Euro).
Rühstädt, Neuhaus 9, Prignitz, Tel. (038791) 80 65 55, besucherzentrum-ruehstaedt.de

Nordlicht Tour & Kanu GmbH

»Nordlicht« verleiht Boote an mehreren Stationen, in Fürstenberg/Havel gibt es beispielsweise Kanus, Kajaks, Großkanus und Drachenboote. In den Sommerferien wird das Nordlicht Eltern-Kinder-Camp in Lychen organisiert. Unter (030) 69401306 werden auch außerhalb der Saison Ausleihen vermittelt.

Fürstenberg/Havel, Brandenburger Str. 33, Oberhavel, Tel. (033093) 371 86, nordlicht-kanu.de,

Optikpark Rathenow

Im 19. Jahrhundert siedelte sich in der Havelstadt die optische Industrie an. Zu DDR-Zeiten wurden hier alle Brillen Ostdeutschlands hergestellt. Heute erinnert der Optikpark an diese Geschichte (Erw. 5 Euro, inkl. Floßfahrt). Über die Weinbergbrücke geht man vom Optikpark zum Weinberg mit Bismarckturm.
Rathenow, Schwedendamm 1, Havelland, Tel. (03385) 498 50, optikpark-rathenow.de

Otto-Lilienthal-Gedenkstätte Stölln

Es waren große Schritte für die Menschheit, aber die letzten von Otto Lilienthal. Am Gollenberg probierte der Flugpionier zwischen 1893 und 1896 seine gewagten Gleitflugmodelle aus. Doch am 9. August 1896 erfasste ihn eine Bö. Lilienthal stürzte aus rund 17 Metern Höhe ab und starb. Neben einer Ausstellung über den Pionier der Luftfahrt und die Geschichte des Fliegens sind im Lilienthal-Centrum verschiedene Flugmodelle zu sehen, dazu eine ausgemusterte IL 62 (Kombiticket Erw. 8 Euro).
Gollenberg OT Stölln, Otto-Lilienthal-Str. 50, Havelland, Tel. (033875) 906 90, otto-lilienthal.de

Tier-, Freizeit- und Saurierpark Germendorf

Hier werden Kinderträume wahr: Ein riesiger Vulkan, der auf Knopfdruck raucht, drumherum über 90 lebensgroße Urzeitmodelle von Spinosaurus bis Mammut – und dazu ein Tierpark mit mehr als 650 heimischen und exotischen Tieren (Gibbons! Füchse! Erdmännchen!). Streichelzoo und Pferdereiten können nur abhängig von Pandemiebestimmungen angeboten werden. In jedem Fall nutzbar sind aber die Abenteuerspielplätze, die kleinen Motorräder, Luna Loop, Seilbahn und Überschlagschaukel. Und irgendwann haben sicher auch Autoscooter, Märchenbahn und Indoorspielhalle wieder geöffnet. Kitsch und Glamour bleiben außen vor, dafür ist das Preisniveau durchweg familienfreundlich.
Oranienburg OT Germendorf, An den Waldseen 1a, Oberhavel, Tel. (03301) 33 63, freizeitpark-germendorf.de,

Ponyhof Neuholland

Ein idealer Reiterhof für Kinder. Das Gehöft liegt im Landschaftsschutzgebiet »Schnelle Havel«. Während der Schulferien können Familien hier Urlaub machen und auf den rund 30 Pferden – hauptsächlich Ponys und Kleinpferde – Reiten lernen. Für Kinder ab 11 Jahren und Erwachsene gibt es Parelli- und Tellington-Reitkurse. Am Wochenende Reitstunden und Ausritte für Kinder ab vier Jahren. Ferienwohnungen und Ferienhaus ganzjährig mietbar (ab 77 Euro Nacht/bis 2 Pers.).
Liebenwalde, Nassenheider Chaussee 27, Oberhavel, Tel. (033054) 610 29, ponyhof-neuholland.de,

Rhinpaddel

Tretboote für vier Personen und Kajaks für ein oder zwei Personen, Kanadier für drei bis vier Personen, aber auch Fahrräder können hier gemietet werden.
Neuruppin OT Alt Ruppin, Friedrich-Engels-Str. 8, Ostprignitz-Ruppin, Tel. (03391) 77 12 12, rhinpaddel.de,

Roji Japanische Gärten

Auf 7500 Quadratmetern haben Gesine und Reiner Jochems einen japanischen Garten geschaffen, der die märkische Landschaft und die Bodenverhältnisse in die Gestaltung einbezieht. Führungen, Teezeremonien und Garten-Workshops sind buchbar. Dazu diverse Veranstaltungen.
Dreetz/Bartschendorf, Fliederweg 31, Ostprignitz-Ruppin, Tel. (033970) 860 20, roji.de

Ruppiner See

Schön gelegener See (mit 14 Kilometern der längste Brandenburgs!) am Fuß der Ruppiner Schweiz mit einigen schönen Badestellen. Die Seebadeanstalt Neuruppin (Jahnstr. 10, Erw. 3,50 Euro) bietet einen beaufsichtigten Strand, Badeinsel mit Rutsche, Sprungturm und Volleyballfeld, Strandkörbe und -liegen sowie Bootsverleih gegen Gebühr.
Neuruppin, Ostprignitz-Ruppin, seebadeanstalt-neuruppin.de

Schloss Rheinsberg

Bis 1740 hat Georg Wenzeslaus von Knobelsdorff für den Kronprinzen Friedrich, später als der Alte Fritz bekannt, ein träumerisches Wasserschloss entworfen, ein frühes Beispiel für das friderizianische Rokoko. Berühmt ist vor allem das runde Arbeitszimmer, in dem Friedrich einige seiner bekannten Schriften verfasste. Im Sommer kann man das Schloss auf eigene Faust mit Audioguide besichtigen (Erw. 10 Euro), im Winter nur mit einer Führung.
Rheinsberg, Schloss Rheinsberg 2, Ostprignitz-Ruppin, Tel. (033931) 72 60, spsg.de

Schloss und Schlossgarten Paretz

Schloss Paretz wurde 1797 für Königin Luise von Preußen und ihren Gemahl König Friedrich Wilhelm III. errichtet. Im Schloss sieht man die Königswohnung mit ihren frühklassizistischen Möbeln, Grafiken und den berühmten Paretzer Papiertapeten, die Ausstellung »Paretz. Ein königlicher Landsitz um 1800« sowie die Sonderpräsentation »Pfaueninsel zu Gast in Paretz – Königin Luises Landglück« (Erw. 6 Euro).
Ketzin OT Paretz, Parkring 1, Havelland, Tel. (033233) 736 11, spsg.de

Schlosspark Oranienburg

Der 30 Hektar große Schlosspark ist ein Freizeit- und Familienpark (Erw. 4 Euro), der barocke Parkanlage, moderne Gartenkunst, Naturerlebnis und Freizeitspaß vereint. Es gibt eine riesige Spiellandschaft mit Wasserspielbereich. Die Schlossanlage, erbaut zwischen 1651 und 1655, zählt zu den bedeutendsten Barockbauten Preußens und ist eine der ältesten Brandenburgs (Erw. 6 Euro). Das Schloss ((03301) 537437, spsg.de) kann mit Führung besichtigt werden, von April bis Oktober ist Dienstag bis Sonntag ein freier Rundgang möglich.
Oranienburg, Schloßplatz 1, Oberhavel, Tel. (03301) 600 85 31, oranienburg-erleben.de

Sielmann-Naturlandschaft Döberitzer Heide

Einst war hier ein Manöver- und Truppenübungsplatz, jetzt machen hier 55 Kilometer Wanderwege Sielmanns Naturlandschaft erlebbar. In der Kernzone des etwa 3600 Hektar großen Schutzgebiets leben Wisente, Wildpferde und Rotwild. Leinenpflicht für Hunde.
Wustermark OT Elstal, Zur Döberitzer Heide 10, Havelland, Tel. (05527) 91 44 30, sielmann-stiftung.de,

Sternenpark

Thomas Becker bietet geführte Nachtwanderungen im Sternenpark Westhavelland, auf denen die Gäste etwas über den Sternenhimmel, den Sternenpark, die Lichtverschmutzung und ihre Folgen, die Angst im Dunkeln, sowie die Tiere der Nacht erfahren. Darüber hinaus sind auch nächtliche Kajaktouren im Angebot.
Havelaue OT Parey, Pareyer Dorfstr. 5, Havelland, Tel. (0176) 78 93 52 81, zumnordlicht.com

Tauchbasis Stechlinsee

Der Große Stechlinsee gehört zu den schönsten Tauchrevieren Norddeutschlands. Bei Sichtweiten bis zu zehn Metern entdeckt man Armleuchteralgen, Hechte, Barsche und Schleien und mit etwas Glück auch Krebse und Aale. Alles was man für einen Tauchgang benötigt, kann ausgeliehen werden. Übernachtungsmöglichkeit im Mobilheim und in Zwei- bis Sechsbettzimmern, im eigenen Wohnwagen oder Zelt.
Stechlin OT Neuglobsow, Fischerweg 2, Oberhavel, Tel. (033082) 704 53, tauchbasis-stechlinsee.de

Tierpark Kunsterspring

Rund 90 Arten, vorwiegend einheimische Tiere wie Wölfe, Luchse, Wisente und Weißstörche, leben in dem 16 Hektar großen Tierpark, der seit 1975 besteht (Erw. 5 Euro). Sehenswert sind die begehbare Schwarzstorchanlage und der Eulenwald, aber auch die Gehege mit den Wölfen oder die Anlagen der Fischotter. Verschiedene Themenführungen (z. B. Wölfe und ihre Beutetiere und Tiere der Nacht), Beobachtung der Tierfütterungen.
Neuruppin OT Gühlen-Glienicke, Kunsterspring 4, Ostprignitz-Ruppin, Tel. (033929) 702 71, tierpark-kunsterspring.de,

Wanderreiten im Havelland

Im Programm sind verschiedene Tages- und Halbtagesritte, etwa nach Meseburg oder Zernikow, aber auch längere Touren nach Mecklenburg und Polen. Außerdem gibt es einen »Gourmetritt«, bei dem auf einer Lichtung ein von der Hofküche zubereitetes Vier-Gänge-Menü mit Wein serviert wird (170 Euro). Übernachtung auf dem Hof möglich (DZ 80 Euro/Nacht inkl. Frühstück).
Schönermark, Dorfstr. 14, Oberhavel, Tel. (03306) 20 24 06, wanderreiten-havelland.de,

Wilde Heimat

Der naturbelassene Campingplatz mit Floß- und Kanuverleih liegt direkt am Europa-Wanderweg E10 und ist etwa 15 Gehminuten vom Bahnhof Fürstenberg entfernt. Hier kann man im Wohnwagen oder in Dachzelten übernachten, es gibt eine Badestelle, einen Naturspielplatz, eine überdachte Feuerstelle und vieles mehr.
Fürstenberg/Havel, Zehdenicker Str. 34d, Oberhavel, Tel. (0173) 432 09 17, wilde-heimat.de

Wutzsee

Der kleine Bruder des Gudelacksees liegt etwas abgeschieden. Entsprechend idyllisch ist es hier. Von der allgegenwärtigen Vergangenheit des historischen Städtchens zeugt die romantisch verwitterte Klosterruine Lindow. Am Südufer befinden sich zwei Naturbadestellen.
Lindow (Mark), Ostprignitz-Ruppin

Essen & Trinken

Almrausch

Nahe am Stadtrand und doch weit draußen: Hier tafelt man mit Blick auf die Koppel eines Reiterhofs. Die Küche bietet österreichische Klassiker von Tafelspitz bis Kaiserschmarrn, wagt sich aber auch in die Moderne mit Gerichten wie Beizlachs und Kalbsbries mit Alpendashi und Blumenkohl oder Hirschtatar mit Topinambur und Äpfeln. Kleine, gut sortierte Weinkarte. Mit Terrasse.
Hohen Neuendorf OT Stolpe, Stolper Waldstr. 4a, Oberhavel, Tel. (03303) 508 79 44, restaurant-almrausch.de, €€€

Café & Restaurant im Tempelgarten

Er wirkt wie eine Fata Morgana, der orientalische Apollo-Tempel (1735 von Georg Wenzeslaus von Knobelsdorff errichtet) im Tempelgarten, auch ein Gärtnerhaus mit stilisiertem Minarett steht hier sowie die Gentzsche Villa im maurischen Stil. In ihr gibt es heute neben Kuchen und Eis regionale warme Gerichte. Schöne Terrasse.
Neuruppin, Präsidentenstr. 64, Ostprignitz-Ruppin, Tel. (03391) 21 22, tempelgarten.com, €€€

Café Constance

Das behagliche Ambiente eines ehemaligen Theatersaals, der wunderschöne Garten und der ausgezeichnete selbst gebackene Kuchen machen dieses Café zu einem der besten in Brandenburg. Zudem ist auch eine öffentliche Badestelle in der Nähe. Der angegliederte Ferienhof am Ruppiner See ist ganzjährig geöffnet und bietet familienfreundliche Gästezimmer (60-80 Euro) sowie vier Ferienwohnungen für zwei bis vier Personen (80-100 Euro).
Fehrbellin OT Wustrau, Hohes Ende 4, Ostprignitz-Ruppin, Tel. (033925) 706 76, cafe-constance.de,

Capriolenhof – Ziegenkäserei

Der abgelegene Bauernhof mit Käserei und Einkehr befindet sich in einem ehemaligen Schleusenwärterhaus im Naturschutzgebiet Uckermärkische Seen. Der Capriolenhof ist eine beliebte Station für Wasserwanderer, Radfahrer und Freizeitkapitäne, die die Havelschleuse Regow passieren. Der vielgerühmte Käse zeichnet sich durch ein prägnantes, mit den Jahreszeiten variierendes Aroma aus. Auch das Eis aus Ziegenmilch sollte man unbedingt probieren.
Fürstenberg/Havel OT Bredereiche, Schleusenhof Regow 1, Oberhavel, Tel. (033087) 511 83, capriolenhof.de,

Die Orangerie im Schloss Ziethen

In der Orangerie mit Frühstücksterrasse an der Ostseite des kleinen Schlosshotels bietet Matthias Lingner eine moderne bürgerliche Küche mit regionalen Produkten: Carpaccio vom Bachsaibling mit Marinade von Grünem Pfeffer, mariniertem Sellerie und Friséesalat (9,50 Euro), Roulade vom Linumer Weidekalb mit Curly Cale, Pinienkernen und wildem Reis (26 Euro) aber auch Vegetarisches mit Anspruch wie Steckrüben-Haselnuss-Schnitzel gefüllt mit Gorgonzola, Perlgraupenrisotto und Rote Bete-Schaum (18,50 Euro). Die Karte wechselt etwa alle sechs Wochen.
Kremmen OT Groß Ziethen, Alte Dorfstr. 33, Oberhavel, Tel. (033055) 950, schlossziethen.de, €€€

Forsthaus am Schloss Sommerswalde

Das im Schwanter Forst gelegene Haus wurde im 19. Jahrhundert vermutlich für Erasmus Wilhelm Redern erbaut. Um 1900 lebte der Berliner Rittergutsbesitzer Richard Sommer hier, Namensgeber des Ortsteils. Das Restaurant bietet eine wechselnde, saisonale Speisekarte, auch vegetarisch und vegan. Drei moderne Ferienwohnungen für bis zu vier Personen.
Oberkrämer OT Sommerswalde, Sommerswalde 4-5, Oberhavel, Tel. (033055) 21 55 98, forsthaus-sommerswalde.de, €€€

Kaffeehaus Morgenrot

Im Salon der restaurierten Jugendstilvilla stehen viele Bücher und Zeitungen, dazu wird eine eigene Kaffeemischung angeboten, die für Spezialitäten wie Kleiner Brauner oder Wiener Melange verwendet wird. Vor allem aber gibt es herausragend gute Torten, Kaiserschmarrn, Apfelstrudel und bis 13 Uhr typisch österreichisches Frühstück sowie pikante Jausen, alles jenseits von günstig.
Hohen Neuendorf, Scharfschwerdtstr. 1, Oberhavel, Tel. (03303) 40 98 04, kaffeehaus-morgenrot.de,

Landgut Schönwalde

Vor den Toren Berlins und gefühlt doch ganz weit draußen: Das Landgut ist ein von Koppeln und Wiesen umarmtes Ensemble aus historischem Herrenhaus, Stallanlage und Garten. Übernachten und speisen lässt sich im modernen Holzhaus mit Slow Food Restaurant, wo Küchenchef Dennis Kühn »Radikale Landküche« aus eigenen und Produkten umliegender Höfe bietet: Unkrautsalat aus dem Garten mit Wiesenkräutern, gegrillter Markknochen vom Weiderind auf Linsen, Hamburger von der wilden Sau mit Preiselbeeren und roter Zwiebel. Dazu gibt es den Landgut Schmaus – so wie früher nach der Ernte –, ein voller Tisch ab zwei Personen. Der Hof selbst ist auch ein Paradies für Pferdeliebhaber und Polofans. Reit- und Poloakademie. Gästehaus mit Doppel- und Familienzimmern.
Schönwalde-Glien, Dorfstr. 31, Havelland, Tel. (030) 65 21 79 89, daslandgut.de, €€€

Linumer Landhof

Mosterei mit Hofladen. Angeboten werden regionale Produkte und internationale Weine, vor allem aber der hauseigene Apfelsaft in mehreren Sorten.
Fehrbellin OT Linum, Nauener Str. 50, Ostprignitz-Ruppin, Tel. (033922) 90 09 39, linumer-landhof.de

Mühle Tornow

Die alte Mühle in Tornow ist wieder ein Schmuckstück, dank Familie Schneider, die das historische Gebäude saniert und ausgebaut hat. Im Garten sitzt der Gast idyllisch zwischen Kräutern am plätschernden Bach, das Restaurant bietet kreative Küche aus regionalen Produkten. Rustikale Zimmer (DZ ab 90 Euro).
Fürstenberg/Havel OT Tornow, Neue Str. 1, Oberhavel, Tel. (033080) 40 48 50, muehle-tornow.de, €€€

Ökohof Kuhhorst

Ökologisches, inklusives Landwirtschaftsprojekt mit großem Hofladen und Gasthaus »Dorfkrug« mit Sommergarten und Pension. Dazu Bauerngolf und diverse Veranstaltungen für die ganze Familie wie etwa Mai- oder Erntedankfest.
Fehrbellin OT Kuhhorst, Dorfstr. 9, Ostprignitz-Ruppin, Tel. (033922) 608 03, diekuhhorster.de,

Schloss Ribbeck

Kein Menü ohne Birne – das versteht sich am Heimatort von Fontanes legendärem Schlossherren von selbst. Die Küche des dem Landkreis Havelland gehörenden Schlosses bietet regionale Gerichte und Getränke rund um die Birne an. Die ehemalige Brennerei haben die Ribbeck-Nachfahren zurückgekauft und stellen hier Balsamessige aus eigenen Birnen her.
Nauen OT Ribbeck, Theodor-Fontane-Str. 10, Havelland, Tel. (033237) 85 90 15, schlossribbeck.de, €€€

Seehof Rheinsberg

Das beste Haus am Platz. Der von außen unscheinbare Seehof im liebevoll restaurierten Ackerbürgerhaus nicht weit vom Wasser hat sich über viele Jahre behauptet. Die Küche zeigt Ehrgeiz und überzeugt weniger durch Kreativität als durch präzise Zubereitung. Ein Besuch lohnt schon wegen des sechs Meter hohen Raums, in dem einst Eisblöcke lagerten, und der für Weinverkostungen und »ritterliche« Gelage genutzt wird.
Rheinsberg, Seestr. 18, Ostprignitz-Ruppin, Tel. (033931) 40 30, seehof-rheinsberg.de, €€€

Spargelhof Kremmen

Der Hof ist von der Spargelsaison über die Heidelbeer- und Kürbiszeit bis hin zur Gänsesaison geöffnet. Während der Spargelsaison kann man hier im Spargelzelt, auf der Terrasse und im urigen Hofrestaurant erntefrisch zubereiteten Spargel essen. Im

Hofladen bekommt man das Gemüse neben anderen Sorten, Obst, Marmeladen, Eiern, Brot, Wurstwaren und weiteren regionalen Produkten auch zum Mitnehmen. Toll für Kinder: Matschberg, Abenteuerspielplatz, Streichelgehege und im Sommer Planschbecken und Wasserrutsche.
Kremmen, Groß-Ziethener Weg 2, Oberhavel, Tel. (033055) 20 80, spargelhof-kremmen.de,

Übernachten

Altes Kasino – Hotel am See

Hotel und Restaurant mit Familientradition an der Neuruppiner Seepromenade mit der historischen Stadtmauer und der Klosterkirche St. Trinitatis, dem ältesten Bauwerk Neuruppins. Die Küche bietet märkische Spezialitäten. Terrasse mit Seeblick.
Neuruppin, An der Seepromenade 11/12, Ostprignitz-Ruppin, DZ 92,00 - 105,00 Euro, Tel. (03391) 30 59, hotel-altes-kasino.de,

Astrourlaub im Sternenpark Westhavelland

Im sternenreichsten Landstrich Deutschlands lässt sich das ganze Panorama des Nachthimmels direkt am Ferienhaus erleben. Liane Zemlin vermietet acht Ferienwohnungen in ruhiger Lage (40-100 Euro), ihr Mann Detlef bietet Sternenführungen an. Teleskope, Astrofeldstecher und Großfernglas können ausgeliehen werden (10-40 Euro/Tag).
Stechow-Ferchesar OT Lochow, Feriensiedlung Waldesruh 16, Havelland, Tel. (033874) 603 65, sternenpark-havelland.de,

Bio Ranch Zempow

Hier lernen Erwachsene und Kinder den vertrauensvollen Umgang mit Pferden, Ponys, Eseln und Schafen und können auf geführten Touren mit ihnen in der Natur unterwegs sein. Dazu Erlebnisseminare »Kuhflüstern«. Im Hofladen gibt es Fleisch von eigenen Bio-Angus-Rindern sowie Bio-Hanfprodukte eigenen Anbaus und eigener Herstellung. Die acht Ferienwohnungen für zwei bis fünf Personen wurden betont ökologisch gestaltet (46-99 Euro/Tag).
Wittstock/Dosse OT Zempow, Birkenallee 6-12, Ostprignitz-Ruppin, Tel. (033923) 769 15, bio-ranch-zempow.de,

Biohotel Burg Lenzen

Das Drei-Sterne-Superior-Hotel in der frühdeutschen Burg, die auf den Resten eines Slawenforts erbaut wurde, verfügt über 40 Zimmer in der Burg und dem Gästehaus »historische Burgschule«, umgeben von einem denkmalgeschützten Burgpark mit Natur-Poesie-Garten. Das Hotelrestaurant serviert saisonale und regionale Gerichte in Bioqualität. In der alten Amtsscheune befindet sich ein Museum, der mittelalterliche Burgturm bietet einen wunderbaren Blick auf die umliegende Flusslandschaft der Elbe im UNESCO-Biosphärenreservat.
Lenzen (Elbe), Burgstr. 3, Prignitz, DZ 120,00 - 160,00 Euro, Tel. (038792) 507 83 00, burghotel-lenzen.de,

Campingpark Buntspecht

Die Bungalows, Gotik Häuschen, Mobilheime und Stellplätze für Zelte und Caravans sind vom trubeligen Teil mit Fußballplatz, Streichelzoo und Abenteuerspielplatz getrennt. Dazu Bootsverleih, ein Badestrand mit Liegewiese, Angelmöglichkeiten, ein Imbiss am See und die Pizzeria Don Carlo mit Sonnenterrasse. Frische Brötchen und Dinge des täglichen Bedarfs erhält man im Shop. WLAN.
Stechow-Ferchesar, Weg zum Zeltplatz, Havelland, Tel. (033874) 900 72, campingpark-buntspecht.de,

Campingpark Himmelpfort

Familiengeführter, naturnaher Campingpark direkt am Ufer des Stolpsees, nahe dem Radweg Berlin-Kopenhagen. Wer nicht über eigenes Zelt oder Wohnmobil verfügt, kann einen Wohnwagen oder Bungalow mieten. Verleih von Kajaks und Kanus. Hunde sind willkommen. Kostenfreies WLAN.
Fürstenberg/Havel OT Himmelpfort, Am Stolpsee 1, Oberhavel, Tel. (033089) 412 38, zeltplatz-himmelpfort.de,

Das blaue Pferd

Auf Nachhaltigkeit ausgerichteter und denkmalgerecht sanierter Vierseitenhof, selbst die Möbel und Haushaltsartikel wurden aus alten Beständen ausgewählt, wieder hergerichtet oder selbst gebaut. Im Winter sind warme Sachen ratsam und etwas Erfahrung mit Holz- und Kachelöfen.
Zehdenick, Oberhavel, das-blaue-pferd.de,

Ferieninsel Tietzowsee

Traumhaft am Wasser liegt die Anlage auf der sechs Hektar großen Halbinsel. Mit Restaurant, Fahrrad- und Bootsverleih, Beachvolleyballfeldern und schönem Badestrand. Restaurant. Die Ferienhäuser und Finnhütten bieten Platz für vier bis sechs Personen (Hauptsaison 602-700 Euro/Woche).
Rheinsberg OT Zechlinerhütte, Zur Tietzowsiedlung 7, Ostprignitz-Ruppin, Tel. (033921) 702 28, tietzowsee.de,

Ferienpark im Hafendorf Rheinsberg

Die Ferienhäuser im skandinavischen Fachwerkstil haben alle einen direkten Wasserzugang, die meisten einen eigenen Bootsanleger. Sechs verschiedene Haustypen bieten Platz für drei bis acht Personen. Alle haben Kamin und Terrasse oder Balkon direkt am Wasser. Mit Bootsverleih.
Rheinsberg, Hafenpromenade 11, Ostprignitz-Ruppin, Tel. (033931) 899 83 30, rheinsberger-hafendorf.de,

Gut Tornow

Ferien auf dem Ökohof, mit vielen Tieren inmitten reizvoller Natur. Neben 15 geschmackvoll eingerichteten Ferienwohnungen für zwei bis zwölf Personen bietet das Gut auch Fahrrad- und Reitausflüge an. Abends treffen sich die Gäste an den drei Grillplätzen. Gemüse, Obst und Fleisch im Hofladen. Dazu Mittagstisch, Café und Biergarten.
Wusterhausen OT Tornow, Tornower Str. 24, Ostprignitz-Ruppin, Tel. (033971) 326 16, gut-tornow.de,

Künstlerhof Roofensee

Nach Feng-Shui restaurierter Vierseithof aus dem 19. Jahrhundert: Feldsteinwege durchziehen den Rasen, ein Wassergraben kühlt den Innenhof, Rabatten locken Insekten an. Hinter der Scheune leben Pferde, Schafe, Hühner, Gänse, Schweine und Katzen. Sieben schöne Ferienwohnungen für bis zu sechs Personen (95-140 Euro/Nacht, 500-760 Euro/Woche, je zzgl. Endreinigung, Hund auf Anfrage), Workshops zu Yoga, Malerei, Keramik, Fotografie, Druckgrafik und Bildhauerei. WLAN auf dem gesamten Gelände. Der umliegende Naturpark Stechlin bietet klare Seen, schöne Wander- und Radwege und unberührte Landschaften.
Stechlin OT Menz, Berliner Str. 9, Oberhavel, Tel. (033082) 402 50, kuenstlerhof-roofensee.de,

Landhaus Himmelpfort am See

In den 1920er Jahren baute ein Mühlenunternehmer die elegante Villa am See als Privathaus. Nach der Weltwirtschaftskrise funktionierte er sie zur Pension um. Heute bietet das Landhaus neun komfortable Ferienwohnungen und neun Doppelzimmer (ab 106 Euro/Nacht). Sehenswert ist auch die dazugehörige Gartenanlage mit Gästehaus, in dem sich das Restaurant »Michaelis« befindet, das nur für Hausgäste öffnet. Zudem gibt es einen Wellnessbereich, Fahrräder und Boote – alles inklusive.
Fürstenberg/Havel OT Himmelpfort, Eichberg 10, Oberhavel, Tel. (033089) 44 00, landhaus-himmelpfort.de,

Landpension Adebar

Familiäre Pension im Storchendorf Linum. Attraktion sind im Frühjahr und Herbst die vielen tausend Kraniche und Wildgänse, die sich im 340 Hektar großen Teichgebiet sammeln. Die Landpension bietet 20 gemütlich ausgestattete Zimmer, Suiten und Ferienwohnungen, Vitalfrühstück inklusive, zudem einen Fahrradverleih und eine Sonnenterrasse mit Café und Blick auf den Storchenhorst mit eigener Webkamera.
Fehrbellin OT Linum, Nauener Str. 25, Ostprignitz-Ruppin, DZ 79,00 – 95,00 Euro, Tel. (033922) 902 87, landpension-adebar.de,

Ziegenkäserei und Wiesencafé Karolinenhof

Ziegen brauchen Freiraum – den haben sie auf dem 32 Hektar großen ökologisch bewirtschafteten Milchziegenbetrieb Karolinenhof. Etwa 20 verschiedene Rohmilchprodukte werden hergestellt und ab Hof verkauft. Im biozertifizierten Wiesencafé gibt es neben Käse auch andere Gerichte mit Produkten des Hofes – vom Ziegenmilchkaffee über Ziegenkäse auf Vollkornbrot bis zum hausgemachten Ziegenkäsekuchen. Aktuell nur Außer-Haus-Verkauf! Die Zicklein können durch das große Tor im Stall und beim Klettern im Außenbereich beobachtet werden. Auch vor Ort: separat geführte Bio-Gemüsegärtnerei mit Verkauf ab Hof und für Kinder viel Platz zum Spielen und Erkunden. Ein rundum entspanntes Ausflugsziel.

Kremmen OT Flatow, Karolinenhof 1, Oberhavel, Tel. (033922) 601 90, guter-ziegenkaese.de,

Märkisches Landhaus No8

Mitten im Naturpark Stechlin gelegenes Haus, auf großem von Wäldern und Wiesen umgebenen Grundstück (ab 1260 Euro/Woche/2 Pers., Mindestmietdauer drei Nächte). Ideal für Ruhesuchende, die auf Stil und Komfort nicht verzichten wollen. Auf 190 Quadratmetern gibt es zwei Schlafzimmer mit Boxspringbetten, zwei Bäder, ein großes Wohnzimmer mit offenem Kamin und Essbereich, eine vollausgestattete Küche und einen Saunabereich. Terrasse mit Gartenmöbeln und Grill. WLAN im ganzen Haus.
Großwoltersdorf OT Buchholz, Forststr. 8, Oberhavel, Tel. (033082) 409 47, landhaus-no8.de,

Pfarrhaus Mödlich

Im restaurierten Biedermeier-Bau hinterm Elbdeich gibt es drei Ferienwohnungen für zwei, vier und sieben Personen. Das Haus liegt umgeben von einem 14.000 Quadratmeter großen Park im Naturschutzgebiet Elbtalaue. Brötchenservice möglich.
Wootz GT Mödlich, Lenzener Str. 23, Prignitz, Tel. (038792) 77 90, pfarrhaus-moedlich.de,

Schloss Kleßen

Im klassizistischen Herrenhaus im Havelland trifft Garten- auf Genusskultur. Schloss und Umgebung bilden ein Ensemble: Märkischer Gutsgarten, Englischer Park am Kleßener See, das alte Schulhaus, in dem ein Spielzeugmuseum untergebracht ist – nebenan seit 2020 auch ein Kinderbuchmuseum – und die restaurierte Dorfkirche. In den früheren Wirtschaftsgebäuden sind Ferienwohnungen untergebracht, die mit Blick für historische Details renoviert und elegant möbliert wurden. Das Herrenhaus selbst kann man für private Veranstaltungen mieten. Frühstück gibt's nach Rücksprache aufs Zimmer.
Kleßen-Görne OT Kleßen, Lindenplatz 1, Havelland, Tel. (033235) 29 00 44, schloss-klessen.de,

Seehotel Rheinsberg

Alle Bereiche sind mit dem Rollstuhl erreichbar, vom Schwimmbad über die Saune bis zum Bootsanleger. Auf Wunsch werden die Gäste zu Hause abgeholt (ab 75 Euro).
Rheinsberg, Donnersmarckweg 1, Ostprignitz-Ruppin, DZ 136 - 196 Euro, Tel. (033931) 34 40, seehotel-rheinsberg.de,

Up-Hus-Idyll

Das Hotel befindet sich in einem ehemaligen Hospiz mit charmant windschiefen Wänden. Drei der 15 Doppelzimmer (ab 75 Euro/Nacht) befinden sich im historischen Fachwerkhaus. Die Küche bietet bürgerliche Regionalgerichte. Romantischer Hofgarten samt Kapelle, in der man heiraten oder klassischen Konzerten lauschen kann.
Neuruppin, Siechenstr. 4, Ostprignitz-Ruppin, Tel. (03391) 39 88 44, up-hus.de,

Nord-osten

Uckermark
Barnim
Märkisch-Oderland

LEGENDE

- €€€ ... günstig
- €€€ ... moderat
- €€€ ... gehoben
- ... keine EC-Kartenzahlung
- ... Terrasse
- ... Außenpool
- ... Innenpool
- ... Sauna
- ... Fitnessraum
- ... Hundemitnahme möglich

Freizeit & Kultur

Blumberger Mühle

Im Biosphärenreservat Schorfheide-Chorin liegt das Naturerlebniszentrum des Naturschutzbundes (NABU). Auf Wanderwegen und in den ständigen Ausstellungen und Führungen lernen Kinder und Erwachsene die Vielfalt der heimischen Pflanzen und Tiere kennen (Erw. 4 Euro, Führung 5 Euro). Zahlreiche Veranstaltungen.
Angermünde, Blumberger Mühle 2, Uckermark, Tel. (03331) 260 40, blumberger-muehle.de,

Celine aktiv reisen

Hier können Eselwanderungen als Mehrtages- und Wochentouren gebucht werden (Drei-Tages-Touren für mind. 2 Personen, inklusive Übernachtung, warme Mahlzeiten, Frühstück und Lunchpakete ab 228 Euro/Pers.). Nett, wie der Esel ist, trägt er das gesamte Gepäck.
Flieth, Suckower Str. 31, Uckermark, Tel. (0170) 245 00 55, celine-aktiv-reisen.de,

Familiengarten Eberswalde

Auf dem weitläufigen Gelände (Erw. 4 Euro) gibt es viel zu entdecken: einen Märchenwald mit Kletterhäusern, Wasserspiele (Badehose mitnehmen!), einen kleinen Irrgarten, einen 30 Meter hohen Kran mit Aussichtsplattform und mörderische Rutschen. Der Familiengarten bietet improvisierte Freiräume, um selbst aktiv zu werden, Picknicken und sogar Grillen (nach Anmeldung) ist möglich. Lustig ist auch das Frisbee-Golf und die Tretbootfahrt durch die unterirdischen Kanäle des ehemaligen Walzwerks.
Eberswalde, Am Alten Walzwerk 1, Barnim, Tel. (03334) 38 49 10, familiengarten-eberswalde.de,

Fledermausmuseum Julianenhof

In einem Mitte des 19. Jahrhunderts in märkischer Feldstein-Ziegel-Bauweise errichteten Gutshof-Stallgebäude eröffnete 2006 das Fledermausmuseum. Zu sehen gibt es die Ausstellung »Fledermäuse in Brandenburg«, Interessantes zu den Fledertieren der Welt, sowie Fledermaus-Sammlungsobjekte. Außerdem im Angebot: Erlebnistour durch den Eiskeller und »Nachtfalterkino« im Fledermausgarten. Highlight sind die zwölf hier lebenden Fledermausarten, von denen sich manche über eine Kamera in ihren Quartieren beobachten lassen.
Märkische Höhe, Julianenhof 15, Märkisch-Oderland, Tel. (033437) 152 56, fledermausmuseum-julianenhof.de,

Gedenkstätte und Museen Seelower Höhen

Der Museumsbau erinnert an einen Gefechtsstand: ein schmaler Quader, halb in den Hang gebaut, von Büschen umgeben. Im Frühjahr 1945 wurde hier die letzte Schlacht zwischen der Wehrmacht und der Roten Armee ausgetragen. Die Dauerausstellung (Erw. 4 Euro) macht mit Medienstationen, Filmen und Dia-Ton-Vorträgen die Geschichte erlebbar.
Seelow, Küstriner Str. 28a, Märkisch-Oderland, Tel. (03346) 597, seelowerhoehen.de

Golfpark Schloss Wilkendorf

Wilkendorf hat gleich zwei 18-Loch-Golfplätze in absoluter Ruhe und intakter Natur: den Westside-Platz, der unter der Woche auch ohne Platzreife bespielt werden kann, und den anspruchsvollen und preisgekrönten Sandy-Lyle-Platz. Für Einsteiger gibt es eine 6-Loch-Anlage, eine Driving Range, Schnupperkurs und Einsteigerprogramm. Restaurant.
Altlandsberg, Am Weiher 1, Märkisch-Oderland, Tel. (03341) 33 09 60, golfpark-schloss-wilkendorf.com,

Grimnitzsee

Das Wasser ist klar, und die Strände verfügen über familienfreundliche, flache Einstiege. Fisch- und Seeadler sowie Biber leben hier. Mit etwas Glück bekommt man die Tiere in den Abendstunden zu Gesicht. Mehrere Liegewiesen in Althüttendorf und Joachimsthal. Angeln ist erlaubt.
Joachimsthal, Barnim,

Kanuverleih Oderberg

Am nördlichen Rand des Oderbruchs im Biosphärenreservat Schorfheide-Chorin gelegen, bietet der Kanuverleih Touren entlang der Alten Oder, durchs Oderbruch, den Alten Finowkanal und auch das Schiffshebewerk Niederfinow. Die Touren können geführt oder eigenständig unternommen werden, dafür vermietet der Kanuverleih Kajaks und Canadier. Transportservice.
Oderberg, Hermann-Seidel-Str. 62, Barnim, Tel. (0174) 531 54 52, kanu-oderberg.de,

Schloss Neuhardenberg

Das Schloss ist eines der wenigen erhaltenen Gesamtkunstwerke des preußischen Klassizismus (Erw. 2,50 Euro, mit Führung 4,50 Euro, 13 u. 15 Uhr). Über die Geschichte des Hauses informiert eine Ausstellung. Zum Ensemble gehört die von Schinkel entworfene Dorfkirche. Der ganzjährig geöffnete Park wurde von Lenné und Pückler gestaltet. Von Frühjahr bis Herbst finden hochkarätige Kulturveranstaltungen statt, zwischen 21. Mai und 20. Juni im Rundbogenzelt. Nach dem Spazieren bietet sich ein Besuch im Restaurant »Brennerei« mit seiner modernen Regionalküche an. Von Mai bis September ist auf Vorbestellung ein reich gefüllter Picknickkorb inklusive Decke und Geschirr (ab 24 Euro/Pers. zzgl. Getränke) erhältlich.

Neuhardenberg, Schinkelplatz, Märkisch-Oderland, Tel. (033476) 60 05 30, schlossneuhardenberg.de, €€€

Kartbahn Schönerlinde

Die Anlage mit ihren langen Geraden und engen Kurven wirkt wie ein verkleinerter Formel-1-Parcours. Kinder können im Doppelsitzer mitgenommen werden oder fahren auf speziellen Kinderkarts. Preise zwischen 10 und 35 Euro pro Fahrt für 10 Minuten.
Wandlitz OT Schönerlinde, Alter Heerweg 3-4, Barnim, Tel. (030) 74 77 73 01, kartbahn-schoenerlinde.de

Kartbahn Templiner Ring

Die abwechslungsreiche, 1105 Meter lange Bahn wurde 2011 zur besten in Deutschland gewählt. Die Karts (12 Euro für 10 Min.) kommen mit ihren 9 PS auf 60 Stundenkilometer. Dank der Flutlichtanlage kann auch abends gefahren werden.
Templin, Carl-Friedrich-Benz-Str. 2, Uckermark, Tel. (03987) 40 99 60, kart-templin.de

Kloster Chorin

Die Klosterruine Chorin ist nicht nur eines der bedeutendsten Baudenkmale der frühen Backsteingotik in Brandenburg. Sie ist auch ein attraktiver Veranstaltungsort. Im Sommer finden der Choriner Opernsommer (klassikauseberswalde.de) sowie der Choriner Musiksommer (choriner-musiksommer.de) statt. Ein Ausflugsrestaurant mit Hotel und großer Sonnenterrasse direkt am Amtssee befindet sich nebenan (chorin.de/restaurants/alte-klosterschaenke).
Chorin, Amt Chorin 11a, Barnim, Tel. (033366) 703 77, kloster-chorin.org

Museumspark Rüdersdorf

Von hier stammt der Baustoff, aus dem das Brandenburger Tor und das Schloss Sanssouci gemacht wurden: Schon vor 760 Jahren wurde in Rüdersdorf Kalkstein abgebaut. Der Museumspark (Erw. 6 Euro) gehört zu den bedeutendsten Industriedenkmälern Deutschlands. Ganzjährig werden Führungen zu Fuß oder mit dem Geländewagen angeboten. Anfang Juli findet im Park das traditionelle »Rüdersdorfer Bergfest« statt.
Rüdersdorf bei Berlin, Heinitzstr. 9, Märkisch-Oderland, Tel. (033638) 79 97 97, museumspark.de

Nationalpark Unteres Odertal

Der einzige Auen-Nationalpark Deutschlands gehört zugleich zu den artenreichsten Lebensräumen des Landes. Im Besucherzentrum (Eintritt frei) informiert eine Ausstellung über die Natur im unteren Odertal. Interaktives Entdecken macht sie auch für kleine Besucher spannend: Tierstimmen-Quiz, Flug auf dem Rücken einer Wildgans, Hochwasser-Nachahmung am Modell. Dazu das 15.000 Liter fassende Oder-Aquarium mit über 20 heimischen Fischarten.
Schwedt/Oder OT Criewen, Park 2, Uckermark, Tel. (03332) 267 70, nationalpark-unteres-odertal.eu/de/

Naturparkzentrum und Agrarmuseum Barnim Panorama

Das »Barnim Panaroma« ist Besucherinformationszentrum des Naturparks Barnim und Agrarmuseum in moderner Architektur (Erw. 6 Euro). Es gibt Ausstellungen, sechs Themenräume mit interaktiven Elementen, Treckerschau, Panoramablick auf den Wandlitzer See, Schaugarten und Entdeckerpfad im Außenbereich. Kostenfreie E-Bike-Ladestation.
Wandlitz, Breitscheidstr. 8-9, Barnim, Tel. (033397) 36 05 05, barnim-panorama.de

Oberuckersee

Der Oberuckersee gehört zu den schönsten Seen Brandenburgs – über acht Kilometer lang, mit einer hügeligen Uferlandschaft und einer verwunschenen Insel, die vor rund 900 Jahren bewohnt und ein bedeutendes slawisches Siedlungszentrum war. Vier offizielle Badestellen. Am leicht zu erreichenden Ostufer hält die Regionalbahn.
Oberuckersee OT Warnitz, Uckermark

Rennbahn Hoppegarten

Als in Hoppegarten am 17. Mai 1868 der Startschuss für das erste Pferderennen gegeben wurde, waren Otto von Bismarck und Wilhelm I. zugegen. Schnell entwickelte sich Hoppegarten zum Zentrum des gesellschaftlichen Lebens, bis zu 40.000

Zuschauer kamen zu den Renntagen. Heute ist Hoppegarten jene Mischung aus großer Vergangenheit und wackeliger Zukunft, wie man sie oft in Brandenburg findet. Ein paar Damen mit Hut verirren sich zu den Rennen, Hipster aus Mitte führen ihre Anzüge spazieren. Dazwischen sitzen Familien mit Kindern auf der Wiese neben der langen Geraden, und ein paar Wettjunkies starren gebannt auf die Bildschirme mit den aktuellen Quoten. Am 4. April ist Saisonstart.
Hoppegarten, Goetheallee 1, Märkisch-Oderland, Tel. (03342) 389 30, hoppegarten.com,

Serwester See

Eine Badestelle im Dorf Serwest, eine eiszeitliche Hügellandschaft am Westufer und der kleine »Campingplatz Serwestsee« (für Dauercamper, Serwester Dorfstr. 39, Tel. (033364) 654) mit Badestelle – hier gibt es vieles, was auch an anderen Seen zu finden ist, nur eine Nummer ruhiger und gemütlicher. Einkaufsmöglichkeiten im nahe gelegenen »Ökodorf Brodowin«.
Chorin OT Serwest, Barnim

Stiftung Waldwelten – Forstbotanischer Garten

Auf einem etwa 140 Hektar großen Waldareal am Stadtrand vermitteln Umweltpädagogen Wissen über die Bedeutung der Wälder und ihre Funktion für das Ökosystem. Auf Anfrage gibt es geführte Touren für Gruppen und mit dem »WaldWelten-Erlebnis-Rucksack« kann man selbstständig den Stiftungswald erkunden (5 Euro/Rucksack). Erhältlich ist er an den Wochenenden bei der Tourist-Information Eberswalde (Steinstr. 3, Tel. (03334) 64520). Dazu stehen jahreszeitliche Feste und Kulturveranstaltungen auf dem Programm, etwa die jährliche »WaldWeihnacht« am dritten Advents-Wochenende.
Eberswalde, Am Zainhammer 5, Barnim, Tel. (03334) 65 74 87, waldwelten.de,

Strandbad Bötzsee

Vom Nicht- bis zum Langstreckenschwimmer kommen in diesem Strandbad alle auf ihre Kosten (Erw. 5 Euro). In der Saison ist ein Rettungsschwimmer im Einsatz. Drei-Meter-Sprungturm, Spielplatz und Ruderbootverleih. Dank einer Liftanlage für Rollstuhl-Nutzende ist es das einzige barrierefreie Strandbad im östlichen Berliner Umland.
Petershagen/Eggersdorf, Altlandsberger Chaussee, Märkisch-Oderland, Tel. (03341) 47 30 04, doppeldorf.de

Strandbad Wandlitzsee

Schon in den 1920er und 1930er Jahren avancierte das Seebad Wandlitz zum Badeort für Kreative, Fabrikanten und Bankiers. Im Mai 1999 wurde das direkt gegenüber dem Bahnhof liegende Strandbad wiedereröffnet (Erw. 3 Euro), mit Beachvolleyball, Tischtennis, Federball, Spiel- und Wasserspielplatz, Boots- und Stand-up-Paddle-Verleih. Nebenan befindet sich eine Surfstation mit Surfschule, die neben Brettern und Zubehör auch Stehpaddel-Bretter vermietet (Surfcenter Wandlitz, Tel. (033397) 60480, surfshop-berlin.de).
Wandlitz, Prenzlauer Chaussee 154, Barnim, Tel. (033397) 36 07 91, wandlitz.de

Strandbad Wolletzsee

Mitten in den Wäldern des Biosphärenreservats Schorfheide-Chorin liegt das Strandbad (Erw. 3 Euro) mit Liegewiese, Schwimminsel mit Wasserrutsche, neuer Steganlage mit Sprungturm, vier Beachvolleyballfeldern, Tischtennisplatten, Ruder- und Tretbootverleih, Spielplatz mit Kindermatschbereich sowie Imbisskiosk. Rettungsschwimmer vor Ort. Diverse Sport- und Kulturveranstaltungen. Im Juni und Juli findet je einmal die »Lange Nacht im Strandbad Wolletzsee« statt.
Angermünde, Am Wolletzsee, Uckermark, Tel. (03331) 324 31, wolletzsee.de

Straußenhof Berkenlatten

Strauße können bis zu drei Meter groß werden, sie sind die größten Vögel der Erde, fliegen können sie aber nicht. Dieses und mehr kann man bei einer Hofführung erfahren. Im Hofladen gibt es Straußeneier, Straußenei-Lampen, Staubwedel aus Federn und regionale Produkte. Im angeschlossenen Barfuß-Erlebnispark geht man auf einem 800 Meter langen Rundgang durch Schlamm und über Kieselsteine. Ferienhäuser auf dem Hof.
Gerswalde OT Berkenlatten, Ort Berkenlatten 7, Uckermark, Tel. (039887) 50 87, straussenhof-berkenlatten.de,

Wake & Camp Ruhlsdorf

Auf dem Ruhlesee kann man ohne Boot Wasserski und Wakeboard fahren: Die 920 Meter lange Drahtseilschleife läuft über fünf Masten. Auch Stand-up-Paddle-Verleih und Beachvolleyballplätze. Tauchschule und Campingplatz auf dem Gelände. Das Restaurant ist in der Saison täglich ab 12 Uhr geöffnet. Hunde nur am eigenen Hundestrand erlaubt.
Marienwerder OT Ruhlsdorf, Biesenthaler Chaussee 25, Barnim, Tel. (03337) 45 29 70, wake-and-camp.de,

Werbellinsee

Glasklar, sehr tief und wunderschön in ein kleines Tal eingebettet. Sehr gute Infrastruktur: Campingplätze, Pensionen, Bootsverleiher, Fahrgastschiffe und Ausflugsrestaurants. Angeln, Motorbootfahren, sogar Wracktauchen ist erlaubt. Trubelige Strände und einsame Badestellen.
Werbellin, Barnim

Wolf-Kahlen-Museum – Intermedia Arts Museum

Wolf Kahlen galt in den 60er und 70er Jahren als Mitbegründer der Medienkunst. Das private Museum – ständige Sammlung von Arbeiten der Medienkünste seit 1956 und Lebenswerk von Wolf Kahlen – zeigt Videoinstallationen, Klangkunstwerke, Zeichnungen, Architektur, NetArt, Foto, VideoBank On Demand und Skulpturen. Die Sonderausstellungen 2021 behandeln Interaktive NetArt, eine Reihe zeigt internationale Videokunst.
Bernau bei Berlin, Am Pulverturm/Grünstr. 16, Barnim, Tel. (03338) 75 31 75, wolf-kahlen.net/

Zoologischer Garten Eberswalde

Herrlich in eine Mischwaldlandschaft eingebettet, beherbergt der Zoo (Erw. 10 Euro) rund 1500 Tiere aus fünf Kontinenten. Höhepunkte sind das begehbare Kängurugehege, völlig frei in den Bäumen lebende Affen, das Löwengehege mit einem begehbaren Tunnel und die großzügigen Freianlagen. Acht Abenteuerspielplätze, Streichelzoo, kostenlose Parkplätze.
Eberswalde, Am Wasserfall 1, Barnim, Tel. (03334) 227 33, zoo.eberswalde.de,

Essen & Trinken

Bergschlösschen

Schon zu DDR-Zeiten ein beliebtes Ausflugsziel. Vom Bergschlösschen am Hang blickt man weit in die vielfältige Landschaft hinaus. Die saisonal ausgerichtete bürgerliche Küche verwendet gute Produkte regionaler Erzeuger. Dazu Einfallsreiches auch für Vegetarier wie Birne-Lauch-Gemüse mit Blauschimmelkäse, Nüssen und Kartoffel-Sellerie-Püree.
Buckow (Märkische Schweiz), Königstr. 38, Märkisch-Oderland, Tel. (033433) 573 12, bergschloesschen.com, €€€

Biohof Ihlow

Das winzige Dorf Ihlow hat sich zu einer Künstlerkolonie mit Ateliers, einem beeindruckend sortierten Scheunenantiquariat und eben diesem Biohof entwickelt. Mit Bioladen und einem Café/Restaurant mit schönem Garten, das Frühstück (sonntags als Buffet), Mittagessen, Kaffee und Kuchen sowie Abendessen (Bioqualität) bietet. Dazu zwei Ferienwohnungen (ab 65 Euro/Nacht für 1-2 Pers.), eine Unterkunft in einem Wagen auf der Wiese oder im Rundzelt (45 Euro/Nacht für 1-2 Pers.) und Zeltplätze, die auf Spendenbasis vermietet werden.
Oberbarnim OT Ihlow, Ihlower Ring 14, Märkisch-Oderland, Tel. (0173) 844 52 16, biohof-ihlow.de

Café Eigen-Art

Café mit romantischem Garten im Boitzenburger Land. Die neue Inhaberin Nicoela Dreikorn bietet selbstgebackenen Kuchen, auch glutenfrei, sowie die britischen Spezialitäten Scone und Crumble. Saal für bis zu 50 Personen (nur auf Voranmeldung), zwei Ferienwohnungen. Dazu Hofladen mit Obstsäften, Honig, Kräuterlikören, handgefertigten Seifen und Verkauf von Pflanzen, neuen und alten Büchern, Antiquitäten, Geschenk- und Saisonartikeln.
Boitzenburger Land OT Wichmannsdorf, Dorfstr. 10, Uckermark, Tel. (0160) 441 76 44, cafe-eigenart.de,

Café Wildau

Ansprechender Neubau, in idyllischer Alleinlage am bewaldeten Ufer des Werbellinsees inmitten des Biosphärenreservates Schorfheide. Das Restaurant bietet viel Regionales, vor allem Wild aus der Schorfheide, unregelmäßig auch Sonntagsbrunch für 29 Euro. Das Hotel, eingerichtet im Landhausstil von Hausherrin Caren von Hertzberg, bietet Komfort in zwölf individuell gestalteten Zimmern. Zusätzlich gibt es eine Pension am Werbellinkanal, die weitere neun Zimmer an Gäste vermietet.
Schorfheide OT Eichhorst, Wildau 19, Barnim, Tel. (033363) 526 30, cafe-wildau.de, €€€

Carlsburg

Aus mehr als hundert Metern Höhe reicht die Aussicht über die leicht bergige und dicht bewaldete Landschaft bis zum Oderbruch – das ist der wichtigste Grund für einen Besuch in dem ehemaligen Jagdschlösschen auf dem Paschenberg. Dazu gibt es solide märkische Küche, je nach Saison Wildgerichte mit Rotkohl oder Waldpilzen und selbst gebackenen Kuchen. Von Februar bis Dezember finden regelmäßig Abendveranstaltungen statt.
Falkenberg, Burgstr. 9, Märkisch-Oderland, Tel. (033458) 205, carlsburg.de, €€€

Der Hofladen Danewitz

Familie Hübner betreibt den Hof als Familienbetrieb und verkauft die Produkte im eigenen Hofladen. Es gibt Obst und Gemüse, sieben Sorten Kartoffeln, hausgemachte Fruchtaufstriche und Gelee, Eier, Obstsäfte und Liköre, Kräuteröle und -essige, aber auch Wurst und Fleisch von den eigenen Schweinen und Rindern, Schweine- und Gänseschmalz sowie Enten und Gänse. Im Sommer können Erdbeeren selbst gepflückt werden.
Biesenthal OT Danewitz, Dorfstr. 22, Barnim, Tel. (03337) 45 19 45, derhofladen.hpage.com,

Grumsiner Brennerei

Die Brennerei liegt am UNESCO-Weltnaturerbe Grumsiner Buchenwald. Gebrannt werden hier diverse Whiskysorten, Liköre und Brände, überwiegend aus alten, heimischen Getreide- und Obstsorten. Neben Führungen werden Genussabende, Tastings und Seminare angeboten.
Angermünde, Wirtschaftshof 3, Uckermark, Tel. (033337) 51 69 99, grumsiner.de

Gut Kerkow

Gut Kerkow liegt am Rand des Biosphärenreservats Schorfheide-Chorin und hat sich der ökologischen Landwirtschaft verschrieben. Futteranbau, Tierhaltung, Schlachtung, Verarbeitung und Verkauf finden direkt vor Ort statt. Im Hofladen gibt es frische Biofleisch- und Wursterzeugnisse aus der eigenen Metzgerei, zudem zahlreiche regionale und Bioprodukte des täglichen Bedarfs. Kaffee und Kuchen in Bioqualität laden zu einem Kurzaufenthalt ein.
Angermünde OT Kerkow, Greiffenberger Str. 8, Uckermark, Tel. (03331) 262 90, gut-kerkow.de,

Hofladen Gut Temmen

Hofladen mit Wurst- und Fleischspezialitäten vom Temmener Edelschwein und Weiderind, etwa die Temmener Stracke. Dazu ein ausgewähltes Zukaufssortiment. 1500 Rinder und 300 Schweine züchtet Rolf Henke auf seinem idyllisch gelegenen Biohof in einem ehemaligen Rittergut. Fünf gemütliche Doppelbettzimmer mit kleiner Küchenzeile und Bad zur Übernachtung (ab 42 Euro/Nacht, Hunde nach Absprache).
Temmen-Ringenwalde, Lindenallee 3a, Uckermark, Tel. (039881) 208, gut-temmen.de,

Lobetaler Bio – Milchladen

Die Biomolkerei ist ein Betrieb der Hoffnungstaler Werkstätten gGmbH, die an diversen Standorten Menschen mit Behinderung die Teilhabe am Arbeitsleben ermöglicht. Im Milchladen gibt es alle Produkte zu kaufen. Außerdem kann Milch selbst abgefüllt und Joghurt mit Früchten der Saison probiert werden. Auch Führungen durch die Molkerei werden angeboten.
Biesenthal, Sydower Feld 1, Barnim, Tel. (03337) 43 04 34, lobetaler-bio.de

Ökodorf Brodowin – Hofladen

Brodowin ist ein Bio-Schaufenster: Die örtliche LPG wurde gleich nach der Wende nach ökologischen Gesichtspunkten umgebaut. Das Angebot reicht von Getreide über Brot- und Backwaren, Milchprodukte bis hin zu Speiseölen und Babykost, auch Textilien aus Biobaumwolle gibt es.
Chorin OT Brodowin, Brodowiner Dorfstr. 89, Barnim, Tel. (033362) 600 22, brodowin.de,

Ökohof Engler

Kornelia und Lutz Engler verkaufen auf ihrem Hof Eier, Suppenhühner, Gemüse, Obst, Säfte, Marmelade und Freiland-Topfkräuter aus eigener Haltung und Produktion – alles in Bioqualität. Am Hof befindet sich der Bibel- und Klostergarten, der von Mitte Mai bis Mitte September besucht werden kann.
Chorin OT Serwest, Serwester Dorfstr. 72, Barnim, Tel. (0171) 207 06 03, oekohof-engler.de,

Seehotel Huberhof

Das rustikale Haus liegt am schönen Oberuckersee, direkt am Radweg Berlin-Usedom und verfügt über 24 individuell eingerichtete Zimmer. Das Restaurant hat mehrere kleine Räume sowie einen bayerisch anmutenden Innenhof. Die Küche hält sich an Klassiker wie gebratenes Zanderfilet, Kalbstafelspitz oder Wildgulasch. Die europäische Weinauswahl bietet auch Interessantes aus Ostdeutschland.
Oberuckersee OT Seehausen, Dorfstr. 49, Uckermark, Tel. (039863) 60 20, seehotel-huberhof.de, €€€

Uckermärker Brauerei

Braumeister Mark Mangold produziert je nach Jahreszeit Pils, Zwickel, Dunkles oder Schwarzes bester Qualität. Bei Verkostungen mit Führung (ab zehn Personen, mit Voranmeldung) lernt man viel über Herstellung und Abfüllung. Im Braustübl serviert man herzhafte Speisen, am Wochenende Flammkuchen aus dem eigenen Holzbackofen (wetterabhängig). Ferienwohnungen ab 45 Euro/Nacht/Pers., Frühstück auf Wunsch (10 Euro/Pers.), Abendessen à la carte nach Voranmeldung.
Chorin OT Golzow, Alte Handelsstr. 49, Barnim, Tel. (03334) 42 05 57, choriner.de,

Zur Goldenen Kartoffel

In der Gaststube prasselt ein Kamin, am Wochenende duftet es in der Bäckerei nach Kuchen, Brötchen und Brot aus dem Holzbackofen. Deftige Küche meist aus regionalen Produkten befreundeter Erzeuger von Ochsenbäckchen mit Schwarzbiersauce bis zur Rippe vom Weiderind. Übernachtung im Hotel (DZ ab 112 Euro inkl. Frühstück). Regionale Produkte, Wurst und Fleisch heimischen Wilds im Hofladen.
Prötzel, Wriezener Str. 11, Märkisch-Oderland, Tel. (033436) 492, zur-goldenen-kartoffel.de, €€€

Übernachten

Bahnwaggons an der Oder

Die fünf umgebauten Bahnwaggons gehören zu einem historischen Hafenensemble mit schönem Blick auf die Oder. Bis zu vier Personen finden jeweils in den drei Schlafwagen Platz (60 Euro/Nacht/2 Pers.), in denen Kühlschrank, Kaffeemaschine, Wasserkocher und WLAN vorhanden sind, aber weder Kochgelegenheit noch Bad. Wasseranschluss und Sanitärraum gibt es im benachbarten Verladeturm, in dem sich auch eine Ferienwohnung und das Turmcafé befinden.
Letschin OT Groß Neuendorf, Hafenstr. 1a, Märkisch-Oderland, Tel. (030) 50 56 24 71, verladeturm.de,

Bäumi-Hof

Kühe beobachten, Kaninchen streicheln, Schweine schnuppern – auf dem stilvoll ländlichen Hof können Kinder und Erwachsene Tieren nahe kommen. Es gibt viel Auslauf, inklusive Sandkasten, Schaukeln und Pedaltraktoren zum Herumrumpeln. Die Doppelzimmer und Einraum-Apartments für zwei Personen sowie die Ferienwohnungen für zwei bis sechs Personen sind modern und gemütlich. Frühstück kann man dazu buchen, Hunde nach Absprache (beides gegen Aufpreis). Kostenfreies WLAN.
Oberuckersee OT Seehausen, Dorfstr. 16, Uckermark, DZ 47,00 - 67,00 Euro, Tel. (039863) 783 02, bäumi-hof.de,

Bootschaft Studios Lychen

Gäste haben die Wahl zwischen vier unterschiedlich ausgestatteten Studios für zwei Personen (85-140 Euro/Nacht). Studio 1 (mit Whirpool) und Studio 2, können zusammengelegt werden, so finden vier Personen Platz. Alle sind modern gestaltet, verfügen über TV und WLAN und verzichten auf nicht notwendige Türen und überflüssige Flure. Kostenlose Kajak- und Fahrradnutzung, eigener Steg zum Baden und für Boote, Gasgrill im Garten.
Lychen, Templiner Str. 3, Uckermark, Tel. (039888) 47 99 60, bootschaftlychen.de,

Camping am Dreetzsee

Der Campingplatz liegt am Südufer des Dreetzsees, an der Grenze zu Mecklenburg-Vorpommern. Er ist Partner des Netzwerks »Natürlich Uckermark – Ferien fürs Klima« das sich aus nachhaltig wirtschaftenden Gastgebern zusammensetzt. Es gibt 190 Touristenstellplätze sowie Ferienhäuser. Dazu Restaurant, Tauchbasis, Wasserrutsche, Badeinsel, Boots- und Fahrradverleih.
Boitzenburger Land OT Thomsdorf, Am Dreetzsee 1, Uckermark, Tel. (039889) 746, dreetzseecamping.de,

Camping am Oberuckersee

Naturbelassener Campingplatz in einem lichten Kiefernwald. Mit Blick auf den Oberuckersee kann man auf den Terrassen sein Zelt, den Wohnwagen oder das Wohnmobil aufstellen. Reservierung empfohlen. Hunde auf Anfrage. Der Radfernweg Berlin-Usedom führt direkt am Platz vorbei.

Oberuckersee OT Warnitz, Lindenallee 2, Uckermark, Tel. (039863) 459, camping-oberuckersee.de,

Das schwarze Haus

Das vom Berliner Architekten Thomas Kröger entworfene Haus erhielt zahlreiche Auszeichnungen. Es ist puristisch eingerichtet mit elf Schlafplätzen auf zwei Etagen, einem großen Wohnraum mit Kamin und offener Küche. Obwohl ganz in schwarz gehalten, strahlt es eine warme, behagliche Atmosphäre aus. Man kann es von November bis März auch nur für ein Wochenende mieten (240 Euro/Nacht/4 Pers., jede weitere Pers. 30 Euro). Seit 2019 gibt es ein zweites Objekt, »Die kleine Acht«: acht Schlafplätze auf zwei Etagen (Lindenhagen, Woltersberger Weg 8, die kleineacht.de).
Gerswalde OT Pinnow, Pinnow 26a, Uckermark, Tel. (09333) 22 25 62, dasschwarzehaus.de,

Erlenhof im Oderbruch

Die Skuddenschafe, eine alte ostpreußische Rasse, leben auf dem Hof und sind fleißige Rasenmäher. Neben fünf Schäferwagen (ab 40 Euro/Nacht/2 Pers.) kann man auch in einer Blockhütte (ab 55 Euro/Nacht/2 Pers.) übernachten. Ein Caravan-Stellplatz. Im Hofladen gibt es Fleisch und Wurst von den Skudden. Das Café hat in der Sommersaison geöffnet. Vermietung von Fahrrädern und Pedelecs.
Letschin OT Kienitz Nord, Kienitzer Oderstr. 51, Märkisch-Oderland, Tel. (033478) 389 80, erlenhof-im-oderbruch.de,

Feriendomizil Alter Garten

Das ehemalige Gutshaus wurde nach baubiologischen Vorgaben saniert und beherbergt sechs stilvolle Ferienwohnungen für zwei bis sechs Personen (ab 59 Euro/Nacht). Drinnen Kamin, draußen gepflegter Garten mit Streuobstwiese und Gartensauna. Meditation und Yoga sowie Bildhauerworkshops werden ebenfalls angeboten.
Temmen-Ringenwalde, Dorfstr. 35, Uckermark, Tel. (039881) 49 99 05, altergarten-feriendomizil.de,

Ferienhof am Gamengrund

Bereits seit 1992 produziert der Familienbetrieb nach Bioland-Richtlinien. Die Produkte können direkt auf dem Hof gekauft werden. Die beiden ausgebauten Bauernhäuser bieten fünf Ferienwohnungen, zwei davon mit Terrasse; rustikal-gemütliche Einrichtung (42-109 Euro/Nacht/4 Pers.). Kinder sind gern gesehen, für sie gibt es eine 200 Quadratmeter große Spielscheune und einen Badesee. Hundemitnahme in zwei Objekten erlaubt.
Gemeinde Höhenland OT Leuenberg, Berliner Str. 1a, Märkisch-Oderland, Tel. (0162) 598 22 05, behringhof.de,

Gut Wolletz

Mitten im Biosphärenreservat Schorfheide-Chorin gelegen, idealer Ausgangspunkt für Wanderungen, Fahrradtouren und Bootspartien. Fünf Apartments bieten auf 28 bis 89 Quadratmetern Platz für bis zu vier Personen. Alle verfügen über Bad, Einbauküche, TV, WLAN und kleine Terrasse. In zwei der Wohnungen können nach Rücksprache Hunde mitgebracht werden.
Angermünde OT Wolletz, Zur Kastanienallee 12a, Uckermark, Tel. (033337) 516 45, gutwolletz.de,

Gutshof Fredenwalde

Auf dem Gutshof im Biosphärenreservat Schorfheide-Chorin kann man in zehn Ferienwohnungen im Kornspeicher, der Remise und dem Torhaus entspannen. Die Wohnungen für zwei bis acht Personen sind bis zu 230 Quadratmeter groß, verfügen überwiegend über Balkon oder Terrasse, Kamin oder Kaminofen, WLAN und Grill. Die Nutzung von Pool, Sauna und Tennisplatz ist frei. Seit Herbst 2020: zehn Mikro-Apartments im Pferdestall.
Gerswalde, Ort Groß Fredenwalde 14, Uckermark, Tel. (0160) 479 85 69, gutshof-fredenwalde.de,

Gutshof Kraatz

Mit historischen Baustoffen liebevoll saniert, bietet der Gutshof in seiner Wagenremise von 1870 sowie dem Neusiedlerhaus aus den 1930er Jahren zwei stilvolle Ferienhäuser (ab 90 Euro/2 Pers.). In der

Baumhaushotel Uckermark

Schwer zu sagen, wen das Angebot mehr begeistert, die Eltern oder die Kinder. Vier komfortable Baumhäuser, ein fünftes steht kurz vor der Fertigstellung, sind auf Gut Gollin in den Baumkronen verankert. Aus ihren Fenstern oder von ihren Veranden aus bieten sie bis zu sechs Kurzzeitbewohnenden (ab 100 Euro/Nacht/2 Pers.) eine Premiumaussicht auf das Rot- und Damwild, das hier in der Schorfheide lebt. Tiefenentspannung im rauschenden Blätterwald! Wer lieber mit festem Grund unter den Füßen schläft: Im Gutshaus gibt es Ferienwohnungen und Zimmer. Das Frühstück wird mit Waren aus dem Hofladen bestückt, der neben Eiern und Fleisch vom Gut viele feine Produkte aus der Region bereithält.
Templin, Gut Gollin 1, Uckermark, Tel. (039882) 61 99 41, baumhaushotel-uckermark.de,

Kelterei werden aus alten Apfel- und Birnensorten der Region sortenreine Weine, Schaumweine und Säfte produziert. Im Restaurant gibt es dazu feine Speisen aus regionalen Zutaten.
Nordwestuckermark OT Kraatz, Schloßstr. 7, Uckermark, Tel. (039859) 639 76, gutshof-kraatz.de,

Hotel Döllnsee-Schorfheide

Erst Göring, dann DDR-Bonzen – das 1934 errichtete Schadehaus hat eine wechselvolle Geschichte. Heute ist daraus ein schmuckes Vier-Sterne-Hotel in direkter Seelage geworden. Man kann im Döllnsee baden, es gibt einen kleinen Strand, einen Badesteg, eine Seesauna, eine Schwimmhalle und einen Wellnessbereich, zudem einen Boots- und Fahrrad-Verleih, auch Stand-up-Paddeln. Das Restaurant bietet Fisch und Wild aus der Schorfheide.
Templin OT Groß Dölln, Döllnkrug 2, Uckermark, DZ 69,00 - 244,00 Euro, Tel. (039882) 630, doellnsee.de,

Hotel Schloss Reichenow

Das Herrenhaus in sehr ruhiger Lage am See wurde von der Berliner Hoteliersfamilie Eilers entrümpelt, grundrenoviert und zum kuscheligen Vier-Sterne-Wohlfühlhotel gemacht. Die 22 Zimmer sind schlicht und stilvoll gestaltet, die Sammlung zeitgenössischer Kunst ist beispielhaft, und die Restaurant-Küche ist regional ausgerichtet (2021 erneut vom Gault&Millau ausgezeichnet). Das Haus ist vom ADFC als fahrradfreundlich klassifiziert. Anliegender Badesee mit Rundwanderweg.
Reichenow-Möglin, Neue Dorfstr. 1, Märkisch-Oderland, DZ 85,00 - 140,00 Euro, Tel. (033437) 27 66 28, schlossreichenow.com,

Iglu Camp

Die Holz-Iglu-Hausboote liegen auf dem Templiner Stadtsee und wurden aus dreilagigen Espenholz-Schindeln nach jahrhundertealter Bautradition gefertigt. Innen sind sie modern und komfortabel, verfügen über Doppelbett, Sitzecke, kleine Küchenzeile mit Spüle, zwei Ceranplatten, Kaffeemaschine, Wasserkocher, Geschirr und Töpfen sowie Bad mit WC und Dusche. Große möblierte Terrasse mit Sonnensegel.
Templin, Seestr. 1, Uckermark, Tel. (039349) 95 88 12, iglu-camp.de,

Lounge Hotel Seeterrassen

Seine Lage ist das große Kapital des schönen Gründerzeithauses am Ufer des Wandlitzsees: Die begrünte Terrasse liegt leicht erhöht, so dass die Gäste (ab 16 Jahre) aus den meisten Hotelzimmern auf den See blicken (DZ ab 89 Euro). Es stehen ein Bootsverleih und ein kleiner, aber komplett ungestörter Badestrand zur Verfügung. Die Küche bietet moderne, regionale und saisonale Speisen.
Wandlitz, Thälmannstr. 93, Barnim, Tel. (033397) 76 90, hotel-seeterrassen.de,

mein.lychen

Der erfahrene Hotelier Friedrich W. Niemann ist beim Kanufahren mit seinem Bruder auf dieses Haus mit großem Garten am Wasser aufmerksam geworden. Zusammen haben sie daraus ein edles Bed&Breakfast gemacht mit vier Zimmern und zwei Studios, alles ohne TV (ab Frühjahr 2021 Gartenhaus Siegen für 4 Pes.). Das kulinarische Frühstück (ohne Buffet) in drei Gängen und die souveräne Betreuung heben das Haus weit über das Normalniveau. Es gibt Bibliothek, Jagdzimmer mit Kamin, Grillplatz, Genussbar und Sauna mit Ruheliegen sowie Anlegemöglichkeiten für Paddler. Hunde nach Anmeldung. Ganz ähnlich konzipiert ist »mein.werder« am historischen Marktplatz in Werder (Havel) mit fünf Zimmern, drei Studios und Restaurant »fritz am markt« mit Brandenburger Tapas.
Lychen, Berliner Str. 43, Uckermark, DZ 95,00 - 165,00 Euro, Tel. (039888) 52 21 88, meinlychen.de,

Naturerlebnishof Uferloos

Das Besondere sind die Übernachtungsmöglichkeiten. In Jurten, eigenem Zelt (Erw. 15 Euro/Nacht) und sogar einem ausgebauten Zirkuswagen (Erw. 35 Euro/Nacht) kann man hier schlafen. Wer es gerne bequemer hat, kann auch eine der Ferienwohnungen (DZ 65 Euro/Nacht) mieten. Frühstücks- und Abendbrotbuffet bio und regional. Kanu- und Fahrradverleih, Naturbadestelle im Altarm der Oder.
Letschin OT Kienitz, Deichweg 9, Märkisch-Oderland, Tel. (033478) 389 76, uferloos.de,

Re:hof Rutenberg

Landurlaub auf einem ehemaligen Pfarrhof. Es gibt Unterkünfte für zwei bis fünf Personen: drei loftartige Ferienwohnungen im Stallgebäude, drei Holzhäuser im Garten, eine geräumige Ferienwohnung im Pfarrhaus und eine barrierefreie Wohnung im Hofgebäude. Ein kleiner Hofladen bietet morgens frische Brötchen, ein Basissortiment an Bioprodukten, Wein, Käse und Eier. In fünf Minuten erreicht man einen kleinen Sandstrand am Großen Kronsee.
Lychen OT Rutenberg, Dorfstr. 23, Uckermark, Tel. (039888) 47 99 01, rehof-rutenberg.de,

Rote Scheune

Gerswalde hat sich zum Exil stadtmüder Berliner entwickelt, die hier mit Cafés und anderen alternativen Projekten ein unkonventionelles Ausflugsziel geschaffen haben. Das Gästehaus ist für vier Personen ausgelegt und verfügt über zwei Doppelzimmer, ein Wohnzimmer mit kinderfreundlichem Kamin, eine vollausgestattete Küche, ein Duschbad, WLAN und einen Garten mit Sandkasten (ab 110 Euro/Nacht).
Gerswalde, Ort Fergitz 7, Uckermark, Tel. (0172) 986 22 99, rote-scheune.com,

Schloss Boitzenburg

Zwischen Lychen und Prenzlau liegt das größte Landschloss Brandenburgs, seit Anfang des 16. Jahrhunderts Stammsitz der Familie von Arnim. Die Schlossanlage wurde von 1838 bis 1842 von Friedrich August Stüler umgebaut, der Park von Peter Joseph Lenné gestaltet. Heute ist das Haus ein Familien- und Kinderhotel mit Restaurant. Von März bis Dezember finden am Wochenende und feiertags Schlossführungen statt (3,50 Euro). Am Mühlenweg 5 steht zudem eine Wassermühle aus dem Jahr 1271 mit Museum (klostermuehle-boitzenburg.de).
Boitzenburger Land, Templiner Str. 13, Uckermark, DZ 60,00 - 110,00 Euro, Tel. (039889) 509 30, schloss-boitzenburg.de,

Wassermühle Gollmitz

Schön sanierte Mühle aus dem 17. Jahrhundert mit dem größten Wassermühlenrad Norddeutschlands (Führungen möglich). Übernachtungsmöglichkeiten in vier Ferienwohnungen (ab 50 Euro Nacht/2 Pers.), der Radlerunterkunft (30 Euro Nacht/2 Pers.) und auf einer kleinen Zeltwiese (ab 10 Euro Nacht/Pers.). Abends kann im Mühlengarten gegrillt werden. Brauerei mit Bier zum Selbstzapfen, Räucherofen für ofenfrischen Fisch.
Nordwestuckermark OT Gollmitz, Mühlenberg 12a, Uckermark, Tel. (039852) 491 41, wassermuehle-gollmitz.de,

Gundula Frank,
Landwirtin aus Sonnewalde

Von Menschen von um die Ecke.

Mark Brandenburg liegt die Region am Herzen. Deshalb stammt unsere Milch von lokalen Vertragsbauern aus der Region Brandenburg und ist rückverfolgbar bis auf den Hof. Zum Beispiel zu der Agrargenossenschaft Sonnewalde. Hier ist die Diplom-Agraringenieurin Gundula Frank für 450 Milchkühe hauptverantwortlich, deren Milch im nur 40 km entfernten Milchwerk in Elsterwerda zu natürlichen Mark-Brandenburg-Produkten verarbeitet wird. Eben Qualität von um die Ecke.

Süd-osten

Oder-Spree
Dahme-Spreewald
Oberspreewald-Lausitz
Spree-Neiße
Cottbus
Frankfurt (Oder)

LEGENDE

- €€€ ... günstig
- €€€ ... moderat
- €€€ ... gehoben
- [EC] ... keine EC-Kartenzahlung
- ... Terrasse
- ... Außenpool
- ... Innenpool
- ... Sauna
- ... Fitnessraum
- ... Hundemitnahme möglich

Freizeit & Kultur

Archäotechnisches Zentrum Welzow

Wie zerlegt man ohne Säge einen Baum? Was macht man, wenn man im Bergbaugebiet einen Schädel findet? Wissenschaftler und Pädagogen vermitteln archäologisches Wissen und führen in die Kulturgeschichte der Lausitz ein. Und da hier alles angefasst werden darf, eignet sich diese museale Einrichtung besonders für Kinder und Sehbehinderte. Die Daueraustellung »Mensch – Holz – Archäologie« bietet Exponate aus 300.000 Jahren Menschheitsgeschichte. Workshops für altes Handwerk wie Schmieden, Spinnen, Töpfern.
Welzow, Fabrikstr. 2, Spree-Neiße, Tel. (035751) 282 24, atz-welzow.de,

Biosphärenreservat Spreewald

Ein feingliedriges Netz aus Fließen durchzieht den Spreewald und macht ihn zu einer in Mitteleuropa einzigartigen Naturlandschaft. 1990 wurde er zum Biosphärenreservat erklärt, den UNESCO-Status gab es im Jahr darauf. Vom Wasser aus, zu Fuß, über den Gurkenradweg – auf vielerlei Wegen lässt sich die Auenlandschaft mit ihrer artenreichen Tier- und Pflanzenwelt erkunden, allein 52 Libellenarten sind hier heimisch. Das »Haus für Mensch und Natur« gibt in einer Dauerausstellung präzise Informationen, der Eintritt ist frei.
Lübbenau, Schulstr. 9, Oberspreewald-Lausitz, Tel. (03542) 892 10, spreewald-biosphaerenreservat.de

Calauer Witzerundweg

Ja, hier sollen sie herkommen, die Kalauer. Wer sie lesen und gleichzeitig noch die Stadt kennenlernen will, begibt sich auf den Witzerundweg. Dieser führt einen auf 1,36 Kilometern durch Calau – beginnen kann man wo man möchte. An historisch bedeutenden Bauten, touristisch interessanten Punkten und Privathäusern sind 25 Tafeln mit je einem Kalauer und Informationen zu Gebäude und Stadtgeschichte angebracht.
Calau, Cottbuser Str. 32, Oberspreewald-Lausitz, Tel. (03541) 895 80, calau.de,

Dokumentationszentrum Alltagskultur der DDR

Inmitten der als Flächendenkmal geschützten Planstadt Eisenhüttenstadt befindet sich das Fachmuseum für die Alltagskultur der DDR mit einer umfangreichen Sammlung, die es erforscht und in Ausstellungen vorstellt (Erw. 4 Euro). Das Zentrum setzt immer wieder mit Sonderausstellungen, Publikationen und Veranstaltungen Impulse im Erinnerungsdiskurs zur DDR (Ausstellung zur »Sozialistischen Stadt« in der gesellschaftlichen Transformation, auch am Beispiel des vor 70 Jahren gegründeten Eisenhüttenstadt, ab 21. März 2021).
Eisenhüttenstadt, Erich-Weinert-Allee 3, Oder-Spree, Tel. (03364) 41 73 55, alltagskultur-ddr.de,

Dahme-Schifffahrt Teupitz

Die Reederei bietet von Ostern bis Oktober verschiedene Rundfahrten über die Teupitzer Gewässer an. Von Juni bis August findet immer mittwochs und sonntags um 13.15 Uhr die »Große Fahrt« statt, eine ca. fünfstündige 10-Seen-Fahrt nach Prieros, einschließlich Landgang (Erw. 19 Euro).
Teupitz, Markt 16, Dahme-Spreewald, Tel. (033766) 415 55, dahme-schifffahrt.de,

Erlebnispark Teichland

Ein Ort mit Attraktionen: Sommerrodelbahn, ein 16 Meter hoher Kletterfelsen, Zipline-Parcours in luftiger Höhe über 460 Meter, Bungeetrampolin, riesige Wasserbälle, Minigolf, Labyrinth und Elektrorace für die Kleinen. Es wird kein genereller Eintritt erhoben, man bezahlt nur, was man nutzen möchte und zwar mit Chips, die man an der Kasse erwirbt (Erw. 2,50 Euro, Kinder 2 Euro pro Chip).
Teichland OT Neuendorf, Zum Erlebnispark 1, Spree-Neiße, Tel. (035601) 90 90 23, erlebnispark-teichland.de,

Gartenstadt Marga

Die denkmalgeschützte Siedlung im Westen Senftenbergs zeigt, wie Architekten vor dem Ersten Weltkrieg das Wohnen reformieren wollten. In dieser ersten Gartenstadt Deutschlands ist jedes Haus anders. Rund um den Marktplatz gibt es das historische Ensemble mit Kirche, Kaufhaus und Kaiserkrone. Über die Tourist-Information (Markt 1, Senftenberg) können Führungen gebucht werden (6 Euro/Pers., ab 10 Pers.). Eine Ausstellung zeigt die Geschichte der Gartenstadt (Erw. 2,50 Euro, keine Kartenzahlung, keine Hunde).
Senftenberg OT Brieske, Komplex der Kaiserkrone/Platz des Friedens 4, Oberspreewald-Lausitz, Tel. (03573) 149 90 10, senftenberg.de,

Großer Müllroser See

Im Freibad am naturbelassenen Ostufer mit weitläufigem Strand ist der Eintritt frei. Es gibt zwei Volleyballspielfelder, Spielplatz, Imbiss, sanitäre Anlagen und Campingplatz. Das Strandbad am Westufer (Erw. 1,50 Euro) bietet Wasserrutsche, eine Steganlage sowie eine Gaststätte. Ein etwa neun Kilometer langer Wanderweg umrundet den See. Hunde an der Leine erlaubt.
Müllrose, Am Ostufer (Freibad), Beeskower Str. 33 (Strandbad), Oder-Spree,

Hafencamp Senftenberger See

Das Hafencamp am 1300 Hektar großen See bietet Übernachtungsmöglichkeiten in Mehrbettzimmern (ab 69 Euro), in der Campinghütte (ab 40 Euro) oder auf der Campingwiese (ab 19 Euro/2 Pers. und Zelt), in der Hafenlodge (ab 79 Euro) und im Baumhaus (ab 119 Euro). Hunde auf Anfrage. Bei Expeditours kann man Kajaks, Canadier, Ruder-, Tret-, Segel- und Motorboote, SUP-Boards, Tretroller und Fahrräder mieten (expeditours.de, Tel. (03573) 8086766).
Senftenberg OT Großkoschen, Str. zur Südsee 2, Oberspreewald-Lausitz, Tel. (03573) 80 06 00, hafencamp-see.de

Helenesee

Von den Frankfurtern als »kleine Ostsee« bezeichnet, überrascht der Helenesee mit einem kilometerlangen Sandstrand und kristallklarem Wasser, auch wenn der Hauptstrand wenig idyllisch ist. An den östlichen und westlichen Ufern gibt es weitere Badestellen, auch textilfreie und für Hunde erlaubte Bereiche.
Frankfurt (Oder), Am Helenesee 2, Frankfurt (Oder), Tel. (0335) 55 66 60, helenesee.de

Hurricane Factory

Im größten deutschen Windtunnel für Bodyflyer wird man durch einen 280 km/h schnellen Luftstrom getragen. Die Betreiber vergleichen das Gefühl mit dem »Freifall eines Fallschirmsprungs aus 4000 Metern« – eine Erfahrung mit viel Adrenalin (Erw. ab 35 Euro wochentags). Darum ist es gut zu wissen, dass ein erfahrener Instrukteur die ganze Zeit über dabei ist. Vorkenntnisse sind nicht erforderlich. Kinder können ab fünf Jahren mitmachen.
Schönefeld OT Waßmannsdorf, Waßmannsdorfer Allee 3, Dahme-Spreewald, Tel. (03379) 321 73 80, hurricane-factory.com/berlin/de,

Kanusport Dahmeland

Verleih von Kajaks, Kanadiern und Mannschaftskanadiern. Tages- und Mehrtagestouren mit variablem Start- und Zielort zwischen Burg und Berlin. In atemberaubender Natur gelegen, lohnen alle Wasserwege einen Ausflug, ob auf Dahme, Randkanal oder im Unterspreewald.
Märkisch Buchholz, Eisenbahnstr. 12, Dahme-Spreewald, Tel. (0172) 319 62 53, kanusport-dahmeland.de,

Kletterwald Bad Saarow

Der Kletterwald liegt in Sichtweite zum Scharmützelsee und ist nach Motiven des eigens für ihn verfassten Kinderbuchs gestaltet. Auf neun verschiedenen Parcours gibt es über hundert Kletterelemente in bis zu zwölf Metern Höhe. Es gibt auch einen Kleinkindparcours (ab drei Jahren) mit Spielplatz. Bogenschieß-Anlage, Escape Exit Outdoor Game, Monkey Climbing, Waldbistro sowie Blockhütte und Tipi für Veranstaltungen.
Bad Saarow, Seestr. 47, Oder-Spree, Tel. (033631) 40 48 31, kletterwald-badsaarow.de,

Märkischer Lamahof

Seit 1996 werden hier Lamas gezüchtet, Trekking- und Freizeittiere, die groß, robust und freundlich sind. Inzwischen lebt hier in Schenkendorf die größte Lamaherde in den neuen Bundesländern. Auch einige Alpakas gibt es auf dem Hof. Neben verschieden langen Wanderungen werden Einführungen in die Lama- und Alpakakunde sowie Fütterungen angeboten.
Mittenwalde OT Schenkendorf, Freiherr-von-Loeben-Str. 2, Dahme-Spreewald, Tel. (0152) 28 75 26 53, maerkischer-lamahof.de

Motzener See

Er ist die Wiege der deutschen Freikörperkultur. Aber auch Badehosenträger genießen diesen See, einer der saubersten Brandeburgs. Ideal für Familien ist das Strandbad Kallinchen (Am Strandbad, Mitte Mai-Mitte Sept. tägl. 10-20 Uhr geöffnet, Erw. 3 Euro): große Liegewiese, Beachvolleyball, Tischtennis, Großschach, Minigolf, Wasserrutsche, Kinderspielplatz, Boots- und Fahrradverleih. Eine weitere Badestelle gibt es am gegenüberliegenden Ufer in Motzen.
Zossen OT Kallinchen, Dahme-Spreewald, kallinchen.de

Oldtimermuseum »Mobile Welt des Ostens«

Über 150 historische Fahrzeuge, darunter einige Raritäten und Kuriositäten der DDR-Fahrzeugproduktion, sind hier zu sehen (Erw. 6 Euro), etwa die Luxuslimousine der DDR, der letzte gebaute Horch Sachsenring P 240, das Sportcabriolet EMW 327 und der »Piccolo-Duo«, ein zweisitziger Krankenfahrstuhl. Zur Sammlung zählen auch sämtliche Regierungsfahrzeuge der DDR und Modelle aus den »Bruderländern« – etwa ein gepanzerter Skoda VOS der tschechischen Regierung – sowie Alltagsgegenstände aus der DDR. Führungen von bis zu zwei Stunden können vorab vereinbart werden und sind im Eintrittspreis enthalten.
Calau, Str. der Freundschaft 28, Oberspreewald-Lausitz, Tel. (03541) 87 15 55, mobileweltdesostens.de,

Ostdeutscher Rosengarten Forst

Auf einer Fläche von 17 Hektar erwarten den Besucher zehntausende Rosen in fast tausend Sorten, saisonale Themengärten, weitläufige Rasenflächen, alter Baumbestand, romantische Wasserspiele sowie steinerne Zeugnisse der Gartenkunst aus der Gründerzeit (Rosenpark Erw. 5 Euro). Erlebnisspielplatz »Dornröschenpark« und Restaurant und Café »Rosenflair«. Traditionell am letzten Juni-Wochenende: »Rosengartenfesttage« mit Schnittrosenschau, Bühnenprogrammen, illuminiertem Romantikpark und »Nacht der 1000 Lichter«. Parkführungen und »Romantische Nachtführungen« über die Touristinformation (forst-information.de).
Forst (Lausitz), Wehrinselstr. 42, Spree-Neiße, Tel. (03562) 98 93 50, rosengarten-forst.de,

Schwielochsee

Größter natürlicher See Brandenburgs mit vielen Badestellen, die meisten verfügen über sanitäre Anlagen und Gastronomie. Campingplätze gibt es rundum. Das Fahrgastschiff MS Schwielochsee (Tel. (035478) 746) macht Rund- und Halbtagsfahrten ab Goyatz, Jessern, Zaue, Glowe und Beeskow.
Schwielochsee, Dahme-Spreewald

Slawenburg Raddusch

Mit ihrer runden, flachen Form wirkt die Slawenburg wie ein Fremdkörper in der Ebene. Es handelt sich um die Adaption einer frühmittelalterlichen Burg, wie sie die slawischen Stämme als Schutz und Gemeindezentrum

erbauten. Innen beherbergt der Bau eine hochmoderne Ausstellung von Fundstücken aus dem Braunkohle-Tagebau in der Lausitz (Erw. 10 Euro). Bedeutende Originalfunde erzählen die Geschichte der Niederlausitz. Der »Zeitsteg« mit seinen Landschaftsinseln führt den Besucher durch 12.000 Jahre Niederlausitzer Pflanzenwelt. Dazu Erlebnisangebote wie Kinderspiele des Mittelalters und Familientage mit besonderem Programm.
Vetschau OT Raddusch, Zur Slawenburg 1, Oberspreewald-Lausitz, Tel. (035433) 592 20, slawenburg-raddusch.de

Snowtropolis

Die Skihalle in Senftenberg bietet eine 130 Meter lange Piste mit 22 bis 25 Prozent Gefälle für Ski- und Snowboardfahrer (Erw. 14-32 Euro). Im Funpark stehen Jumps, Kicker, Slider und Rails. Für mindestens vier Personen werden Schnupperkurse für 55 Euro pro Person angeboten. In den Wintermonaten gibt es eine überdachte Schlittschuhbahn.
Senftenberg, Hörlitzer Str. 36, Oberspreewald-Lausitz, Tel. (03573) 36 37 00, snowtropolis.de

Spreehafen Burg

Seit 1913 starten die Kähne vom Spreehafen Burg zu Erkundungstouren. Zur Auswahl stehen verschiedene Exkursionen: im Sommer etwa die Frühstücks-, Schleusen-, Kolonisten- oder Mondscheinkahnfahrt, im Winter Glühwein- und Lichterkahnfahrten. Exklusiv sind die Kaminkahnfahrten und der Kahn der Sinne. Auch Kajaks, Kanadier und Fahrräder können ausgeliehen werden. Es gibt ein Bistro und zwei Gaststätten.
Burg (Spreewald), Am Hafen 1, Spree-Neiße, Tel. (035603) 758 00, spreehafen-burg.de,

Spreewaldhafen Lübben

In Lübben stakt der Fährmannsverein »Flottes Rudel« die Besucher:innen afu bequemen Kähnen durch die Fließe des Spreewalds. Die kürzeste Tour dauert eineinhalb bis zwei Stunden und kostet 16 Euro pro Person (Kinder unter zwölf Jahre 6 Euro). Bei der Abend-, Mittags-, Kaffee-, Grill- und Tagesfahrt ist man jeweils zwei bis sieben Stunden lang unterwegs. Zusteigen kann man am Spreeufer der Lindenstraße oder an der Schlossinsel am Ernst-von-Houwald-Damm. An beiden Häfen sind Parkplätze vorhanden.
Lübben, Ernst-von-Houwald-Damm 15, Dahme-Spreewald, Tel. (03546) 71 22, flottes-rudel.de,

Spreewald-Museum Lübbenau

In diesem Museumskaufhaus in der Lübbenauer Altstadt lässt sich erkunden, wie Einkaufen vor hundert Jahren im Spreewald aussah (Erw. 6 Euro). Typische Läden und Handwerkerbetriebe wurden eingerichtet, darunter Fleischer und Bäcker, Kürschner und Schuhmacher, aber auch eine Kneipe. Anfassen und Mitmachen ist erwünscht, etwa beim Puzzeln von Schuhleisten oder beim Brotformen. Originale Spreewaldbahn mit Dampflok und kombiniertem Personen- und Gepäckwagen aus dem Jahr 1897.
Lübbenau, Topfmarkt 12, Oberspreewald-Lausitz, Tel. (03573) 870 24 20, museums-entdecker.de,

Spreewaldring Kart-Center

Auf 800 Metern mit scharfen Kurven, schnellen Geraden und großer Flutlichtanlage bietet die Kartbahn viel Abwechslung (Erw. 14 Euro). Für Kinder zwischen drei und sechs Jahren gibt es eine Extrabahn mit Elektroautos und einen Spielplatz. Mittwochs ist Happy Day mit günstigeren Preisen.
Schönwald OT Waldow, Waldhaus 1, Dahme-Spreewald, Tel. (035477) 40 40, kart-center.de,

Teupitzer See

Kaum hat man die Autobahn verlassen, befindet man sich in einer wild-romantischen Umgebung. Teupitz konnte sich seinen dörflichen Charakter bewahren, und um den sauberen See herum, an den sich im Norden der Schweriner See anschließt, liegen mehrere Zeltplätze mit Badestellen, so etwa »Relax Camping« (relaxcamping.de) an der südwestlichen Seite des Sees.
Teupitz, Dahme-Spreewald

Tierpark Cottbus

Der direkt an den Spreeauenpark (BUGA 95) grenzende Tierpark liegt in einer urwüchsigen Landschaft (Erw. 8 Euro) und ist mit einem Gesamtbestand von 1200 Tieren der größte zoologische Garten Brandenburgs.
Cottbus, Kiekebuscher Str. 5, Cottbus, Tel. (0355) 355 53 60, tierparkcottbus.de,

Werlsee

Im Mittelalter gehörte der im Berliner Urstromtal gelegene See, indem sich die auch »Liebesinsel« genannte Insel Lindwall befindet, zum Besitz des Zisterziensterklosters Zinna. Am Nordufer gibt es einen breiten Strand zum Sonnen, einen Kletterwald und eine Strandbar. Am von Fichtenwald umgebenen Südufer findet man zu jeder Tageszeit ein schattiges Plätzchen. Angler können hier etwa auf Weißfische, Barsche, Hechte, Karpfen und Zander treffen.
Grünheide (Mark), Oder-Spree

Wettermuseum Lindenberg

Der Standort Lindenberg hat in der Meteorologie Tradition – seit 1905 wird hier das Wetter erforscht. Das Museum nutzt ein unter Denkmalschutz stehendes ehemaliges Gebäude des Observatoriums für seine Ausstellungen. Es präsentiert Geschichte und Gegenwart von Drachenflug bis Laserstrahlen, verschafft Einblicke in die Entwicklung meteorologischer Messinstrumente, zeigt, wie aus Messwerten Wettervoraussagen entstehen und vermittelt grundsätzliche Einsichten zum Klimawandel. 2020 wurde der Außenbereich mit zahlreichen Ausstellungsstücken und Info-Tafeln erweitert. Auf Anfrage auch Gruppenführungen außerhalb der Öffnungszeiten.
Tauche OT Lindenberg, Herzberger Str. 21, Oder-Spree, Tel. (033677) 625 21, wettermuseum.de

Wolfs Touren

Direkt auf dem Gelände des CVJM werden Ruder-, Paddelboote und Kanadier vermietet. Geführte Rad- und Kanutouren

sind ebenso im Programm wie Routenvorschläge für Individualpaddler, Waldexkursionen sowie Stadtführungen durch Storkow. Direkt am Wasser ist auch ein Biwakplatz mit Sanitäranlagen und Gemeinschaftsküche für Selbstversorger mit Zelt vorhanden – auf Wunsch mit Verpflegung. Ostern gibt es eine Wanderung zu den brütenden Kranichen.
Storkow (Mark), Wolfswinkel 38, Oder-Spree, Tel. (0171) 677 11 98, wolfstouren.de,

Essen & Trinken

17fuffzig im Bleiche Resort & Spa

Küchenchef Alexander Müller, der Erfahrungen aus der Spitzenliga mitbringt, verbindet klassisch französisches Handwerk mit Regionalem. Der gebürtige Brandenburger weiß ebenso mit internationaler Gourmetküche zu beeindrucken. Neu sortierte Weinkarte mit mehr als 550 Positionen. Treffpunkt der Restaurantgäste für den Aperitif am Kamin: das »Engelgarten-Foyer«.
Burg, Bleichestr. 16, Spree-Neiße, Tel. (035603) 620, bleiche.de,
€€€

amiceria

Das Restaurant bietet authentische italienische Küche: frische Pasta aus der eigenen Manufaktur, hausgemachte Steinofenpizza, Antipasti und Kaffeespezialitäten. Sehr freundlich sind auch die guten italienischen Weine kalkuliert. Ostern 2021 eröffnet in Strausberg übrigens die »casa amiceria« mit Biergarten und Hotel (Haus am Straussee, Fichteplatz 1).
Bad Saarow, Kurpark Kolonnaden/ Ulmenstr. 2a, Oder-Spree, Tel. (033631) 59 84 38, amiceria.de, €€€

AS am See

Andreas Staack bietet im kleinen, freundlich gestalteten Bistro ein täglich wechselndes Menü in fünf Gängen, für preiswerte 50 Euro pro Person, und viele gute Weine. Der See ist doch ein paar Schritte entfernt, dafür liegt das Restaurant nahe der Therme. Eigener Parkplatz, Sommerterrasse.
Bad Saarow, Seestr. 9, Oder-Spree, Tel. (033631) 59 92 44, asamsee.de, €€€

Cavalierhaus Branitz

Zwischen alten Bäumen mitten im wunderschönen Branitzer Park, in unmittelbarer Nachbarschaft zum ehemaligen Schloss des Fürsten Pückler, liegt das »Cavalierhaus«. Küchenchef Tim Sillack hat es aufwendig renoviert und im April 2020 neu eröffnet. Tagsüber gibt es täglich regionale Klassiker von Soljanka bis Pellkartoffeln mit Quark. Außerdem von Donnerstag bis Sonntag – nur nach Reservierung – fürstlich-moderne Küche im Restaurant »Lou«. Wer nach dem Dessert nicht nach Hause mag, kann ein Gästezimmer nehmen (DZ ab 99 Euro). Dazu Cafébetrieb und, falls man sich beim Flanieren im Park nur kurz verproviantieren möchte, in der Freiluftgastronomie »Kleiner Cavalier« ein To-go-Angebot.
Cottbus, Am Kavalierhaus 9, Cottbus, Tel. (0355) 49 39 70 30, cavalierhaus-branitz.de, €€€

Bollwerk 4 im Deutschen Haus

Jugendstil-Haus in Fürstenberg, dem alten Teil von Eisenhüttenstadt. Das Gemüse hier kommt aus einer Bio-zertifizierten Gärtnerei im Ort, die sich dem Anbau alter Sorten verschrieben hat. Auf der Karte steht neben verfeinert Deftigem von Wild und Fisch auch Pferdefleisch, zum Beispiel als Roulade (27 Euro), sowie ein rein vegetarisches Menü. Anruf vor Besuch ratsam.
Eisenhüttenstadt, Lindenplatz 1, Oder-Spree, Tel. (03364) 74 02 64, bollwerk4.de, €€€

Garten Steinhöfel

Im Garten Steinhöfel finden Ausstellungen und die Reihe »Kochende Gärten« statt. Hier kann man nach Anmeldung Kochkurse unter freiem Himmel absolvieren, der Schwerpunkt liegt auf der Zubereitung alter Gemüsesorten (Termine und Infos unter kochende-gaerten.de). Die Saison 2021 startet aller Voraussicht nach am 2. Mai.
Steinhöfel, Str. der Freundschaft/ Ecke Berkenbrücker Weg, Oder-Spree, Tel. (0176) 31 37 00 95, landkunstleben.de,

Hof Marienhöhe

Seit über 90 Jahren wird auf dem Hof biodynamisch gewirtschaftet. Der älteste deutsche Demeterhof bietet Fleisch vom Rind und Schwein, Obst und Gemüse sowie Käse, Quark, Honig und Biokosmetik. Alljährlich im Mai: Großer Kräutermarkt mit einem Angebot von über hundert Topfkräutern.

Bad Saarow, Marienhöhe 3, Oder-Spree, Tel. (033631) 26 05, hofmarienhoehe.de,

Hotel Kaisermühle

Wassermühle von 1680 im neuen Gewand Die Speisen orientieren sich an Saison und Region, werden aber mit Esprit zubereitet. Lokale Jäger, Fischer und Landwirte bringen ihre Waren frisch ins Haus. Die Zimmer sind eigen und unverwechselbar gestaltet (DZ ab 89 Euro). Zu Fuß oder per Fahrrad kann man das Schlaubetal erkunden.
Müllrose, Forststr. 13, Oder-Spree, Tel. (033606) 880, hotel-kaisermuehle.de, €€€

Landhaushotel Prinz Albrecht

Ein mit Seerosen bedeckter Teich, dahinter leuchtet gold-gelb das Zisterzienserkloster Neuzelle, wo das Schwarzbier »Schwarzer Abt« gebraut wird. Das gibt es im Hotel vom Fass, zudem Schnaps aus einer kleinen Brennerei. Die Inneneinrichtung wirkt etwas bieder, die Küche hält sich an konventionelle Zubereitungen, arbeitet aber mit Sorgfalt und bietet neben Regional-Saisonalem vegetarische und vegane Speisen.
Neuzelle, Frankfurter Str. 34, Oder-Spree, Tel. (033652) 813 22, hotel-prinz-albrecht.de,

Le Gâteau Rose

Tolle Patisserie von Konditorin Jana Büttner, die Erfahrung aus dem Arosa und dem Adlon mitbringt. Täglich um die acht verschiedene Törtchen. Signature Dish ist die fruchtige rosarote Torte »Gâteau rose« nach einem alten Familienrezept. Derzeit nur Außer-Haus-Verkauf, Torte nach Vorbestellung. Café-Betrieb nach dem Lockdown mit großem Frühstücks- und Bistro-Angebot (Eggs Benedict, Pancakes, Porridge, Stullen, Shakshuka).
Bad Saarow, Seestr. 11, Oder-Spree, Tel. (033631) 448790, gateaurose.de, €€€

Leutloff's am See

In der Villa am kleinen See in der Ortsmitte leben Heideruth und Hartmut Leutloff für die Gastronomie, und das seit vielen Jahren. Filet vom Zander mit Meerrettich-Mousseline und Rote Bete-Jus und Ceviche von der Jakobsmuschel ergänzen die Klassiker, zu denen in der Saison auch die Spargelkarte gehört. Der Patron hat eine riesige Weinkarte mit konkurrenzlos günstigen Preisen. Terrasse mit Seeblick. Pensionszimmer (DZ 90 Euro).
Zeuthen, Schulzendorfer Str. 5-6, Dahme-Spreewald, Tel. (03372) 723 66, wirtshaus-zeuthen.de, €€€

SeeBadSaarow

Japanisch-peruanische Nikkei-Küche – das ist mal was Neues am Scharmützelsee. Das Hotel Esplanade hat sich dafür das alte Badecafé gesichert und geht dort mit Ceviche, Tiradito und Sushi auch preislich in die Vollen. Weiterhin gibt es das »O'Vino« oben am Hotel mit italienisch-mediterranen Gerichten und Pizza sowie die rustikale »Pechhütte« an der belebten Uferpromenade (siehe »Esplanade Resort & Spa«).
Bad Saarow, Seestr. 36, Oder-Spree, Tel. (033631) 64 69 43, seebad-saarow.de, €€€

Speisenkammer Burg

Der bescheidene Rahmen der kleinen Gaststätte am Fließ täuscht: Marco Giedow bietet eine der besten Küchen des Landes. Aus regionalen Produkten komponiert er modern inspirierte Gerichte: Saibling mit knusprigem Grießkloß und Gurken-Joghurt-Eintopf oder Kalbsleber in Nussbutter mit Erbsenpüree. Kleine, feine Weinkarte. Anreisen mit dem Boot möglich. Zimmer im separat geführten Ferienhof.
Burg, Waldschlösschenstr. 48, Spree-Neiße, Tel. (035603) 75 00 87, speisenkammer-burg.de, €€€

Spreewaldresort Seinerzeit

Schick saniertes Ensemble mit Brauerei, Gästehaus, Restaurants und großem Biergarten mit Kahnanleger und Weidendom. Das Restaurant »Feine Küche« bietet ausgezeichnete Spreewälder sowie Fisch- und saisonale Spezialitäten, die Brauerei selbstgebrautes Bier, dazu Deftiges im Brauereirestaurant und Biergarten. Im April beginnen die Kahnfahrten direkt am Fährhafen, wo auch eine Grillhütte steht.
Schlepzig, Dorfstr. 53, Dahme-Spreewald, Tel. (035472) 66 20, seinerzeit.de, €€€

Spreewood Distillers

Bastian Heuser, Steffen Lohr und Sebastian Brack betreiben auf einem prächtigen Vierseithof im Unterspreewald eine Whiskybrennerei mit Verkauf, Führungen, Verkostungen und Gastronomie. Im Kupfer-Brennkessel wird unter Verwendung von Brandenburgischem Roggen und belgischer Hefe Roggen-Whisky gebrannt – »Stork Club« heißt er. Es gibt auch Geiste und Liköre – alles ist regional. Eigene Kahn-Anlegestelle.
Schlepzig, Dorfstr. 56, Dahme-Spreewald, Tel. (035472) 65 91 42, spreewood-distillers.com,

Un-Kraut-Laden im Hotel »Zum Stern«

Die Kräutermanufaktur des »Spreewaldkochs« Peter Franke ist 2019 ins Hotel »Zum Stern« umgezogen und wird nun unter dem Begriff »Un-Kraut-Laden« betrieben. Hier kann man viele selbst gemachte und außergewöhnliche Produkte rund um Kräuter kaufen.
Werben, Burger Str. 1, Spree-Neiße, Tel. (035603) 660, hotel-stern-werben.de/kraeutermanufaktur.html

Urban's Eis & Kaffeeladen

Wer durch Burg fährt, sollte hier Station machen: Selbstgemachtes Eis nicht aus der Tüte, sondern aus Bio-Milch und natürlichen Zutaten wie Nüssen und Früchten. Dazu viele ausgefallene Sorten, die schräg klingen, aber immer schmecken: Quarkeis mit Leinöl, Himbeer mit rosa Pfeffer und – klar – Gurkeneis.
Burg, Hauptstr. 39, Spree-Neiße, Tel. (035603) 448, cafe-urban.de

Weinfreundin Cottbus

Eine gemütliche Weinbar: Diplom-Sommeliere Maeriaen Neuenfeldt arbeitete im Wiener »Sacher«, im Berliner »Aigner« und der »Bleiche« in Burg. In ihrer Vinothek auf dem Gelände der ehemaligen Keksfabrik bietet sie nun handverlesene und naturnah ausgebaute Weine aus Österreich und Deutschland, dazu kleine Speisen wie Käse

von Käse Waltmann, Schinken, Salami und Flammkuchen. Gelegentlich Kulturveranstaltungen und besondere Menüs mit Weinbegleitung. Grillabende und Weinverkostungen.
Cottbus, Karl-Liebknecht-Str. 102, Cottbus, Tel. (0151) 52 54 58 79, weinfreundin-cottbus.de, €€€

Wilde Klosterküche im Klosterhotel

Mit regionalen Produkten und immer orientiert an der Saison, präsentiert Küchenchef Manuel Bunke jeden Monat ein neues Menü. Von Blatt bis Wurzel wird aus einer Produktkomponente ein komplettes Gericht inszeniert. À la Carte ebenfalls möglich. Hunde auf Anfrage.
Neuzelle, Bahnhofstr. 18, Oder-Spree, Tel. (033652) 82 39 91, wildeklosterkueche.de, €€€

Übernachten

aja Bad Saarow

Erfolgreicher, besonders für Familien geeigneter Ableger des A-ROSA am Scharmützelsee: Bei aja wird nur bezahlt, was genutzt wird, das ergibt einen bemerkenswert niedrigen Grundpreis. Die moderne, junge Grundstimmung wirkt fröhlich und staubfrei, Zimmer und Spa sind großzügig geschnitten, die Restaurants einfach und vor allem für Familien konzipiert. Eigener Strand und vier Golfplätze. Übernachtung im Paket mit Halbpension und Spa-Nutzung ab 89 Euro pro Person im DZ.
Bad Saarow, Am Golfplatz 2, Dahme-Spreewald, Tel. (033631) 402 25 25, aja.de,

Ferienhaus- und Campingpark »Ludwig Leichhardt«

Der Naturcampingplatz am Schwielochsee erinnert an den 1813 in der Mark Brandenburg geborenen Entdecker, Zoologen, Botaniker und Geologen Ludwig Leichhardt, der in Zentralaustralien verschollen ist. Stellplätze für Zelte und Wohnwagen, teils mit direktem Seeblick, dazu Vier-Sterne-Ferienhäuser und ein Gehege mit Bennett-Kängurus.
Schwielochsee OT Zaue, Ludwig-Leichhardt-Weg 1, Dahme-Spreewald, Tel. (035478) 522, camping-am-schwielochsee.de,

Gut Klostermühle

Am Südufer des Madlitzsees, umgeben von Wäldern, befindet sich dieses Hotel mit großem Wellnessbereich (DZ ab 118 Euro/Nacht). In außergewöhnlicher Architektur, die Historie und Moderne verbindet, bietet es individuell gestaltete Zimmer, Suiten, Ferienwohnungen und -häuser. Gutes gastronomisches Angebot, das bevorzugt den Hotelgästen zur Verfügung steht.
Briesen OT Alt Madlitz, Mühlenstr. 11, Oder-Spree, Tel. (033607) 592 90, gutklostermuehle.com,

Hotel LéonWood im Lido Senftenberg

Das größte Blockhaus Europas steht in der Lausitz – und ist ein Hotel mit Schaubrauerei und Biergarten. Die Küche ist rustikal deutsch-kanadisch (Lachspfanne oder Bisonschnitzel). Auf Bestellung Infrarotkabine und Bierbottichbad, danach Ruhen im Strohbett.
Senftenberg, Steindamm 26, Oberspreewald-Lausitz, DZ 110,00 - 125,00 Euro, Tel. (03573) 36 30 00, hotel-leonwood.de,

Kuhnle-Tours

Die Hausboote sehen aus wie Fischkutter aus dem Bilderbuch, sind aber mit allem ausgestattet, was man für einen Urlaub auf dem Wasser braucht (130-680 Euro/Tag). Auch für Neulinge – dank gründlicher Einweisung – leicht zu bedienen. Barrierefreie Boote vorhanden. Diverse Ausgangsbasen.
Zeuthen, Dorfaue 5, Dahme-Spreewald, Tel. (039823) 26 60, kuhnle-tours.de,

Naturcampingplatz am Springsee

Weitläufiges Gelände, auf dem man im eigenen Zelt oder Caravan oder gemieteten Baumzelt, Ferienhaus, Bungalow, Wohnwagen oder Schlaffass übernachten kann. Dazu Imbiss, Boots- und Fahrradverleih, Spielplatz, Badestelle mit Liegewiese, Beachvolleybaldfeld, kleine Telefonzellen-Bibliothek mit kostenfreier Buchausleihe und eingezäunter Hundespielplatz auf 5000 Quadratmetern.
Storkow (Mark) OT Limsdorf, Am Springsee 1, Oder-Spree, Tel. (033677) 440, springsee.de,

Rüsterhof

»Beliebtester Ferienhof 2021 in Brandenburg« und perfekter Ausgangsort für Touren durch die märkische Landschaft. Es gibt sechs hübsch restaurierte Ferienhäuser für bis zu acht Personen sowie eine Ferienwohnung für zwei Personen, dazu Sauna und Gemeinschaftshaus. Alle Unterkünfte haben Küche, Flat-TV, Musikanlage, WLAN und Terrasse. Fahrrad- und Bootsverleih, Reitunterricht und Streichelgehege.
Rietz-Neuendorf, Sauener Str. 11, Oder-Spree, Tel. (033672) 720 44, ruesterhof.de,

Schloss Lübbenau im Spreewald

Komfortable Zimmer im historisierenden Landhausstil bietet dieses Vier-Sterne-Haus im imposanten Schloss. In Marstall und »Kanzlei« befinden sich weitere Apartments, Doppelzimmer und Suiten. »Rocco's Bar« mit Cocktailklassikern. Im Schlossrestaurant Linari kocht der langjährige Küchenchef Dirk Lehmann überwiegend mit vertrauten Produkten aus der Region nach dem Motto: »Unsere Speisekarte schreibt die Natur!« Von November bis Februar gibt es sonntags ein Drei-Gänge-Menü mit Braten für 26 Euro. Gute Weine, hübsch gelegene Terrasse.
Lübbenau, Schlossbezirk 6, Oberspreewald-Lausitz, DZ 100,00 - 160,00 Euro, Tel. (03542) 87 30, schloss-luebbenau.de,

Wasserwerk Bad Saarow

Einst lieferte das Wasserwerk dem Ort Elektrizität, heute Platz – in fünf Apartments (ab 100 Euro/Nacht): Kompressor-Turm, E-Werk Loft, Maschinen-Loft, Meister- und Direktorenwohnung, alle mit Küche, Parkplatz, WLAN und Terrasse. Dazu Unterkunft im Wasserturm mit Mini Spa und Sky Lounge (ab 290 Euro/Nacht). Hunde auf Anfrage.
Bad Saarow, Ulmenstr. 12, Oder-Spree, Tel. (030) 92 21 29 66, wasserwerk-badsaarow.de,

Süd-westen

Potsdam-Mittelmark
Teltow-Fläming
Elbe-Elster
Brandenburg an der Havel

LEGENDE

- €€€ .... günstig
- €€€ .... moderat
- €€€ .... gehoben
- EC .... keine EC-Kartenzahlung
- .... Terrasse
- .... Außenpool
- .... Innenpool
- .... Sauna
- .... Fitnessraum
- .... Hundemitnahme möglich

Freizeit & Kultur

Archäologisches Landesmuseum

Über 10.000 Exponate erzählen im Landesmuseum die 130.000 Jahre Kulturgeschichte Brandenburgs von der Altsteinzeit bis in die Gegenwart (Erw. 5 Euro). Das Paulikloster stammt aus dem 13. Jahrhundert und ist ein herausragendes Beispiel norddeutscher Backsteingotik.
Brandenburg an der Havel, Neustädtische Heidestr. 28, Brandenburg an der Havel, Tel. (03381) 410 41 12, landesmuseum-brandenburg.de

Ballonreisen Schäfer

Am Ballonhof Beelitz wird ganzjährig inmitten einer alten Streuobstwiese gestartet. Im Sommer bei Sonnenaufgang oder zwei Stunden vor Sonnenuntergang, im Winter auch mittags. Das Programm dauert vier Stunden und kostet zwischen 200 und 220 Euro pro Person – Ballonfahrertaufe mit Sekt und persönlicher Taufurkunde eingeschlossen.
Beelitz, Treuenbrietzener Str. 31, Potsdam-Mittelmark, Tel. (033204) 419 55, ballonreise.de

Beetzsee

Der Beetzsee im Naturpark Westhavelland ist das Sport- und Erholungsgebiet der Stadt Brandenburg. Abseits der Hauptstrände finden sich an dem über 22 Kilometer langen See kleine Buchten, gen Norden zunehmend einsamere. In Bollmannsruh gibt es ein gut sortiertes Sport- und Wassersportzentrum mit vielen Leihmöglichkeiten (Bollmannsruh 11, natursportprojekt.de). Das Strandbad Massowburg ist frei zugänglich.
Brandenburg an der Havel, Brandenburg an der Havel

Besucherbergwerk F60

Der 500 Meter lange »liegende Eiffelturm« ist ein Symbol der Industriegeschichte, aber auch ein Paradebeispiel lokaler Selbsthilfe. Das 11.000 Tonnen schwere Gerät, das den Abraum aus dem Tagebau transportierte, wurde nach der Stilllegung von einer Bürgerinitiative vor dem Verschrotten bewahrt und zu einem Besucherbergwerk entwickelt. Die Plattform der Förderbrücke bietet auf über 70 Metern Höhe eine wunderbare Aussicht. Auch Konzerte und Shows wie die »Pyrogames« finden hier statt.
Lichterfeld, Bergheider Str. 4, Elbe-Elster, Tel. (03531) 608 00, f60.de

Bischofsresidenz Burg Ziesar

Vor mehr als tausend Jahren wurde die Burg zum ersten Mal erwähnt, im 15. Jahrhundert von Bischöfen herrschaftlich ausgebaut. Die Dauerausstellung im Burgmuseum (Erw. 5 Euro) erzählt aus dieser Zeit. Seit 2019 läuft eine Sonderausstellung mit Werken des Malers und Bühnenbildners Otto Altenkirch. Der Bergfried mit Turmaufsatz, die »Bischofsmütze«, kann separat bestiegen werden (Erw. 1 Euro). Die Burgkapelle gehört zu den bedeutendsten mittelalterlichen sakralen Bauwerken Nordostdeutschlands. Im September Mittelalterfest mit Markt, Lagerleben und Workshops.
Ziesar, Mühlentor 15a, Potsdam-Mittelmark, Tel. (033830) 127 35, burg-ziesar.de

Burg Eisenhardt

Der Hohe Fläming gehörte einst zu Sachsen – ein stark umkämpftes Gebiet, weshalb die Burg Eisenhardt mehrfach erobert, zerstört und wiederaufgebaut wurde. Seit 1990 schrittweise restauriert, beherbergt sie heute ein Heimatmuseum, ein Trauzimmer und den Butterturm, der einen hübschen Blick auf die historische Altstadt bietet. In der Burg befindet sich auch ein rustikal ausgestattetes Burghotel und eine Kleinkunstgalerie.
Bad Belzig, Wittenberger Str. 14, Potsdam-Mittelmark, Tel. (033841) 424 61, burgeisenhardt.de

Dom St. Peter und Paul Brandenburg

Der Brandenburger Dom, dessen Grundsteinlegung 1165 stattfand, ist gemeinsam mit der gesamten Dominsel einer der wichtigsten historischen Orte in der Mark Brandenburg. Sehenswert sind der Böhmische Altar und die Grabdenkmäler. Der Geheimtipp ist die original erhaltene Barockorgel von Joachim Wagner aus dem Jahre 1723. Das Museum zeigt den Domschatz mit sakraler mittelalterlicher Kunst und liturgischen Handschriften. Übernachten lässt sich in modernen Hotelzimmern in der ehemaligen Domkurie (Burghof 11, Tel. (03381) 7943124, hotel-brandenburger-dom.de, DZ ab 95 Euro), saisonale deutsche Speisen bietet das Restaurant Remise (Burghof 10, Tel. (03381) 7943120, domevents.de).
Brandenburg an der Havel, Burghof 10, Brandenburg an der Havel, Tel. (03381) 211 22 24, dom-brandenburg.de

Einsteinhaus

Zwischen 1930 und 1932 bewohnte Albert Einstein mit seiner Ehefrau Elsa das ursprünglich als Sommersitz errichtete Holzhaus. Regelmäßig lud er Wissenschaftler, politische Aktivisten, Schriftsteller, Philosophen, Journalisten und Künstler ein. Das Haus ist in Holzfertigbauweise konstruiert, die der Architekt Konrad Wachsmann entwickelt hat. In einer 40-minütigen Führung bekommt man einen Einblick in das Privatleben Einsteins und vielleicht auch etwas über die Relativität von Zeit und Raum vermittelt (Erw. 5 Euro).
Caputh, Am Waldrand 15-17, Potsdam-Mittelmark, Tel. (0331) 27 17 80, einsteinssommerhaus.de

Galerie am Klostersee – Skulpturenpark

Im Skulpturenpark am östlichen Ufer des Klostersees sind Werke zeitgenössischer Künstler zu sehen, etwa von George Rickey, Robert Schad und Raffael Rheinsberg. Träger des Parks ist das Lehniner Institut für Kunst und Kultur e.V. In der Galerie am Klostersee (ehemaliges Stallgebäude) werden in wechselnden Ausstellungen Werke der klassischen Moderne und junge Gegenwartskunst gezeigt, ebenso im neu entstandenen Kunstdepot.
Kloster Lehnin OT Lehnin, Zum Strandbad 39, Potsdam-Mittelmark, Tel. (03382) 73 41 23, likk.de

Golf & Country Club Seddiner See

Ein Golf-Resort für anspruchsvolle Sportler. Nord- und Südkurs gehören zu den schönsten Anlagen in Deutschland, der vom Amerikaner Robert Trent Jones entworfene Südplatz gilt als einer der anspruchvollsten Golfplätze Deutschlands. Die Golfanlage ist seit 2010 Mitglied der »Leading Golf Clubs of Germany«. Öffentliches Clubrestaurant.
Michendorf, Zum Weiher 44, Potsdam-Mittelmark, Tel. (033205) 73 20, gccseddinersee.de

Golfclub Groß Kienitz

Die Anlage bietet drei große Golfplätze: einen öffentlichen 3-Loch-Übungsparcours für Anfänger und – ebenfalls öffentlich – einen mit Platzreife bespielbaren 9-Loch-Platz. Herzstück der Anlage ist der 18-Loch-Meisterschaftsplatz von Robert Baker. Schüler und Studenten bekommen Ermäßigung, und in der Wintersaison sind die Gebühren niedriger. Hundefee.
Groß Kienitz, Groß Kienitzer Landstr. 1, Teltow-Fläming, Tel. (033708) 53 70, grosskienitz.de,

Großer Seddiner See

Die Badestellen liegen im Süden, besonders schön ist der Strand bei Kähnsdorf mit flach abfallendem Einstieg – ideal für Familien. Der See gilt als gutes Anfängerrevier für Windsurfer und Segler. Segel- und Ruderboote gibt es zu mieten. Auf einem etwa zehn Kilometer langen Rundweg lässt sich der See umwandern.
Seddiner See, Potsdam-Mittelmark

Großer Zeschsee

Scheinbar unberührte Natur gibt es an diesem ruhigen, klaren See im Naturschutzgebiet Großer und Westufer Kleiner Zeschsee. Hier erfrischten sich früher bereits derer zu Solms an der ehemaligen »Fürstenbadestelle«. Am Ostufer gibt es ein frei zugängliches Waldbad mit flachem Uferbereich, feinem Sand und Kletterfelsen. Ein Wanderweg umrundet den See. Ruderbootfahren ist erlaubt. Eisdiele und Gasthof im Ort.
Zossen, Zum Campingplatz, Teltow-Fläming

Industriemuseum Brandenburg

Im Mittelpunkt steht hier die Erhaltung, Pflege und Präsentation des Technischen Denkmals »Siemens-Martin-Ofen«, der über 100 Jahre die Stahlherstellung prägte. Man kann die Anlage selbstständig erkunden oder sich bei einer Führung die technischen Abläufe erklären lassen. Toll für Kinder: Kräne, Loks und Fahrzeuge können erkundet werden.
Brandenburg an der Havel, August-Sonntag-Str. 5, Brandenburg an der Havel, Tel. (03381) 30 46 46, industriemuseum-brandenburg.de,

Kartbahn Niedergörsdorf

Durch ein ausgefeiltes System bietet die Kartbahn sechs verschiedene Rundkurse mit Namen wie »Spirit of Sebring« oder »Spirit of Estoril«. Abschnitte mit Vollgasgeraden gibt es ebenso wie kurze Strecken mit scharfen Kurven. Juniorkarts ab 10 Euro, Neun-PS-Karts ab 15 Euro, 18-PS-Karts und Doppelsitzer ab 20 Euro. Elektroauto-Parcour für Kinder ab drei Jahren.
Niedergörsdorf, Flugplatzweg 6, Teltow-Fläming, Tel. (033741) 720 66, go102.de,

Kiessee Horstfelde

Von Wald umgebener See, der auf der einen Seite dem Abbau von Sand und Kies und auf der anderen Seite dem Freizeitvergnügen dient. Der hier befindliche Wakeboard- und Wasserskipark Zossen (Schünower Str. 19, Tel. (03377) 203534, wasserskipark-zossen.de) ist Strandbad mit feinem hellen Sand und Wassersport-Anlage mit Cablebahn zugleich. Gastronomie vorhanden, Camping möglich.
Zossen OT Horstfelde, Teltow-Fläming

Kleine Lausitz – Erlebnis- und Miniaturenpark Elsterwerda

Hier kann man historische Schlösser und Industriebauten des Elbe-Elster-Landes und Sachsens in Miniaturgröße bestaunen (Erw. 8 Euro). Die Anlage bietet zudem ein Rosarium mit einer Vielzahl alter und neuer Rosensorten, ein Wandelgartenlabyrinth, einen Abenteuerspielplatz, einen kleinen Streichelzoo und eine über 200 Jahre alte Bockwindmühle – Besichtigung mit Führung nach Anmeldung. Maulkorbpflicht für größere Hunde.
Elsterwerda, Furtbrückwiese 1, Elbe-Elster, Tel. (03533) 48 77 97, kleine-lausitz.de,

Kloster Lehnin

Das ehemalige Zisterzienserkloster zu Lehnin, einstige Begräbnisstätte der Askanier und Hohenzollern, ist mit seiner Abteikirche ein gut erhaltenes Zeugnis mittelalterlicher Architektur. Das Klostergelände sowie die Klosterkirche sind frei zugänglich, das Klostermuseum (Klosterkirchplatz 4) gegen drei Euro Eintritt. Immer einen Besuch lohnen die Lehniner Sommermusiken (Juli/Aug.). Gästehäuser vorhanden.
Kloster Lehnin, Klosterkirchplatz 1-19, Potsdam-Mittelmark, Tel. (03382) 70 33 21, zentrum-kloster-lehnin.de,

Kloster Marienstern

Im Zuge der Reformation wurde das Kloster um 1540 aufgelöst, die 60 Nonnen siedelten um. Seit 1981 gehört das Ensemble der Stadt Mühlberg. Patres der Claretiner leben heute hier im Pfarrhaus. Die Klosterkirche in zisterziensischer Backsteingotik, der neu errichtete Kreuzgang, das Äbtissinnenhaus, die Propstei (heute Museum) und die Überreste des Nonnengangs können besichtigt werden (Führung Erw. 3,50 Euro).
Mühlberg/Elbe, Güldenstern 1, Elbe-Elster, Tel. (035342) 87 92 70, kloster-marienstern.de

Kunst & Archiv in Kolochau

2014 erwarb der Künstler Hans-Peter Klie das ehemalige Pfarrhaus in Kolochau im Süden Brandenburgs und baute es zum Atelier, Archiv und Kunstraum aus. Hier zeigt er regelmäßig Ausstellungen der eigenen Arbeiten: zeitgenössische Konzept- und Installationskunst. Am 2. Mai 2021 wird von 11-18 Uhr die Ausstellung »und so unendlich weiter« eröffnet. Das Projekt will das Sehen, die Betrachtung von Bildern und die Bildmedien mit den Mitteln Fotografie, Film, Objekt, Text und Installation künstlerisch und philosophisch beleuchten und und so »in den Blick nehmen«. Audioführungen per Smartphone und QR-Code. Der Künstler steht für Gespräche zur Verfügung.
Kremitzaue OT Kolochau, Dorfstr. 13, Elbe-Elster, Tel. (0163) 970 26 57, hans-peter-klie.de/aktuelles

Mellensee

Das Strandbad im Ortsteil Klausdorf bietet eine 63 Meter lange Wasserrutsche, Liegewiese, Sandstrand, Schwimminsel, Spielplatz, Außenduschen, Toiletten, Umkleidekabinen, Beachvolleyball, Imbiss und Bootsverleih (Zossener Str. 74).
Am Mellensee, Teltow-Fläming, gemeinde-am-mellensee.de

Museum Mühlberg 1547

1547 trafen in Mühlberg die Heere einer katholischen Allianz unter Kaiser Karl V. auf den protestantischen Schmalkaldischen Bund. Das Museum in der Propstei des ehemaligen Zisterzienserinnenklosters stellt diese für die Reformation wichtige Schlacht modern inszeniert und interaktiv erlebbar vor, daneben widmet es sich der Stadtgeschichte sowie der Geschichte der Mühlberger Lager (Erw. 4 Euro). Wechselnde Sonderausstellungen.
Mühlberg/Elbe, Klosterstr. 9, Elbe-Elster, Tel. (035342) 83 70 00, museumsverbund-lkee.de

Museum Schloss Doberlug

Die prachtvolle Renaissanceanlage, deren Ursprünge auf ein Zisterzienser-Kloster aus dem 12. Jahrhundert zurückgehen, gehörte einst zum Besitz der Kurfürsten von Sachsen. Seit 2017 erzählt das Museum in einer ständigen Ausstellung die Geschichte von Kloster, Schloss und Planstadt Doberlug sowie des sächsischen Brandenburgs (Erw. 6 Euro). Ende 2021 wird eine weitere Dauerausstellung zur mitteleuropäischen Adelskultur eröffnet, mit der die ostpreußische Adelssammlung Dohna-Schlobitten präsentiert wird. Zum Schlossareal gehören auch das Refektorium und die Kirche des ehemaligen Zisterzienserklosters.
Doberlug-Kirchhain, Schlossplatz 1, Elbe-Elster, Tel. (035322) 688 85 20, museumsverbund-lkee.de

Museumsdorf Baruther Glashütte

Das Museum behandelt die 3000 Jahre alte Kulturgeschichte der Glasproduktion sowie die 300-jährige Geschichte des Standorts (Erw. 6 Euro). Auch dem Erfinder der Thermosflasche, Reinhold Burger, 1866 in Glashütte geboren, ist eine Ausstellung gewidmet. Für Besucher:innen gibt es auch Mitmachangebote wie Glasmachen, Filzen und Kräuterwanderungen. Außerdem: Manufakturläden, Cafés, Gasthof mit Biergarten und Übernachtungsmöglichkeiten.
Baruth/Mark GT Glashütte, Hüttenweg 1-21, Teltow-Fläming, Tel. (033704) 98 09 14, museumsdorf-glashuette.de,

Naturpark Hoher Fläming

Sanfte Hügel, weite Wälder, Schlösser und Burgen bestimmen das Landschaftsbild im Fläming, dem »kleinsten Mittelgebirge Deutschlands«. Das Naturparkzentrum ist der wichtigste Anlaufpunkt für Naturparkbesucher:innen: Es informiert über Wander- und Fahrradwege, verleiht Fahrräder (ab 10 Euro/Tag, 5 Euro bis 5 Std.) und bietet Veranstaltungen. Die neue Erlebnisausstellung (Erw. 5 Euro) ist gut geeignet für Kinder und weitgehend barrierefrei. Den empfehlenswerten Kunstwanderweg zwischen Bad Belzig und Wiesenburg säumen Skulpturen und Objekte (kunst-land-hoher-flaeming.de) – siehe auch den Touren-Tipp auf Seite 142.
Rabenstein OT Raben, Brennereiweg 45, Potsdam-Mittelmark, Tel. (033848) 600 04, flaeming.net,

Offroad-Agentur

Auf geführten Quad- (36-109 Euro/Quad, 30 Min. bis 2 Std.) und Jeep-Touren (55-329 Euro/Jeep, 30 Min. bis 6,5 Std.) geht es durch den ehemaligen Tagebau, entlang am Bergheider See – über Sandpisten und Schotterstrecken, durch Schlamm und Wasserlöcher. Mitfahrer sind auf dem Quad und im Jeep gegen Aufpreis dabei. Ab drei Fahrzeugen sind auch individuelle Termine möglich.
Lichterfeld, Mietstation an der F60, Bergheider Str. 4, Elbe-Elster, Tel. (0172) 793 31 08, offroad-agentur.de

Peter-Huchel-Haus

Peter Huchel war einer der bedeutendsten deutschen Dichter des 20. Jahrhunderts. Fast zwanzig Jahre lebte er in dem zwischen hohen Kiefern stehenden Haus. Heute ist es ein lebendiger Ort der Literatur an dem Lesungen, Konzerte, Ausstellungen und Podiumsdiskussionen stattfinden. Die Dauerausstellung widmet sich dem Leben und Werk Peter Huchels (Erw. 3 Euro).
Michendorf OT Wilhelmshorst, Hubertusweg 41, Potsdam-Mittelmark, Tel. (033205) 629 63, peter-huchel-haus.de

Pomologischer Schau- und Lehrgarten

Auf drei Hektar wachsen hier in der Streuobstregion Hohenleipisch-Döllingen über 400 verschiedene Obstgehölze alter und neuer Sorten – etwa Äpfel, Birnen, Kirschen, Quitten, Pflaumen, Nüsse und Wildobst. Während eines Rundgangs oder bei einer Führung erfährt der Besucher Wissenswertes über die Herkunft, Eignung und Verwendung der verschiedenen Obstsorten. Verkauf alter Sorten auf Vorbestellung.
Plessa OT Döllingen, An der Umgehungsstr., Elbe-Elster, Tel. (035341) 615 12, essbarer-naturpark.de,

Sänger- und Kaufmannsmuseum

Ein 1850 gegründetes Kolonialwarengeschäft bildet das Kernstück des Museums. Das Urbild des Tante-Emma-Ladens illustriert die Waren- und Werbewelt um 1900. Das Museum erzählt zudem die Entstehung des Sängerlieds und die Geschichte des gemeinsamen Gesangs vom Mittelalter bis zur Gegenwart (Erw. 4 Euro).
Finsterwalde, Lange Str. 6/8, Elbe-Elster, Tel. (03531) 307 83, museumsverbund-lkee.de

Schloss und Schlossgarten Caputh

Zwischen Templiner und Schwielowsee befindet sich das einzige erhaltene Barockschloss des Großen Kurfürsten in der Potsdamer Kulturlandschaft (Führung Erw. 6 Euro). Ganzjährig Veranstaltungen, Konzerte und Sonderausstellungen. Dieses lichte, preußisch-mediterrane Schlösschen in bester Wasserlage gehört außerdem zu den schönsten kleinen Hotels im Land. Im von Lenné umgestalteten Schlosspark liegt das Restaurant Kavalierhaus Caputh. Hier bietet Küchenchefin Monika Schäfer eine aufgeklärte, leichte, internationale Küche. Sechs stilvolle Gästezimmer.
Schwielowsee OT Caputh, Str. der Einheit 2, Potsdam-Mittelmark, Tel. (033209) 703 45, spsg.de

Schwielowsee

»Der Schwielowsee ist breit, behaglich, sonnig und hat die Gutmütigkeit aller breit angelegten Naturen.« So beschrieb Fontane die Vorzüge des nicht weit von Potsdam liegenden Sees. Vier Anlaufpunkte bieten sich: Geltow, Caputh (mit Strandbad, Tel. (033209) 80851, Mai-Sept., seebad-caputh.de), Ferch (mit Campingplatz) und Petzow.
Schwielowsee, Potsdam-Mittelmark

Spargel- und Erlebnishof Klaistow

Der größte Anbaubetrieb für Beelitzer Spargel im Land Brandenburg, vor allem aber ein trubeliger Erlebnishof mit Spielplatz, Kletterwald, Streichelwiese und Naturwildgehege. Perfekt für alle, die mit der Familie einen Tag erleben wollen, der sich nach Bauernhof anfühlt, bloß ohne Ausmisten und Kühe hüten. Im Hofladen gibt's – aus eigenem Anbau und je nach Saison – Spargel, Erdbeeren, Heidelbeeren und Kürbisse, dazu täglich frische Eier von eigenen Freilandhühnern. Im Sommer Beeren-Selbstpflücke, Maislabyrinth und Kartoffel-Selbsternte. Ab November »Winterzauber« mit Lichterwald, Eislaufbahn und Weihnachtsmarkt sowie Freilandgänse aus eigener Aufzucht im Restaurant, Hofladen und Onlineshop.
Beelitz OT Klaistow, Glindower Str. 28, Potsdam-Mittelmark, Tel. (033206) 610 70, spargelhof-klaistow.de

Technisches Denkmal Brikettfabrik »Louise«

Bereits 1882 brachte die älteste Brikettfabrik Europas Kohle in Form. Heute zeigt eine Führung, wie die Technik funktioniert, dafür werden bis zu zwölf Anlagen in Bewegung gesetzt (Erw. 8,50 Euro, inkl. Führung). Die Dauerausstellung über »Menschen in der Kohle« gibt Einblick in die Industrietechnik des 19. und 20. Jahrhunderts.
Uebigau-Wahrenbrück OT Domsdorf, Louise 111, Elbe-Elster, Tel. (035341) 940 05, brikettfabrik-louise.de

Baumkronenpfad »Baum & Zeit«

Grün, grüner, Brandenburg! Im Wald findet man immer Erholung: raus aus dem Stadtstress, durchatmen, abschalten. In einem Meer aus Blättern, auf dem Baumkronenpfad Beelitz, kommt eine beglückend ungewohnte Sicht auf die Welt dazu. In 23 Metern Höhe sieht man Grün bis zum Horizont, nur die Ruinen der alten Lungenheilanstlalt ragen heraus. Beelitz-Heilstätten ist ein geheimnisvoller, lange sich selbst überlassener Ort mit weitläufiger Parkanlage. Wie groß und pittoresk die historische Anlage ist, auch davon erhält man von oben den besten Eindruck. Der Baumkronenpfad führt – seit Sommer 2020 auf 800 Metern Länge – mitten durch die Baumwipfel (Erw. 12,50 Euro). Barfußpark auf dem Gelände.

Beelitz-Heilstätten, Str. nach Fichtenwalde 13, Potsdam-Mittelmark, Tel. (033204) 63 47 23, baumundzeit.de

Wakeboard- und Wasserski-Anlage Großbeeren

Eine elektrische Wasserskiseilbahn zieht gleichzeitig zehn Wasserskifahrer:innen und Wakeboarder:innen mit bis zu 30 km/h übers Wasser (Erw. 21 Euro/Std., 31 Euro/2 Std.). Verleih der Ausrüstung. Naturfreibad auf dem Gelände (Erw. 4 Euro). Gastronomie mit Innen- und Außenplätzen.
Großbeeren, Bahnhofstr. 49, Teltow-Fläming, Tel. (033701) 908 73, wakeboarding-berlin.de

Wildnisschule Hoher Fläming

Ob Fährtenlesen, Bogenbau, Wolfstracking, die geheime Sprache der Vögel, Naturhandwerk oder Wissenswertes über die Pflanzen der Wildnis – hier kann man so einiges über die Natur lernen. Neben Kursen für Erwachsene und Familien gibt es im Frühling, Sommer und Herbst auch Camps für Kinder und Jugendliche, etwa zur Kunst des Spurenlesens (ab 6. Mai). Voraussetzung: Lockerung der Kontaktbeschränkungen.
Bad Belzig, Grützdorfer Weg 1, Potsdam-Mittelmark, Tel. (033841) 450 33, wildnisschule-hoherflaeming.de

Wildpark Johannismühle

Rund 100 Hektar Wald-, Wiesen- und Teichlandschaften. Muffel-, Rot- und Damwild sind hier ebenso beheimatet wie Wisente, Auerochsen, Wildpferde, Wölfe, Luchse und Bären (Erw. 10,50 Euro). Dazu ein Streichelzoo. Fütterungen täglich ab 12.15 Uhr. Von März bis Oktober gibt es täglich, außer montags, um 11 Uhr und um 14 Uhr Flugvorführungen in der Falknerei. Vier Ferienwohnungen mitten im Wildpark. Behindertengerecht.
Baruth/Mark OT Klasdorf, Johannismühle 2, Teltow-Fläming, Tel. (033704) 970 11, wildpark-johannismuehle.de

Essen & Trinken

Alte Überfahrt

Im historischen, sehr hübsch renovierten Gasthaus direkt an der Havel kochen Patrick Schwatke und Thomas Hübner mit deutlichen Gourmet-Ambitionen sehr modern und nicht zwanghaft regional. Beim Saibling mit Erdkohlrabi und Schnittlauchöl kommt sogar die trendige japanische Fischbehandlung Ike jime zum Einsatz. Dazu gibt es feine Weine zu verträglichen Preisen.
Werder (Havel), Fischerstr. 48b, Potsdam-Mittelmark, Tel. (03327) 731 33 36, alte-ueberfahrt.de, €€€

Am Humboldthain

Perfekte Lage am Stadtpark, verlässlich guter Service und gehobene, aber unkomplizierte Regionalküche mit Anspruch – das alles bietet das Restaurant Am Humboldthain. Küchenchef Jasper Krombholz bereitet zum Beispiel Kalbsbäckchen nach Ossobuco-Art mit Thymian-Polenta (21,60 Euro) oder Zanderfilet mit Roten und Gelben Beeten und Meerrettich (21,50 Euro) zu.
Brandenburg an der Havel, Plauer Str. 1, Brandenburg an der Havel, Tel. (03381) 33 47 67, am-humboldthain.de, €€€

Besenwirtschaft im Weingut Klosterhof Töplitz

Vor mehr als 600 Jahren begannen die Zisterziensermönche vom Kloster Lehnin, in Töplitz Wein anzubauen. Heute wachsen auf dem kleinen Weinberg acht Rebsorten. Die recht beachtlichen Rot- und Weißweine – alle in Bioqualität –, dazu Sekt und Verjus, können in der Besenwirtschaft bei kleinen Speisen verkostet werden. Oder man lässt sich einen Picknickkorb packen und nimmt lauschig zwischen den Reben Platz, wo Bänke und Hütten zur Verfügung stehen. Kellerführungen auf Anfrage. Weinverkauf ist auch außerhalb der Öffnungszeiten der Besenwirtschaft möglich.
Werder (Havel) OT Töplitz, Am Alten Weinberg 7, Potsdam-Mittelmark, Tel. (033202) 618 41, weingut-toeplitz.de, €€€

Filterhaus

Restaurant im denkmalgeschützten Filterhaus auf dem Gelände der historischen Vulkan-Fiber-Fabrik. Die Küche serviert handgemachte Speisen, etwa Grillgerichte aus dem X-Oven wie Rib-Eye-Steak vom Wołowina Rind mit Wurzelgemüse, Kräuter Saitling und Kartoffelpüree. Vom Gault&Millau 2021 ausgezeichnet.
Werder (Havel), Adolf-Damaschke-Str. 56, Potsdam-Mittelmark, Tel. (03327) 572 44 57, restaurant-filterhaus.de, €€€

Finsterwalder Brauhaus

Im urigen Brauhaus (Führung 30 Min./6,50 Euro, inkl. Verkostung) werden nur unfiltrierte Bierspezialitäten wie das Finsterwalder Pilsner gebraut. Neben dem Pils ist ein dunkles Lager und mindestens ein Saison-Bier am Hahn. Als Grundlage dazu gibt es frisches Treberbrot sowie regionale Küche. Diverse Musik- und Kulturveranstaltungen.
Finsterwalde, Sonnewalder Str. 13, Elbe-Elster, Tel. (03531) 22 86, finsterwalder-brauhaus.de,

Forellenhof Rottstock im Resort 25 Teiche

Aus den alten Forellenteichen an der Bundesstraße haben Susanne und Matthias Engels ein Ausflugsziel gemacht, das längst auch nach Berlin ausstrahlt, denn ihre Fische sind in der Topgastronomie der Stadt sehr geschätzt. Besondere Aufmerksamkeit verdient der kulinarische Ansatz »Drei aus einer Quelle«: Stör, Kaviar und Vodka »Red Spring«. Neu: Hendrik Ottos 25-Teiche-Fischsuppe. Kleines Bistro, Frisch- und Räucherfisch auch zum Mitnehmen. Auch im Angebot: Übernachtung in zylindrischen Ferienhäuschen auf der großen Wiese am Angelteich.
Gräben OT Rottstock, Dorfstr. 26a, Potsdam-Mittelmark, Tel. (033847) 402 41, 25teiche.com,

Goldener Hahn

Frank Schreiber zaubert in der offenen Küche ausgefeilte Gerichte, mit denen er sich einen festen Platz in den nationalen Gourmet-Ranglisten gesichert hat. Seine Menüs (auch vegetarisch) sind äußerst fair kalkuliert. Iris Schreiber serviert dazu ausgezeichnete deutsche Weine. Schlicht-gemütliche Gästezimmer. Besonderheit: Kulinarische Lesungen mit passendem Drei-Gänge-Menü.
Finsterwalde, Bahnhofstr. 3, Elbe-Elster, Tel. (03531) 22 14, goldenerhahn.com, €€€

Inspektorenhaus

Im schlicht-gemütlichen kleinen Restaurant in der Altstadt bietet Benjamin Döbbel eine bodenständig-moderne Küche mit Anspruch. Das Regionale und Saisonale steht bei Produkten und Zubereitungen wie Tarte von der Esskastanie mit Fichtenstaub oder der geschmorten Keule vom Beelitzer Kaninchen im Mittelpunkt. Gute Weine. An Feiertagen geöffnet.
Brandenburg an der Havel, Altstädtischer Markt 9, Brandenburg an der Havel, Tel. (03381) 328 21 39, inspektorenhaus.de, €€€

Landhaus Alte Schmiede

Küchenchef Dirk Krause pflegt eine bodenständige Regionalküche mit gutem Draht zu umliegenden Erzeugern, die auch preislich auf dem Boden bleibt. Das angeschlossene Hotel bietet individuell gestaltete Zimmer.
Niemegk-Lühnsdorf, Dorfstr. 13, Potsdam Mittelmark, Tel. (033843) 92 20, landhausalteschmiede.de, €€€

Landlust Körzin

Im rustikal-gemütlich eingerichtete Restaurant serviert Küchenchefin Ulrike Laun ein einheitliches Menü für alle Gäste am »Gedeckten Tisch«, und das nur von Freitagabend bis Sonntagmittag. Dann gibt es Weltläufiges und Regionales wie Kabeljau mit Currypflaume oder »Fläminger Reh trifft Hirschkalb«.
Beelitz GT Körzin, Körzin 19, Potsdam-Mittelmark, Tel. (0173) 248 39 83, landlust-koerzin.de, €€€

Restaurant Korbbogen

Besonders zwischen Mai und Oktober, der Zeit der Lehniner Sommermusiken, füllt sich das Hotel (DZ ab 96 Euro), das nur we-

nige Minuten vom Kloster Lehnin entfernt liegt. Im Restaurant mit idyllischem Gastgarten wird regionaltypisch und österreichisch gekocht.
Kloster Lehnin, Friedensstr. 13, Potsdam-Mittelmark, Tel. (03382) 76 50, hotel-markgraf.de/restaurant, **€€**€

Restaurant Philippsthal

Die gehobene Landhausküche Guido Kachels pendelt freihändig zwischen Jüterboger Strohschwein, Trebbiner Topfwurst und mediterranem Oktopus. Das denkmalgeschützte Gasthaus zählt zu den angenehmsten des Berliner Umlands – und wird insbesondere für Hochzeitsfeiern gern gebucht.
Nuthetal OT Philippsthal, Philippsthaler Dorfstr. 35, Potsdam-Mittelmark, Tel. (033200) 52 44 32, restaurant-philippsthal.de, **€€**€

Werft

Das Restaurant befindet sich in der stilvoll sanierten Werft am Rande der historischen Altstadt. Die immer mal wieder neu justierte Küche bietet unter dem neuen Küchenchef internationale Klassiker mit etwas Trendigem. Große Terrasse an der Havel.
Brandenburg an der Havel, Hauptstr. 77, Brandenburg an der Havel, Tel. (03381) 328 17 99, werft-brandenburg.de, **€€**€

Zur Alten Brauerei

Die Alte Brauerei, geführt in der neunten Generation (wenn auch inzwischen ohne eigene Bierproduktion), ist ein echter Klassiker, besonders in der Spargelzeit von April bis Juni. In einem denkmalgeschützten alten Hof mit Fachwerk-Stallungen, erbaut um 1650, gibt es rustikale regionale Küche.
Beelitz, Mühlenstr. 30, Potsdam-Mittelmark, Tel. (033204) 357 77, zuraltenbrauerei.de, **€**€€

Übernachten

BunBo – Das Bungalowboot

BunBos sind rosarote, gelbe, blaue, grüne, graue und braune schwimmende Ferienhäuser. Sie bieten Platz für vier bis sechs Personen, verfügen über eine Wohnküche, Schlafzimmer, Bad mit Dusche, WC und Waschbecken und eine große Terrasse. Leicht zu steuernde Modelle für Einsteiger gibt es ebenso wie barrierefreie Boote. Weitere Standorte: Lychen, Lindow, Zernsdorf, Havelberg.
Brandenburg an der Havel OT Plaue, Große Mühlenstr. 24f, Brandenburg an der Havel, Tel. (03381) 89 04 60, bunbo.de,

Elisabeth am See

Exklusives Wohnen auf 180 Quadratmetern in einem historischen Backsteinhaus, mit Spa-Lounge, hochwertiger Ausstattung und privater Seeterrasse. Sieben Nächte (Mindestaufenthalt) für bis zu vier Personen kosten 2135 Euro. Auch längerfristige Aufenthalte, Konferenzen, Seminare, Filmdrehs und Fotoshootings sind möglich.
Schwielowsee, Krughof 50, Potsdam-Mittelmark, Tel. (0151) 17 31 95 77, elisabeth-am-see.com,

Haus am Havelbogen

An der Havel gelegenes Architektenhaus im Bauhausstil, das 2010 erbaut wurde und über zwei Ferienwohnungen verfügt. Die Gartenwohnung hat eine großzügige Verglasung zur Terrasse hin, eine Sauna, Parkett und helle Sichtbetonwände. Die Wohnungen eignen sich für vier Personen und verfügen über WLAN. Der Garten geht in den Uferpark über, dort können Kanus oder Kajaks direkt zu Wasser gelassen werden. Auch der Bade- und Bootssteg direkt vor dem Grundstück kann genutzt werden.
Werder (Havel), Am Havelbogen 7, Potsdam-Mittelmark, Tel. (03327) 78 10, haus-am-havelbogen.de,

Hotel Bollmannsruh

An der Nordseite des Beetzsees liegt das moderne Hotel, eingebettet in einen Naturpark. Es stehen 73 komfortable Einzel- und Doppelzimmer sowie Junior-Suiten mit Balkon und Seeblick zur Verfügung. Park-Sauna mit Seezugang, Tennisplatz, Fitnessraum und Golfplatz in der Nähe.
Päwesin, Bollmannsruh 10, Potsdam-Mittelmark, DZ 50,00 - 177,00 Euro, Tel. (033838) 47 90, hotel-bollmannsruh.de,

Landhaus zur alten Gärtnerei

Die 19 Zimmer wurden von internationalen Künstlern gestaltet. Man schläft hier etwa unterm Bambusdach, im alten DDR-Wohnwagen, im Comic-, Sport- oder Baumzimmer. Das Restaurant bietet regionale Küche; Hunde hier gestattet.
Zossen, Nächst Neuendorfer Landstr. 49, Teltow-Fläming, DZ 90,00 - 98,00 Euro, Tel. (03377) 348 94 65, kulturlandhaus.de,

Pension Landei

Neben gemütlichen Doppelzimmern (ab 45 Euro/Nacht) und einer Ferienwohnung für bis zu vier Personen (49-69 Euro/Nacht) bietet die Pension auch ein »Strohhotel« (15 Euro/Nacht/Pers., Schlafsack nicht vergessen!). Kostenlose Leihfahrräder.
Beelitz OT Schäpe, Schäpe 4, Potsdam-Mittelmark, Tel. (033204) 400 35, pension-landei.de,

Precise Resort Schwielowsee

Weitläufige Anlage mit elegantem Hotel samt Hafen im amerikanischen Stil, separaten Apartments im »Key West Village« und Pfahlhäusern. Wellnessbereich mit Bio-Sauna, Dampfbad und Finnischer Sauna sowie Innen- und Außenpool. Das Hotelrestaurant »Seapoint« bietet saisonale Küche, Frühstücks- und Dinnerbuffet.
Werder (Havel), Am Schwielowsee 117, Potsdam-Mittelmark, DZ 129,00 - 209,00 Euro, Tel. (03327) 569 60, precisehotels.com,

Schlafwagenhotel Bahnhof Rehagen

2010 haben Christophe und Manja Boyer den alten Bahnhof an der einstigen königlich-preußischen Eisenbahnstrecke zu Hotel, Restaurant und Event-Location umgebaut. Übernachten kann man ganzjährig in restaurierten historischen Bahnwaggons (DZ 105 Euro) oder in vier Hotelzimmern und zwei Ferienwohnungen im Hauptgebäude.
Am Mellensee OT Rehagen, Am Bahnhof Rehagen 1a, Teltow-Fläming, Tel. (033703) 68 96 92, bahnhof-rehagen.de,

Schloss Stülpe

Das Barockschloss aus der Mitte des 18. Jahrhunderts liegt mitten im Baruther Urstromtal. Dort residieren die Gäste in modern ausgestatteten Suiten, Zimmern und Apartments in historischem Ambiente. Dazu Ferienwohnung mit Küche. Badesee in unmittelbarer Umgebung, Rundwanderwege führen am Schloss entlang. Ideal für Hunde- und Naturliebhaber.
Nuthe-Urstromtal OT Stülpe, Schönefelder Chaussee 17, Teltow-Fläming, DZ 110,00 - 178,00 Euro, Tel. (033733) 609 37, schloss-stuelpe.de,

Potsdam

LEGENDE

- €€€ .... günstig
- €€€ .... moderat
- €€€ .... gehoben
- .... keine EC-Kartenzahlung
- .... Terrasse
- .... Außenpool
- .... Innenpool
- .... Sauna
- .... Fitnessraum
- .... Hundemitnahme möglich

Freizeit & Kultur

a/e Galerie

Im Galerienzentrum Potsdams in unmittelbarer Nähe zum Potsdamer Kunstverein liegt diese privat geführte Galerie. Sie präsentiert zeitgenössische Künstler aus Berlin, Potsdam und Umgebung und bietet Fotografen aus dem Nahen und Mittleren Osten eine Plattform. 2021 widmet sie sich im Frühjahr den Folgen der Radioaktivität mit der Erinnerung an Fukushima und Tschernobyl. Ende März wird mit »Himmelblau statt Kohlebraun« der Umgang mit unseren Energiequellen hinterfragt.
Charlottenstr. 13, Tel. (030) 803 49 35, ae-galerie.de

BKV Brandenburgischer Kunstverein Potsdam

Der BKV versteht sich als Bühne und Labor für junge zeitgenössische Kunst. Er zeigt für den Ort entwickelte Ausstellungen und Projekte mit internationalen Künstlern. Zu den weiteren Arbeitsschwerpunkten zählt Kunst im öffentlichen Raum und der bürgerschaftliche Dialog über zeitgenössische Kunst in ländlichen Räumen.
Ausstellungspavillon auf der Freundschaftsinsel, Tel. (0331) 279 75 39 80, bkv-potsdam.de,

Bornstedter Friedhof

Der Arkadengang der schmucken Kirche von Schinkel-Schülern führt zu einem der schönsten historischen Friedhöfe Brandenburgs. Hier liegen der »Lange Kerl« Heinrich Wilhelm Wagenführer, der Goethe-Forscher Henry Wood, Hitler-Attentäter Kurt Freiherr von Plettenberg, Museumsgründer Karl Hans Bröhan, Gartenbaumeister Peter Joseph Lenné sowie Architekt Ludwig Persius begraben. Der Förderverein des Friedhofs bietet nach Vereinbarung Führungen an ((0178) 4734354, fuehrungen.bornstedt@evkirchepotsdam.de).
Ribbeckstr. 40, Tel. (0331) 52 05 68, bornstedter-friedhof.de,

Filmmuseum Potsdam

In Räumen, die ursprünglich als Orangerie gebaut und vom Soldatenkönig als Pferdestall genutzt wurden, zeigt dieses bemerkenswerte Museum heute die ständige interaktive Ausstellung »Traumfabrik. 100 Jahre Film in Babelsberg«, dazu wechselnde Ausstellungen zu internationalen Medienthemen (Erw. 5 Euro). Im Kino gibt es etwa Stummfilme und Livemusik an der Welte-Kinoorgel (Erw. 6 Euro).
Breite Str. 1a, Tel. (0331) 27 18 10, filmmuseum-potsdam.de

Filmpark Babelsberg

Der Ausflug in den Filmpark Babelsberg lohnt sich nicht nur für Sandmännchen-Fans: Man kann etwa eine Bootsfahrt in Janoschs Traumland Panama unternehmen oder die spektakuläre Stuntshow und das 4-D-Actionkino besuchen. Auf dem Freigelände sind angeleinte Hunde erlaubt.
Großbeerenstr. 200, Tel. (0331) 721 27 50, filmpark-babelsberg.de,

Gedenkstätte Lindenstraße

Am historischen Ort beleuchtet eine Dauerausstellung die wechselvolle Geschichte des ehemaligen Gerichts- und Gefängniskomplexes während des Nationalsozialismus, der Sowjetischen Besatzungszeit, der DDR und in der Zeit der Friedlichen Revolution. Die Gedenkstätte bietet Sonderausstellungen und Veranstaltungen, Führungen, Zeitzeugengespräche, Projekttage und Seminare an und versteht sich als Dokumentations- und Lernort zur Geschichte politischer Justiz und Haft im 20. Jahrhundert (Erw. 2 Euro, mit Führung 3 Euro). Pandemiebedingt beschränktes Angebot für Gruppen.
Lindenstr. 54, Tel. (0331) 289 61 36, gedenkstaette-lindenstrasse.de

Haus der Brandenburgisch-Preußischen Geschichte

Nach Bauarbeiten hat das HBPG seit Herbst 2020 wieder geöffnet. Gezeigt werden Sonderausstellungen und ab Herbst 2021 eine neue ständige Brandenburg-Ausstellung. Alljährlich am ersten Adventswochenende: der polnische Weihnachtsmarkt mit Kulturprogramm.
Kutschstall, Am Neuen Markt 9, Tel. (0331) 620 85 50, hbpg.de

Heiliger See

Es soll Touristen gegeben haben, die entgeistert die Polizei riefen, weil sich Nackte am Nordufer des Sees tummelten. In einer Parkanlage am Schloss Cecilienhof! Eine offizielle Badestelle gibt es hier nicht, aber das kümmert kaum jemanden – und das, obwohl die Wasserqualität im Sommer nicht immer optimal ist.
Am Neuen Garten

Karl Foerster Garten und Haus

Der Staudenzüchter Karl Foerster schuf ab 1911 rund um sein Wohnhaus eine umfangreiche Gartenanlage, von der heute noch fünf Teile erhalten sind: der Senkgarten, der Steingarten, der Frühlingsweg, das Herbstbeet sowie der Privatgarten. Foerster wollte so Erkenntnisse über die optische Wirkung und die Standortansprüche der von ihm gezüchteten Stauden gewinnen. Der Eintritt in den Garten ist frei, es wird aber um Spenden für den Erhalt gebeten. Führungen: April bis Oktober jeden ersten und zweiten Sonntag im Monat, Juni bis August jeden zweiten und vierten Freitag im Monat, November und Dezember jeden ersten Sonntag im Monat (10 Euro/Pers.).
Am Raubfang 7, Tel. (0228) 909 12 13,
foerster-garten.de,

Krongut Bornstedt

Das aufwendig restaurierte Denkmalensemble im italienischen Landhausstil gehört zum Weltkulturerbe der UNESCO. Eine Führung durch das idyllische, architektonisch beeindruckende Areal bietet einen guten Überblick über die preußische Geschichte. Sie ist auf Anfrage möglich, ebenso eine Bierverkostung. Der Eintritt in das Zinnfiguren-Museum ist frei. Das gesamte Jahr über finden verschiedenste Veranstaltungen und Kulturevents statt, wie Osterfest, Sommerkonzerte, Oktoberfest, Weihnachtsdorf und Silvester-Party.
Ribbeckstr. 6-7, Tel. (0331) 55 06 50,
krongut-bornstedt.de,

Marina am Tiefen See

In der Nähe des Hans Otto Theaters liegt Potsdams Marina mit Restaurant, Havelterrasse mit Strand und Cocktailbar, Yachthafen, Bootsanleger und Fahrradverleih. Motorboote mit 15-135 PS (mit und ohne Führerschein), komfortable Charteryachten für Bootsurlaube für zwei bis zehn Personen, Kajaks und Stand-up-Paddling-Boards können hier gemietet werden. Gästefloß mit Terrasse zum Übernachten.
Schiffbauergasse 8, Tel. (0331) 817 06 17,
marina-am-tiefen-see.de,

Marmorpalais

Direkt am Ufer des Heiligen Sees gelegen, ist das Marmorpalais das erste innen und außen klassizistisch gestaltete Schloss in Potsdam. Innen wurde die Sommerresidenz Friedrich Wilhelms II. von Carl Gotthard Langhans entworfen. Die Räume des Königs, der Grottensaal und der Konzertsaal wurden umfassend restauriert. Besichtigungen nur mit Führung (Erw. 6 Euro).
Im Neuen Garten 10,
Tel. (0331) 969 45 50, spsg.de

Museum Fluxus+

Das Museum für moderne Kunst zeigt in der Dauerausstellung Werke der Fluxus-Bewegung, darunter Arbeiten von Wolf Vostell und anderen zeitgenössischen Künstlerinnen und Künstlern (Erw. 7,50 Euro). Sie umfasst Installationen und Kunstwerke, Korrespondenzen, Fotos, Bücher, Filme und Videos. Zudem gibt es wechselnde Sonderthemen. Sonntags veranstaltet das Museum von 15 bis 17.30 Uhr eine »Teatime« mit Klaviermusik.
Schiffbauergasse 4f,
Tel. (0331) 60 10 89 30, fluxus-plus.de

Naturkundemuseum Potsdam

Mehr als 400.000 Sammlungsobjekte aus der Brandenburger Tierwelt beherbergt das Naturkundemuseum Potsdam im ehemaligen Ständehaus der Zauche (Erw. 4 Euro). Vieles davon ist in den Dauerausstellungen »Tierwelt Brandenburgs«, »Tiere im Garten« und »Fische Brandenburgs« im Aquarium zu sehen. Die Ausstellung »In der Spur des Menschen – Biologische Invasionen« zeigt, wie fremde Tier-, Pilz- und Pflanzenarten auf Ökosysteme wirken. Eine Sonderausstellung (bis 20. Juni 2021) trägt den Titel »Mensch Biene!«.
Breite Str. 13, Tel. (0331) 289 67 07,
naturkundemuseum-potsdam.de

Neuer Garten

Der Neue Garten ist der erste englische Landschaftsgarten in Potsdam: Der Gartenarchitekt Johann August Eyserbeck entwarf die Anlage, die sich weniger an der barocken Strenge Sanssoucis orientierte als an der geschwungenen Wegführung englischer Gärten. Peter Joseph Lenné hat die Anlage im 19. Jahrhundert um einige Sichtachsen erweitert. Beim Gang durch den Garten kommt der Besucher unter anderem an Orangerie, Schloss Cecilienhof und am Marmorpalais vorbei.
Am Neuen Garten, Tel. (0331) 969 42 00,
spsg.de,

Nikolaisaal Potsdam

Das Programm des Konzerthauses reicht vom großen Sinfonieabend über Kammermusiken bis hin zu Jazz, Weltmusik und Pop. Großen Zuspruch findet auch die Foyerreihe »The Voice in Concert«. Die Musikfestspiele Potsdam-Sanssouci 2021 finden vom 11. bis 27. Juni unter dem Motto »Flower Power« statt – unter anderem mit Henry Purcells Semi-Opera »The Indian Queen« und dem schon traditionellen Fahrradkonzert.
Wilhelm-Staab-Str. 10-11,
Tel. (0331) 288 88 28, nikolaisaal.de

Pedales – Bike & Paddelstation

Neben dem Verleih von Fahrrädern, Kanus, Kajaks und Stand-up-Paddle-Boards sind geführte Rad- und Paddeltouren im Angebot wie die »Radtour Idylle Potsdam« oder die »Kanutour für Familien«. Dazu Fahrradwerkstatt, Fahrradladen und E-Bike-Service am Potsdamer Hauptbahnhof und am Bahnhof Griebnitzsse. In der Villa Schöningen betreibt man ein Café, zu dem man prima vom Griebnitzsee aus paddeln oder radeln kann.
Rudolf-Breitscheid-Str. 201,
Tel. (0331) 748 00 57,
potsdam-per-pedales.de,

Potsdam Museum – Forum für Kunst und Geschichte

Das Museum besitzt mit mehr als 250.000 Objekten eine der größten kunst-, kultur- und regionalgeschichtlichen Sammlungen Brandenburgs. Schwerpunkte bilden die Bereiche Bildende Kunst, Fotografie, Militaria, Alltagskultur und Angewandte Kunst sowie Schrift und Druck. Die ständige Ausstellung präsentiert zeitgemäß die Potsdamer Stadtgeschichte (Eintritt frei). Parallel dazu werden Sonderausstellungen zur Stadt-, Kunst- und Kulturgeschichte gezeigt (Erw. 5 Euro).
Am Alten Markt 9, Tel. (0331) 289 68 68,
potsdam-museum.de

Schloss Cecilienhof

Das Schloss im englischen Landhausstil wurde 1913 bis 1917 als Wohnsitz für das letzte deutsche Kronprinzenpaar Wilhelm und Cecilie im Neuen Garten erbaut. Berühmt wurde es durch die Potsdamer Konferenz 1945, das letzte Gipfeltreffen der Anti-Hitler-Koalition von Churchill, Truman und Stalin. Bis 31. Oktober 2021 wird anlässlich des 75. Jahrestages die Sonderausstellung »Potsdamer Konferenz 1945 – Die Neuordnung der Welt« gezeigt (Erw. 14 Euro).
Im Neuen Garten 11,
Tel. (0331) 969 42 00, spsg.de

Schloss Sanssouci

Der Park ist ein weltberühmtes Ensemble von unterschiedlichen Gartenanlagen auf rund 300 Hektar mit zahlreichen Schlössern, allen voran Schloss Sanssouci. 1744 erwarb Friedrich der Große den »wüsten Berg«, einen Hügelzug zwischen Potsdam und Bornstedt, um sich von dem Maler und Baumeister Georg Wenzeslaus von Knobelsdorff ein Sommerschloss errichten zu lassen. Der Eintritt erfolgt zu festen Einlasszeiten (Erw. 14 Euro), Gruppen sollten reservieren. Im Park liegen auch die von Ludwig Persius erbaute Friedenskirche und das Neue Palais. Außerdem sehenswert: die historische Mühle und das Chinesische Haus.
Maulbeerallee, Tel. (0331) 969 42 00, spsg.de

Schlosspark Babelsberg

Neben Park Sanssouci und Neuem Garten die dritte wichtige Landschaftsanlage Potsdams. Entworfen hat auch sie Peter Joseph Lenné, die gärtnerische Planung lag in den Händen von Hermann Fürst von Pückler-Muskau. Die Restaurierung der Schlossfassaden und Gartenanlagen ist abgeschlossen, gegenwärtig wird das Schloss, ein asymmetrisches Gebäude im Tudor-Stil, von innen saniert und ist deshalb geschlossen.
Park Babelsberg, Tel. (0331) 969 42 00, spsg.de

Spielbank Potsdam

Das ehemalige Knobelsdorff-Haus beherbergt hinter seiner repräsentativen Fassade eine Spielbank mit Automaten- und Live-Spiel-Bereich. Für Blackjack, Poker oder Roulette ist gepflegte Kleidung Pflicht – Sakko für Herren. Ordentliche Freizeitkleidung an den Automaten. Gruppen ab zwei Personen können nach Voranmeldung eine kostenlose Spielerklärung bekommen. Ab 18 Jahren – Personalausweis nicht vergessen!
Schloßstr. 14, Tel. (0331) 290 93 00, bbsb.de/potsdam

Villa Schöningen

Springer-Vorstandschef Mathias Döpfner und der Bankier Leonhard H. Fischer kauften 2007 die von Ludwig Persius erbaute Villa aus der Mitte des 19. Jahrhunderts und richteten in ihr ein privates Museum ein. Das strahlend weiße Anwesen, das zum Weltkulturerbe gehört, steht in unmittelbarer Nähe der Glienicker Brücke. Die Dauerausstellung ist aktuell geschlossen, beide Etagen werden mit internationaler zeitgenössischer Kunst bespielt (Erw. 9 Euro). Im Sommer Stand-up-Paddle-Verleih und wechselnde Skulpturen-Ausstellungen im Garten. Café mit Speisen aus regionalen Produkten.
Berliner Str. 86, Tel. (0331) 200 17 41, villa-schoeningen.de

Volkspark Potsdam

Das ehemalige Gelände der BUGA 2001 ist heute ein Volkspark mit diversen Freizeitangeboten in schönster Natur. Sportler finden eine Halfpipe, eine vier Kilometer lange Skaterstrecke, Riesenrutsche, Trampolinanlage, Kletterwand, Bolz- und Beachvolleyballplätze. Verleih von Spiel- und Sportgeräten, Wasserspielplatz. Es gibt ein Café mit großer Sonnenterrasse.
Georg-Hermann-Allee 101, Tel. (0331) 620 67 77, volkspark-potsdam.de

Waldbad Templin

Das Strandbad (Erw. 4,90 Euro) liegt wunderschön am Templiner See, zwischen Potsdam und Caputh, direkt gegenüber des Forsthauses Templin. Es verfügt über eine große Wasserrutsche, Kleinkindbadeteich mit kleiner Rutsche, FKK-Bereich, Wakeboardanlage, Tretboote, Strandkörbe, Liegenverleih, Toiletten, Umkleiden, Gastronomie und Spielplatz mit Spielgeräten.
Templiner Str. 110, Tel. (0331) 661 98 37, blp.potsdam.de

Weisse Flotte Potsdam

Neben den klassischen Routen wie der »Schlösserrundfahrt« bietet die Weisse Flotte auch Charterfahrten und besondere Touren wie die »Nächtlichen Schlösserimpressionen« oder die »Brunchfahrt« an. Die Schiffe der Weissen Flotte können auch exklusiv gechartert werden. Mit dem Potsdamer Wassertaxi erreicht man bequem viele Attraktionen Potsdams.
Lange Brücke 6, Tel. (0331) 275 92 10, schifffahrt-in-potsdam.de

Wildpark Potsdam

Höfische Tradition und klassische Landschaftsgärtnerei spiegeln sich in dieser Anlage, die Peter Joseph Lenné im Auftrag von Friedrich Wilhelm IV. anlegte. Die Häuser der Forstbeamten entwarf Ludwig Persius. Auf dem 875 Hektar großen Areal befindet sich eine Waldschule (Im Wildpark 2, (0331) 95130284) und das »Romantik Hotel Bayrisches Haus« (siehe Übernachten).
Werderscher Damm, potsdam.de/content/wildpark-1

Essen & Trinken

Alexandrowka 1

In der Mitte der Kolonie Alexandrowka befindet sich das reich verzierte Fachwerk-Blockhaus mit seiner verwinkelten Teestube und Sommergarten. Kerzen beleuchten allerlei russischen Kitsch, der Tee fließt aus dem Samowar, das Bier und viele alkoholfreie Getränkespezialitäten kommen aus Russland. Dazu gibt es Sakuskije, Borschtsch, Soljanka, Blini in verschiedenen Varianten, Pelmeni, Kosakentopf und andere russische Klassiker.
Russische Kolonie 1, Tel. (0331) 200 64 78, alexandrowka-haus1.de, €€€

Café Heider

Über allem liegt ein wenig Patina, was der Kaffeehausstimmung eher zuträglich ist. Es gibt eine internationale Speisekarte, gutes Wiener Schnitzel, ein großes Frühstücksbuffet und eine eigene Eismanufaktur. Kein Wunder, dass sich hier auch die Lokalprominenz wohlfühlt, besonders im Obergeschoss mit dem herrlichen Ausblick.
Friedrich-Ebert-Str. 29, Tel. (0331) 270 55 96, cafeheider.de

Café Matschke Am Neuen Garten

Unweit des Heiligen Sees speist man hier in Wohnzimmeratmosphäre. Es gibt saisonale Gerichte, hausgebackene Kuchen, sowie einige russische Spezialitäten. Im Galeriecafé finden wechselnde Ausstellungen, Konzerte und Lesungen statt.
Alleestr. 10, Tel. (0331) 280 03 59, matschkes-galeriecafe.de

Confiserie Felicitas

Kunstwerke aus feinster belgischer Rohschokolade erhält man in der Bio-Schokoladen-Manufaktur: Pralinen, Hohlfiguren, individuelle Schokoladenkarten, Trinkschokoladen und auf Bestellung auch Sonderanfertigungen. In der Mitmach-Werkstatt kann man den Chocolatiers bei der Arbeit zuschauen.
Gutenbergstr. 26, Tel. (0331) 201 24 70, confiserie-felicitas.de

Drachenhaus

Es ist nicht nur für chinesische Touristinnen und Touristen ein seltsames Erlebnis, inmitten der sehr europäischen Parkanlage Sanssouci eine eigenwillige Kopie der Ta-Ho-Pagode aus Kanton zu entdecken. Aber sie steht nun mal da, und das schon seit dem Jahr 1770. Heute wird das Drachenhaus gastronomisch genutzt. Alexander Hortig bewirtet seine Gäste mit frischer saisonaler Küche. Auf der Karte stehen Gerichte wie original Wiener Kalbsschnitzel und Riesengarnelen, natürlich gibt es auch vegetarische Gerichte. Dazu feine Kuchen und Torten.
Maulbeerallee 4, Tel. (0331) 505 38 08, drachenhaus.de, €€€

Forsthaus Templin

200 Jahre alte Gasthofbrauerei mit großem Biergarten. Traditionssorte ist die Potsdamer Stange, aber es wird auch eine Weiße gebraut, die man mit Holundersirup trinken kann. Dazu herzhafte Küche und dunkles Treberbrot aus der Maische. Besondere Events 2021: Osterfeuer, Maibockanstich, Biergartenfest zu Himmelfahrt, Sommerfest und Nikolatoranstich.
Templiner Str. 102, Tel. 033209) 21 79 79, braumanufaktur.de,

Gartencafé Uschakoff

Hübsches Café unter Bäumen im mehr als 2000 Quadratmeter großen Garten auf dem Gelände des Museums Alexandrowka, auch ohne Museumsticket zugänglich. Verschiedene heiße und kalte Getränke, Kuchen und Eis.
Alexandrowka/Russische Kolonie 2, Tel. (0331) 817 02 03, alexandrowka.de,

Gourmetrestraurant Kabinett F.W.

Die Lage der überdimensionierten Almhütte, die Friedrich Wilhelm IV. seiner heimwehkranken Gattin Elisabeth von Bayern 1847 erbauen ließ, ist abgeschiedener kaum denkbar. Das »Friedrich Wilhelm« firmiert mittlerweile als »Gourmetrestraurant Kabinett F.W.«, bietet aber weiterhin die neue deutsche Küche des Gastgebers Alexander Dressel, der sich mit dem ältesten Michelin-Stern Brandenburgs schmücken darf. Etwas einfacher, aber ebenso hochwertig ist die alpine Landhausküche im edel holzgetäfeltem Ambiente des Restaurants 1847.
Im Wildpark/Elisenweg 2,
Tel. (0331) 550 50, bayrisches-haus.de,
€€€

Museum Barberini

Der Software-Milliardär Hasso Plattner hat der Stadt 2017 dieses Kunstmuseum im barocken Barberini-Palais gestiftet, das zu den wichtigsten Sehenswürdigkeiten Potsdams gehört. Damit seine Schätze, darunter allein 34 Werke von Claude Monet, in der Pandemie sichtbar bleiben, bietet das Museum nicht nur eine multimediale Website, sondern auch gefilmte Kuratoren-Rundgänge sowie Live-Touren und -Talks.

Für 2021 sind, neben der Präsentation der impressionistischen Sammlung des Stifters, wieder mehrere Ausstellungen geplant, ab 13. März »Rembrandts Orient«. Ratsam: Tickets online kaufen (ab 16 Euro) mit festgelegter Eintrittszeit. Parkmöglichkeiten in der Garage am Hauptbahnhof.

Alter Markt/Humboldtstr. 5-6,
Tel. (0331) 236 01 44 99,
museum-barberini.de

Gut Schloss Golm

An beiden Seiten des villenartigen Baus erstrecken sich weitläufige Badewiesen. Gegessen wird regional im schönen Garten oder im stilvollen Innenraum. An Sonntagen gibt es nach Vereinbarung ab 11 Uhr Brunch für 29 Euro. Zimmer für Übernachtungsgäste. Beliebt für Hochzeiten und Feste.
Am Zernsee 1, Tel. (0172) 301 05 66, gutschlossgolm.de, €€€

Juliette

Das kleine Restaurant mit französischem Flair und Kamin ist eine verlässliche Institution für gehobenen Genuss in Potsdam. Auf der wechselnden Speisekarte finden sich ausgefeilte Gerichte wie gebratene Jakobsmuscheln mit Tabouleh, Kürbis, Buchenpilzen und Zitrusfrucht sowie frische Maldon Rock Austern mit Pumpernickel, Schnittlauch und Schalottenvinaigrette. Ein Vier-Gänge-Menü ist für 68 Euro zu haben, dazu gibt es eine gute Auswahl an Weinen – auch glasweise.
Jägerstr. 39, Tel. (0331) 270 17 91, restaurant-juliette.de, €€€

Kades Restaurant »Am Pfingstberg«

Das Belvedere schwebt hoch über Potsdam, und wer sich zu Fuß zum Restaurant Pfingstberg aufmacht, der hat Anspruch auf eine sättigende Küche. Mario Kade bietet saisonale Fleisch- und Wildgerichte. Auch gluten- und laktosefreie Speisen.
Große Weinmeisterstr. 43b,
Tel. (0331) 29 35 33, restaurant-pfingstberg.de, €€€

Kneipe Hafthorn

Sympathische Hinterhofkneipe im Holländerviertel, spärlich von Kerzen und Lampen erleuchtet. Das junge, zuweilen lebhaft diskutierende oder flirtende Publikum schätzt die Snacks, kleinen Speisen und selbstgemachten Burger. Es gibt sechs verschiedene Biersorten vom Fass und ein Bier des Monats. Lauschiger Sommer-Biergarten.
Friedrich-Ebert-Str. 90,
Tel. (0331) 280 08 20, hafthorn.de,

Kochzimmer in der Ratswaage

Schlicht-stilvolles Bistro mit hohem Anspruch. Küchenchef David Schubert hat den Michelin-Stern aus der Beelitzer Zeit längst zurück. »Neue Preußische Küche« heißt das Konzept, das für kleinteilige, genau abgestimmte Gourmet-Gerichte steht, die allerdings mit der Region absolut nichts zu tun haben. Gute Weine, sehr präsenter Service. Neu: Sterne-Menü-Boxen per Abhol- und Lieferservice (kochzimmer.shop).
Am Neuen Markt 10,
Tel. (0331) 20 09 06 66,
restaurant-kochzimmer.de, €€€

Kongsnaes

Viel Geld und viel Zeit wurden aufgewendet, um die historische, nach norwegischem Vorbild errichtete Kaiserliche Matrosenstation am Jungfernsee – einst Bootsanlegestelle – zu restaurieren und in ein Restaurant in Top-Lage zu verwandeln. Der Betreiber, die Berliner Laggner-Gruppe, bekannt auch vom Schloss Glienicke gegenüber, setzt auf moderne internationale Fischküche. Gute Weinauswahl.
Schwanenallee 7d,
Tel. (0331) 20 04 76 66, kongsnaes.de,
€€€

Lewy

Nur wenige Meter von der Fußgängerzone Potsdams entfernt liegt dieses sympathische Wein-Bistro, das stets mindestens 24 offene Weine bietet. Die Speisekarte mit Klassikern wie geschmorten Ochsenbäckchen mit gerösteten Rübchen und Kartoffel-Steinpilz-Mousseline wechselt alle zwei Wochen. Geboten werden auch Weinbegleiter wie französische und italienische Rohmilchkäse sowie diverse Antipasti.
Dortustr. 17, Tel. (0331) 200 88 02,
lewy-potsdam.de, €€€

Lindencafé

Ein guter Platz für ein gepflegtes Kaffeekränzchen. Direkt gegenüber des S-Bahnhofs Potsdam-Babelsberg liegt das schöne Gründerzeit-Kaffeehaus, das auch bei Einheimischen sehr beliebt ist. Frühstück gibt es täglich bis 16 Uhr, die Kuchenauswahl ist bemerkenswert, die Marzipantorte genial. Und für die Sommerplanung gut zu wissen: eigene Eismanufaktur!
Rudolf-Breitscheid-Str. 47/48,
Tel. (0331) 74 00 08 84, lindencafe.de,

Maison Charlotte

Ein französisches Landgasthaus im Holländerviertel – in Potsdam kein Paradox. Das Maison konzentriert sich ganz auf französische Klassiker und bietet in einem dreigängigen »Menu Classique« immerhin gebratene Stopfleber, Rinderfilet und Crème brûlée. Ordentliche französische Weinkarte, im Winter prasselt das Feuer im Kamin.
Mittelstr. 20, Tel. (0331) 280 54 50,
maison-charlotte.de, €€€

Meierei Brauhaus

Der Biergarten bietet einen der schönsten Blicke über den Jungfernsee, das hausgebraute Bier schmeckt, die bodenständige Küche ist gut und bezahlbar. Saisonal gibt es verschiedene Biersorten wie Potsdamer Schwarze und Berliner Weiße.
Im Neuen Garten 10, Tel. (0331) 704 32 11,
meierei-potsdam.de,

Mike's Heimatküche

Überraschung am Stadtrand: Auf der Rückseite eines modernen Geschäftshauses bietet Mike Waesche eine handwerklich grundsolide, moderne deutsch-mediterrane Küche mit Seitenblicken in Richtung Gourmet – großartig sind aber vor allem die Maultaschen. Herzlicher Service durch Natalie Lämmle, kleine Terrasse im Hof.
Potsdamer Chaussee 12,
Tel. (033201) 24 98 06,
mikesheimatkueche.de, €€€

My Keng

Es handelt sich hier um eine winzige, ewig überfüllte Garküche gegenüber von Karstadt in der Fußgängerzone mit Thai- und panasiatischen Gerichten in verblüffend hoher Qualität. Unbedingt probieren sollte man die saftig-rosige Knusperente und den Thai-Salat mit Papaya und Garnelen. Achtung: keine Reservierungen möglich!

Brandenburger Str. 20,
Tel. (0331) 979 30 44, sushi-potsdam.de,
€€€

Pino

Zwischen Park Sanssouci und barocker Innenstadt bereichert dieses süditalienische Restaurant Potsdams gehobene Gastronomie. Man sitzt stimmungsvoll zwischen unverputzten Backsteinwänden. Die wechselnde Karte bietet etwa gebratene Jakobsmuscheln mit Steinpilzsauce, hausgemachte Bandnudeln mit Trüffel oder Mascarpone-Törtchen mit frischen Erdbeeren.
Weinbergstr. 7, Tel. (0331) 270 30 30,
pino-potsdam.de, €€€

Restaurant Zweihunderteins

Restaurant mit viel Atmosphäre im denkmalgeschützten S-Bahnhof Griebnitzsee, nur ein paar Schritte vom See entfernt. Junge, heimische Küche mit internationalen Einflüssen. Im Sommer bietet sich der Biergarten unter Eichen mit Blick auf den Griebnitzsee an. Gegenüber bietet ein kleines Café, der Zweihunderteins-Ableger EfA-Erfrischungshalle, kleine Snacks oder einen Espresso zwischendurch.
Rudolf-Breitscheid-Str. 201,
Tel. (0331) 70 44 80 02,
zweihunderteins.com, €€€

Waage

Das historische Gebäude beherbergt eines der besseren italienischen Restaurants Potsdams. Es gibt leicht gehobene, klassisch italienische Küche, gute Antipasti, eine wechselnde Tageskarte und eine Reihe guter, vertrauter Weine aus Italien und Deutschland.
Am Neuen Markt 12, Tel. (0331) 817 06 74,
restaurant-waage.de, €€€

Zanotto

Mitspieler in der italienischen Oberliga. Der recht eigenwillige Chris Zanotto will mehr als die übliche deutsch-italienische Einheitsküche bieten. Für 49 Euro gibt es ein opulentes Menü aus einer bunten Vielzahl warmer und kalter Vorspeisen. Dabei kommen natürlich auch seine Klassiker wie Büffelmilchburrata mit Grimaldi-Tomaten, Risotto, Lasagne und andere Gerichte aus handgefertigter Pasta sowie frisch gebackenes Brot auf den Tisch.
Dortustr. 53, Tel. (0331) 23 54 74 06,
zanottopotsdam.de, €€€

Zur Historischen Mühle

Schon zur Kaiserzeit war die Historische Mühle ein beliebtes Ausflugslokal. Heute betreibt Mövenpick das lichtdurchflutete Restaurant samt hauseigener Konditorei, Café und großer Sommerterrasse, das auch Brunch und Catering anbietet. Ein schöner Biergarten ist ebenso vorhanden wie ein Spielplatz.
Zur Historischen Mühle 2, Tel. (0331) 28 14 93, moevenpick-restaurants.com/potsdam-zur-historischen-mühle, €€€

Übernachten

Design Apartments Potsdam

Inmitten des Holländischen Viertels bietet dieses denkmalgeschützte und behutsam in die Moderne sanierte Ensemble elf individuell gestaltete und stylisch eingerichtete Apartments für jeweils bis zu sechs Personen; Garten- und Wintergartennutzung für alle (ab 90 Euro/Nacht), Handtücher, Bettwäsche, WLAN und Endreinigung inklusive.
Kurfürstenstr. 15, Tel. (0331) 20 16 58 40, designapartments-potsdam.de,

Inselhotel Hermannswerder

Die ruhige Lage auf der Insel Hermannswerder mit prächtigem Blick auf den Templiner See ist ein großes Plus dieses Hotels im eleganten Neobarock der Neunziger Jahre. Sauna und Pool sind vorhanden, im Sommer kann man im See baden.
Hermannswerder 30, DZ 135,00 - 205,00 Euro, Tel. (0331) 232 00, inselhotel-potsdam.de,

Landhotel Potsdam

Nur etwa drei Kilometer vom Park Sanssouci entfernt und dennoch abseits des Trubels: Die 58 Zimmer und Suiten sind in warmen Beige-, Grau- und Brauntönen gehalten und mit Boxspringbett und modernem Bad ausgestattet. Die Suite hat eine eigene Terrasse. Auch Allergiker-Zimmer. Im Restaurant serviert man moderne Regionalküche, auch ein vegetarisches Menü.
Reiherbergstr. 33, DZ 109,00 - 125,00 Euro, Tel. (0331) 60 11 90, landhotel-potsdam.de,

Romantik Hotel Bayrisches Haus

Das Hauptgebäude im bayerischen Blockhausstil wurde einst von König Friedrich Wilhelm IV. für seine Frau Elisabeth von Bayern errichtet, damit sie ihre Heimat weniger vermisste. Das Hotel verfügt über 26 Doppelzimmer und 13 Suiten (siehe auch »Gourmetrestaurant Kabinett F.W.«)
Im Wildpark/Elisenweg 2, DZ 125,00 - 225,00 Euro, Tel. (0331) 550 50, bayrisches-haus.de,

Zimmer mit Ausblick

Mitten im Weltkulturerbe gelegen, umgeben von drei Schlössern, dem Babelsberger und Glienicker Park bieten vier Apartments (75 bis 115 Euro) und ein Doppelzimmer einen wunderbaren Ausblick. Eigener Garten mit Obstbäumen. Potsdamer Innenstadt sowie Badestellen sind mit den Leihrädern schnell zu erreichen. Weitere sechs Apartments im »parkchâlet potsdam« (Louis-Nathan-Allee 9, 95 bis 220 Euro, parkchalet-potsdam.de).
Lankestr. 2, DZ 55,00 - 60,00 Euro, Tel. (0160) 157 10 11, zimmer-mit-ausblick.net,

Regionaler Genuss

Aus Stadt und Land

„Humboldt Gin"

Gebrannt im Spreewald aus besten Zutaten, darunter sieben ungewöhnliche Botanicals, die der berühmte Naturforschers von seinen Expeditionen mit nach Berlin brachte.

700 ml
43 % Alkoholgehalt

22,90 €
(32,71 € / Liter)

Bestellnr. 18048

Fruchtiges aus der Uckermark

Die leckeren Obstweine, Seccos und Säfte des vielfach ausgezeichneten Gutshof Kraatz werden aus alten Obstsorten gekeltert.

Im Paket enthalten sind je 1 Flasche:

Apfelsecco Rosé mit Aronia (6 % Vol.)
Birnensecco (6 % Vol.)
Apfelwein Rote Sternrenette (8 % Vol.)
Birnenwein (7,5 % Vol.)
Direktsaft Alkmene und Carola
Direktsaft Apfel mit Birne

6 Flaschen à 0,75 l

49,50 € (11 € / Liter)

Bestellnr. 19615

„Berliner Gewürzbox"

Exklusiv beim Tagesspiegel zeigt Berlin seine schärfsten Seiten: BIO-Gewürzbox von Spicebar mit Berliner Curry, Bio-Paprika und Whiskypfeffer mit Whisky aus Bad Belzig.

26,95 € (13,15 €/100 g)

Bestellnr. 18450

KR/23

Der aromatische Neuköllner Likör verdankt seinen Namen den 23 echten, naturbelassenen Kräutern und Gewürzen.

200 ml, 40 % Alkoholgehalt

13,90 € (69,50 € / Liter)

Bestellnr. 12700

500 ml, 40 % Alkoholgehalt

18,90 € (37,80 € / Liter)

Bestellnr. 12699

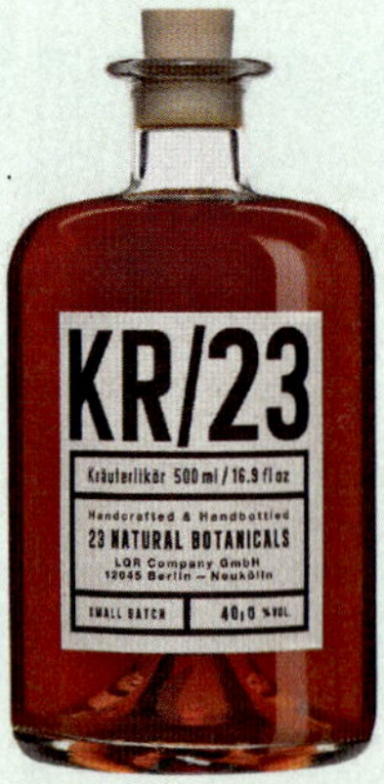

Kebe Living „Frühlingsgenuss Bio"

Für das gewisse Extra in der leichten Küche: Fünf Fläschchen und Gläser gefüllt mit feinsten Delikatessen aus der Lichterfelder Feinkostmanufaktur.

Der Geschenkkarton enthält:

- Holunderblüten Balsamcreme BIO (100 ml)
- Himbeer Balsamcreme (100 ml)
- Haselnussöl BIO (100 ml)
- „Fraise d'etê" Erdbeer-Gelée BIO (200 g)
- BIO Orangen Rosmarin Salz (115 g)

33,90 €

Bestellnr. 20174

shop.tagesspiegel.de – Sie verschenken. Wir verschicken.

Unsere Bestellhotline (030) 290 21-520 ist momentan eingeschränkt erreichbar.
Schicken Sie Ihre Anfragen gerne auch an shop@tagesspiegel.de.

Preise inkl. MwSt., zzgl. 4,95 € Versandkosten, Produkte aus dem Kunst- und Schmuckbereich 7,95 €, Tagesspiegel-Magazine versandkostenfrei.
Anbieter: Verlag Der Tagesspiegel GmbH, Askanischer Platz 3, 10963 Berlin.

SHOP
TAGESSPIEGEL
RERUM COGNOSCERE CAUSAS

Impressum

Tagesspiegel Brandenburg 2021

Herausgeber
Mathias Müller von Blumencron, Lorenz Maroldt, Christian Tretbar

Themenspeziale und Magazine
Andreas Mühl

Designdirektion Thomas Weyres

Artdirektion
Axel Völcker, redaktionundgestaltung.de

Redaktion
Daniel Erk, Jan Oberländer (Ltg.)

Mitarbeit
Enrico Bellin, Tobias Heuser (Bildredaktion)

Autor:innen
Andreas Austilat, Jonas Bickelmann, Felix Denk, Oliver Gerhard, Stefan Jacobs, Hella Kaiser, Susanne Leimstoll, Ulf Lippitz, Christiane Meixner, Daniela Pensold, Dennis Pohl, Birgit Rieger, Kai Röger, Marc Oliver Rühle, Tilman Schröter, Claudia Seiring

Fotograf:innen und Illustrator:innen
Malte Jäger, Tobias Kruse, Madlen Krippendorf, Thomas Meyer, Livia Ritthaler, Sina Müller, Marina Schilling, Jordis A. Schlösser, Alena Schmick, Sebastian Schwamm, Nikita Teryoshin

Korrektorat Sindy Hübsch

Verlag
Verlag Der Tagesspiegel GmbH
Askanischer Platz 3, 10963 Berlin
www.tagesspiegel.de

Geschäftsführung
Farhad Khalil, Ulrike Teschke

Verlagsleitung
Philipp Nadler (Vermarktung), Tatjana Polon (Magazine), Caspar Seibert (Vertrieb)

Verkaufsleitung Magazine
Mark Kohne

Key Account/Anzeigenverkauf
Stefan Haase
Tel. 030 290 21 - 155 42
stefan.haase@tagesspiegel.de

Produktionsleitung
Marco Schiffner

Herstellungsleitung Daniela Weber

Layout und Produktion
Manja Hegewald, Sabine Miethke, Christian Renner

Bildbearbeitung
Martin Büder, Sascha Lobers, Thomas Mika

Druck Walstead Kraków Sp. z o.o.

Abo- und Leser:innenservice
Tel. 030 290 21 - 502,
Fax 030 290 21 - 599
leserservice@tagesspiegel.de

Redaktionsschluss 12. März 2021

ISBN 978-3-948178-22-2

Bildnachweise

Cover Malte Jäger
S. 3 Malte Jäger
S. 4 Nikita Teryoshin, Madlen Krippendorf, Malte Jäger, Oliver Gerhard, Alena Schmick, Thomas Meyer, Livia Ritthaler
S. 6 – 7 Tom Radziwill
S. 7 – 8 Seenland Oder-Spree / Florian Läufer / promo
S. 10 – 11 Marina Schilling
S. 12 Benjamin Zibner, Stefanie Pais Jorge, privat, Kitty Kleist-Heinrich
S. 15 – 20 Sina Müller
S. 22 – 34 Nikita Teryoshin
S. 36 – 39 Stand-up-Paddling Spreewald / promo
S. 40 – 47 Kitty Kleist-Heinrich
S. 46 – 46 Madlen Krippendorf
S. 48 – 49 Oliver Gerhard
S. 50 Madlen Krippendorf
S. 52 – 59 Malte Jäger
S. 60 – 64 Alena Schmick
S. 66 – 73 Madlen Krippendorf,
S. 74 Kuchengarten Zietenhorst / promo
S. 76 – 78 Marc-Rajan Köppler / promo
S. 82 – 89 Tobias Kruse
S. 80 – 82 Kitty Kleist-Heinrich
S. 90 –91 James Gastronomie GmbH / promo, Insl / frameforever / promo, Schloss Diedersdorf / promo, Freilich am See / promo, Zum grünen Baum / promo
S. 92 Madlen Krippendorf
S. 94 – 102 Madlen Krippendorf
S. 104 – 107 Livia Ritthaler, Björn Weiser
S. 108 – 115 Oliver Gerhard
S. 116 – 117 TMB-Fotoarchiv / Steffen Lehmann, TMB-Fotoarchiv / Paul Hahn, Hella Kaiser
S. 120 Axel Völcker
S. 122 – 129 Jordis A. Schlösser
S. 130 – 135 Axel Völcker
S. 136 – 140 Thomas Meyer
S. 142 – 143 Alpakahof Pausin / promo, Karsten Voigt / Naturwacht Brandenburg / promo, Wildpark Johannismühle / Thomas Wicht / promo, TMB-Fotoarchiv / Steffen Lehmann, Helmut Heimpel
S. 144 Oliver Gerhard
S. 166 – 154 Oliver Gerhard
S. 156 – 157 Naturkundemuseum Potsdam / D. Marschalsky /promo, Urania Planetarium / Yvonne Dickopf / promo, Botanischer Garten Potsdam / Andreas Klaer / promo, Extavium / promo, Deutsches Geo Forschungs Zentrum GFZ / promo
S. 161 Tier- und Urzeitpark Germendorf / promo
S. 165 Ziegenkäserei Karolinenhof / promo
S. 167 Fotokraftwerk / promo
S. 171 www.alexander-tempel.de / promo
S. 177 Cavalierhaus Branitz / promo
S. 183 Patrick Pleul / dpa-Zentralbild
S. 189 Lukas Spoerl / promo
S. 194 Sebastian Schwamm

WELCHER BRANDENBURG-TYP SIND SIE?

Manchmal ist es gar nicht so einfach, das richtige Ziel zu finden. Eine schnelle Entscheidungshilfe

TEXT **DANIEL ERK** ILLUSTRATION **SEBASTIAN SCHWAMM**